나는 내 상사가 대장이면 좋겠다

데니스 뇌르마르크 · 크리스티안 그뢰스 지음
손화수 옮김

GID MIN CHEF VAR HØVDING by Dennis Nørmark & Christian Groes
ⓒ Dennis Nørmark & Christian Groes & Gyldendal, Copenhagen 2024
Published by agreement with Gyldendal Group Agency
Korean Translation ⓒ 2025 by Jaeum&Moeum Publishing Co.
All rights reserved.
The Korean language edition is published by arrangement with
Gyldendal Group Agency, Copenhagen through MOMO Agency

이 책의 한국어판 저작권은 모모 에이전시를 통해 Gyldendal Group Agency, Copenhagen 사와의 독점 계약으로 "자음과모음"에 있습니다. 저작권법에 의해 한국 내에서 보호를 받는 저작물이므로 무단전재와 무단복제를 금합니다.

데니스 뇌르마르크 · 크리스티안 그뢰스 지음
손화수 옮김

나는
내 상사가

대장이면
좋겠다

자음과모음

차례

	한국 독자들에게	6
서문	이제 피라미드를 뒤집어야 한다	10
1장	단상 아래로 끌어내려 마땅한 사람들	25
2장	권력의 빛과 그림자	57
3장	인류학에서 찾은 대안, 족장형 리더십	127
4장	겸허하고, 평등하게, 경청하고, 전승하기	185
5장	이미 시작된 혁명	253
6장	다양성과 민주주의로 함께 만들어내는 신화	281
7장	앞으로 던져야 할 또 다른 질문들	321
	참고 문헌	347

한국 독자들에게

우리는 리더십에 대한 관점이 근본적으로 변화하는 시기에 들어섰습니다. 새로운 세대, 다양한 사회 운동, 보다 민주적인 일터를 지향하는 혁명이 일어나고 있습니다.

이것이 우리, 데니스 뇌르마르크와 크리스티안 그뢰스가 『나는 내 상사가 대장이면 좋겠다』를 쓰게 된 이유입니다. 최근 세계에서, 특히 정치 영역에서 권위주의적 지도자들이 부상하고 있습니다. 하지만 사람들이 구시대적인 위계질서와 자기중심적이며 독재적인 지도자, 일상과 직장에서 마주치는 폭군 같은 상사나 CEO들에게 지쳐가고 있다는 사실도 분명해 보입니다.

위기 상황에서는 종종 독단적으로 행동하고 타인의 목소리에 귀 기울이지 않는 강경한 리더들이 선택되곤 합니다. 그러나 이들은 동서양을 막론하고 장기적인 성과를 거의 내지 못합니다. 이 책은 왜 우리가 경청하고, 공감하고, 겸손하고, 관대하고, 포용적이며 자기 인식이 높고, 인간적인 리더를 선택해야 하는지 조명합니다. 사실, 직접 리더를 선택할 수 있다면 전 세계 사람 대부분이 바로 이런 리더를 원할 것입니다.

그리고 이런 리더는 결코 덜 유능하지 않습니다. 오히려 구성원과 조직이 함께 성장하고, 발전하며, 혁신적 사고로 활기를 띠게 만드는 데 꼭 필요한 존재입니다. 친절하고 인간적인 태도는 성과와 모순되는 것이 아니기 때문입니다. 물론 함께 성공하기 위해 직장에 독재자가 꼭 있어야 할 필요도 없습니다.

인류 역사상 아주 초기부터 사람들은 공동체를 하나로 이끌고, 권력이나 유혹에 굴복하지 않고, 자신이 이끄는 이들 위에 군림하지 않는 리더를 원해왔습니다. 상황이 잘못된 방향으로 흐르기 시작한 것은 왕과 전쟁 지도자가 등장하면서부터입니다. 노예제도, 경직된 위계질서, 억압과 공포의 문화가 생겨난 것이 바로 그때부터였습니다. 이 체제는 이주해갈 체제가 아니라 도망쳐야 할 체제였던 셈입니다.

우리는 이제 사람들이 인간 본연의 모습으로 돌아가야 할 때가 되었다고 생각합니다. 리더들이 지금보다 더 따뜻하고 포용적이었던 시대, 우리의 상상보다 훨씬 큰 자유와 평등, 협력이 존재했던 시대로 말입니다.

『나는 내 상사가 대장이면 좋겠다』는 이러한 시각을 기반으로 인류가 태초부터 품어온 리더십의 이상을 인류학적 사례를 토대로 제시합니다. 이는 리더와 공동체가 맺는 관계에 대한 고대의 지혜로, 우리가 더 나은 일터를 만들고, 다양성을 포용하고, 모두가 마땅히 누려야 할 리더를 만나기 위해 반드시 되살려야 할 가치입니다.

동시에 이 책은 뇌르마르크의 '가짜 노동 Pseudowork' 연구에서 시작되기도 했습니다. 뇌르마르크는 조직이 전통적이고 위계적일수록 가짜 노동이 증가하고, 구성원들이 자율적으로 의사결정을 내릴 자유가 적을수록 그 현상이 더욱 심화된다는 사실을 밝혀냈습니다. 여러분도 아시다시피, 이에 대한 담론은 한국 사회에서도 활발하게 논의되고 있습니다.

한편 그뢰스는 현대사회에 더 많은 여성 롤 모델이 필요하다는 점을 중심으로 연구를 해왔으며, 남성 또한 포용적이고 개방적일 때 오히려 더 강인하고 유능한 리더가 될 수 있음을 보여주었습니다. 즉, 이제는 정치와 비즈니스 전반에서 마초적인 남성상과 상명하복을 강요하는 폭군형 리더를 과감히 배제해야 할 때입니다.

한국 사회에서 일어나는 가짜 노동에 대한 논의는 동아시아 또한 구시대적인 노동과 리더십에 대한 이상에 의문을 제기하고, 느리고 억압적이며 획일적인 리더십에서 벗어나고자 하는 열망이 커지고 있음을 보여줍니다.『나는 내 상사가 대장이면 좋겠다』가 그 흐름을 더욱 가속화하는 데 작게나마 보탬이 되기를 바랍니다. 아울러 이 책이 한국의 역동적이고 중요한 민주주의 발전에 기여하기 바라고, 정치와 경제는 물론 앞으로 사회가 어떤 리더십을 이상적인 본보기로 추구할 것인가에 대한 논의에도 영감을 줄 수 있기를 진심으로 기대합니다.

『나는 내 상사가 대장이면 좋겠다』가 한국 독자 여러분에게 소개되어 진심으로 기쁩니다. 이 책이 여러분께 깊은 영감과 사유의 시간을 선사하기를 바랍니다.

2025년 코펜하겐에서
데니스 뇌르마르크 · 크리스티안 그뢰스

서문

이제 피라미드를 뒤집어야 한다

여러분은 모두 잘 알고 있다. 형편없는 상사들에 대해서 말이다. 이들 때문에 직장 내 불안, 업무 스트레스, 괴롭힘, 독단적인 행태에 대한 소문이 끊이지 않는다. 직원들이 무시당하거나 조직 내 주류 집단에서 배제되기도 한다. 차별과 연줄을 바탕에 둔 채용도 반복된다. 리더들이 이를 방관하거나 불안정하고 무질서한 조직문화를 직접 만들어내는 경우도 적지 않다. 열악한 리더십은 덴마크 직장 문화의 가장 심각한 문제이며, 이 상황은 너무나 오랫동안 지속되어왔다. 어쩌다 이런 상황에 이르게 되었을까? 그리고 어떻게 해야 사람들이 심리적 안정감을 느끼는, 만족스러운 관계를 바탕으로 한 조직문화를 만들어낼 수 있을까?

현대인들은 지금 격변의 중심에 있다. 스트레스로 무너진 직원들, 권력 남용과 의무 방기 등 수많은 스캔들이 이어진 끝에 권력의 어두운 면을 자각하게 된 것이다. 리더의 태도나 그들의 행동이 선을 넘는지에도 예전보다 훨씬 더 민감해졌다. 이제 사람들은 지쳤고, 오래된 신념들이 무너질 시점이라는 것을 많은 정황이 말해주고 있다. 그렇다면 무엇이 그 자리를 대신해야 할까? 그리고 여러분은 그 변화에 어떤 책임이 있을까?

"바보는 절대 만족하지 않아."

최근 한 친구가 자기 상사를 두고 이렇게 말했다. 누구나 한번쯤은 오만하고, 짜증 내고, 명령조로 말하고, 아는 척하고, 무관심하거나 반대로 욱하는 상사를 겪어봤을 것이다. 그들은 어쩌다가 그렇게 바보 같은 존재가 된 걸까? 일반 시민이자 직원인 여러분은 그런 사람을 맞닥뜨렸을 때 무엇을 할 수 있을까? 그리고 좋은 리더란 누구이며, 어디에서 찾을 수 있을까? 우리가 말하는 리더는 직장 상사만이 아니라 정치인, 이사회 의장, 기관장, 교사, 사회복지사, 축구 코치 등 여러분과 위계적 관계를 맺고 있는 모든 사람이다.

내 상사가 다정하고 좋은 사람이면 좋겠다……. 이런 생각도 다들 한번쯤 해보았을 것이다. 하지만 상사가 바보 같은 존재가 되는 건 결코 당연한 일이라고 할 수 없다. 대부분은 좋은 의도를 가진 사람이고, 직원들과 타인을 위해 최선을 다하려고 한다. 그런데도 이상하게 누군가가 상사의 자리에 앉아 권력을 갖게 되면 종종 일이 꼬여버린다. 왜 그런 걸까? 여러분은 그런 상황에 무엇을 할 수 있을까?

『나는 내 상사가 대장이면 좋겠다』가 이야기하고자 하는 바는 현재의 리더십 위기에 대한 좋은 대안이 존재하며, 그것은 생각보다 가까이에 있다는 것이다. 우리가 생각한 대안은 현내사회가 등장하기 훨씬 전, 수천 년 동안 전 세계 인류가 선택해온 방식이다. 우리는 지금이야말로 원주민들이 리더를 통제해온 방식과 우리 조상들이 권력을 다뤄온 방식을 배울 때라고 본다. 사람들이 되찾아야 할 것은 어리석음을 배제하고 겸손을 중시하는, 보다 수평적인 이끌기 방식이다. 인간 본성에 깊이 뿌리내린 자유, 평등, 공동체를 향한 열망. 초기 인류 문화 속에서 키워온 이 가치들을 되살려야 한다. 그러려면 모두가 당연하게 받아들이는 권력 피라미드 구조와 위계 시스템을 부정하고, 완전히 전복시켜야 한다.

중요한 것은 '누가 결정권을 가져야 하는가'라는 이상과 그 정점에 이르기까지의 과정이다. 이 시대의 문제는 사람들이 리더를 대하는 방식, 그들에게 부여하는 명예, 알아서 만들어내는 영웅 서사에 있다. 리더를 선발하고 임명하는 사람들이 원칙을 고수하고 타인을 고려하지 않은 채 어려운 결정을 강경하게 밀어붙이는 인물을 원한다면, 여러분은 결코 만족할 수 없는 권위적인 상사를 감수할 수밖에 없을 것이다.

만약 조직 구성원들이 상사를 견제하거나, 제자리에 다시 앉혀놓거나, 더 나은 리더를 직접 선택할 수 있다면 어떨까? 상사에게 직원들을 이끄는 방식을 바꿔야 한다는 것을 이해시키는 등 다른 접근법을 시도해볼 수도 있다. 우리가 제시하는 아이디어는 일부 사람들에게는 급진적이고 불편하게 느껴질 수 있겠지만, 그것은 다들 인간 본성에 어긋나는 방식의 리더십에 익숙해져 있기 때문이다. 만약 여러분이 언젠가 아마존에 사는 한 부족을 마주한다면, 우리가 제안하는 방식이 전혀 낯설지도, 파격적이지도 않다는 사실을 알게 될 것이다. 어쩌면 그 사람들은 "그건 당연한 일 아닌가요?"라고 말할지도 모른다.

인류학에서 출발해보자

우리는 인간이 본래 아나키스트적 성향을 지닌 존재라고 본다. 여기서 아나키스트란 벽돌을 들고 분노가 담긴 구호를 외치는 젊은 급진주의자를 말하는 것이 아니다. 우리가 말하고자 하는 바는, 인간은 언제나 윗사람에게 본능적인 비판 의식을 품고 살아왔다는 점이다. 오늘날처럼 리더의 권력 남용이 적나라하게 드러나고, 지배적인 태도를 더는 당연하게 받아들이지 않으려는 사람들이 늘어나는 시대에는 이러한 성향이 더욱 뚜렷하게 두드러진다. 어쩌면 지금 인간은 복종이라는 오랜 잠에서 깨어나 이제껏 경험하지 못한 전환의 시기를 맞이하고 있는지도 모른다.

우리는 이 책에서 잊혔지만 여전히 강한 영향력을 지닌 원래의 리더십을 다시 살펴보고자 한다. 과거의 잘못을 바로잡기 위해서 말이다. 다행히, 이 방식은 일부 현대 조직에서 여전히 실천되고 있다.

우리가 생각하기에, 리더십 위기의 해법은 '족장'이라는 상징적 인물에서 찾아야 한다. 이 인물은 다양한 문화권을 관통하며, 남성과 여성 모두에게 적용될 수 있는 모델이다. 인류학적·고고학적 연구들을 면밀히 들여다보면 과거의 족장은 우리가 꺼리는 권위주의적 특성을 가진 리더와는 정반대의 존재였다는 점이 분명히 드러난다. 의외일 수 있지만, 족장들은 대개 온화하고, 겸손하며, 공감하고, 포용적인 인물들이었다. 그리고 그들이 공동체의 지지를 얻거나 리더로 선출되는 방식은 위계적 구조, 불평등, 권력 남용을 효과적으로 억제하는 데 기여했다. 이러한 주장을 '족장 테제These('일정한 논거에 기초해 전개되는 중심 주장이나 명제'를 의미하는 독일어. 즉, 족장 테제는 족장형 리더십이 리더십 위기의 해법이라는 저자들의 핵심 주장이다—옮긴이) 또는 '족장 원칙'이라고 부를 수 있을 것이다. 다소 급진적이고 낯설게 들릴 수도 있지만, 앞으로 여러 사례를 살펴보면 보다 쉽게 이해할 수 있을 것이다. 그리고 족장은 남성 중심의 리더가 아니라, 성별을 초월한 리더십의 중립적 상징으로 재해석되어야 한다.

인류학자인 우리에게는 각자 연구와 사유의 출발점이 된 인물이나 공동체가 있다. 지난 여러 해 동안 서로 다른 관심사와 입장을 바탕으로 공적 담론에도 참여해왔다. 아는 사람은 알겠지만, 이념적으로 우리는 다른 진영에 속해 있다. 적어도 겉으로 보기에는 그렇다. 그럼에도 불구하고 우리는 학문과 정치, 사회의 여러 현황에 대해 이야기를 나눌 때 놀라울 만큼 자주 같은 질문과 결론에 도달하곤 했다. 왜 평등과 자유는 서로 대립해야 하는가? 실제로는 하나가 다른 하나를 전제로 이뤄지지 않는가? 왜 굳이 리더를 가져야만 하는가? 권력이라는 개념은 어떻게 평등, 자유, 조화를 이룰 수 있는가?

하지만 우리가 언제나 뜻을 같이했던 지점이 하나 있다. 바로 원주민 사회를 오늘날의 사회적 부자유를 반영하는 거울로 바라보는 관점이다. 기술과 제도, 복지국가와 물질적 풍요 속에 살고 있으면서도, 현대사회는 끊임없는 통제로 사람들을 불안하고 불행하게 만든다. 이런 현실에서 원주민 사회는 하나의 대조적 이미지, 즉 그 자체로 문제를 제기하는 존재다.

그뢰스는 젊은 시절부터 아나키즘 사상가들의 영향을 받았으며, 인류학을 공부하는 과정에서 자신에게 깊은 인상을 준 인물들을 발견했다. 그들은 민족지적 정밀함을 바탕으로 원주민 사회가 어떻게 보다 정의롭고 지속 가능한 가치에 따라 살아왔는지를 보여주었다. 그 사회들은 높은 수준의 평등과 자유, 구성원 간의 책임 있는 공동체 의식에 기반해 조직되었고, 경제적·사회적 억압은 거의 존재하지 않았다. 그뿐 아니라 성장과 지위 과시라는 끝없는 욕망 없이도 자연과 균형을 맞추며 살아가는 것이 가능했다.

회의론자들은 이렇게 말할 것이다.

"평등한 공동체라는 생각이 아름답긴 하지만, 국가와 계급, 시장경제 같은 위계적 체계를 가진 사회에서 그런 건 불가능합니다. 그런 유토피아를 꿈꾸는 건 순진한 몽상가들뿐입니다."

그러나 이들이 종종 간과하는 사실이 하나 있다. 그런 유형의 사회는 수천 년간 실제로 존재해왔다. 우리가 문명의 정점이라며 찬양하는, 형식적 민주주의와 형평을 추구하는 현대 체제보다 훨씬 오랫동안 말이다.

뇌르마르크 역시 젊은 시절에는 아나키즘에 잠시 매료된 적이 있었지만, 이후에는 국가에 대한 비판이 뚜렷한 자유주의 진영으로 자리를 옮겨갔다. 그는 특히 공공 부문처럼 행정가와 관리자층이 점점 두터워지는 구조가 공동체에 실질적으로 기여하는 바가 거의 없다고 본다. 이러한 그의 회의적인 시각은 인류학 연구에도 반영되었다. 그는 국가 없이도 놀라울 만큼 안정적으로 작동하는 사회들과 그곳의 리더들이 우리가 아는 권위자들과는 전혀 다른 방식으로 존재한다는 사실을 보여주는 인류학의 전통에서 그 근거를 찾아냈다.

그러니 코펜하겐 도심의 술집 '무센&엘레판텐'에서 나눈 우리의 대화는 그렇게 엉뚱한 것이 아니었는지도 모른다. 어쩌면 우리는 우리가 연구하는 학문 안에서, 우리가 살아가는 시대 안에서 같은 가능성을 보았을 수도 있다. 인류학이 원주민 사회, 국가 없는 삶의 형태들 속에서 발견한 통찰이 기존의 사회주의와 자유주의라는 이념적 양극단 모두를 넘어설 수 있다는 가능성 말이다. 그리고 지금 이 시대가 모두를 위한 더 큰 자유와 평등을 요구하고 있다는 점도 긍정적인 신호다.

하지만 우리가 젊은 시절에 읽었던 그 자료들이 정말 전부 사실일까? 원주민 사회가 권력 집중에 강하게 저항한다는 주장들,

그것은 몇몇 우연한 사례였을 뿐일까, 아니면 정말로 전 세계적으로 관찰되는 일관된 특징이었을까? 우리는 해답을 찾기 위해 북미와 남미, 북극, 아프리카, 심지어 북유럽의 먼 조상들에 이르기까지 다양한 지역에서 이루어진 수많은 연구와 현장 조사를 파고들기 시작했다. 깊이 파고들수록 우리의 생각은 확신으로 바뀌었다. 원형적 리더십과 이후 수 세기 동안 우리가 받아들여온 지배 방식 사이에는 분명한 단절이 존재한다.

현대 정치의 기반에는 원주민 사회에 존재하지 않는 이념적 대립이 한 가지 있다. 바로 평등과 자유 사이의 대립이다. 사람들은 흔히 자유가 지나치면 불평등이 생기고, 평등은 오직 강제를 통해서만 실현된다고 생각한다. 하지만 원주민 사회에서는 평등과 자유가 구분되지 않는다. 이 두 가치는 본래 하나이며, 분리해서는 이해할 수 없다. 무리에서 누군가가 눈에 띄게 위로 올라서면 그것은 곧 다른 이들의 불평등과 자유 상실로 이어진다. 자유는 모든 개인에게 고르게 분배되어야 하며, 평등은 타인의 강제로부터 자유를 보장하는 방식으로 실현되어야 한다. 이 두 가치를 동시에 지향하는 의식은 모두가 동등하게 발언하고 살아갈 수 있는 권리를 가지며, 누구도 타인을 짓밟지 않도록 하는 역할을 한다. 평등도 자유도, 톱다운 top-down 으로는 온전히 보장될 수 없다.

이 짧은 정치적 논의에서 드러나듯, 우리는 변화와 정의에 대한 희망을 품고 있다. 하지만 이 책에 특정 정당이나 고정된 이데올로기에 기댄 주장을 담은 것은 아니라는 사실을 분명히 해두고

자 한다.

　우리는 더 나은 리더를 바라는 마음에서 이 책을 썼다. 이 책은 더 나은 리더십을 원하는 모두의 길잡이다. 그래서 우리는 이 책이 더 나은 상사를 바라는 사람과 더 나은 상사가 되려는 사람, 두 입장의 독자 모두에게 읽히기 바란다. 우리의 목표는 깊은 위기에 빠진 서구의 리더십 전통에 희망을 불어넣는 것이다. 그 위기는 수세기에 걸쳐 축적된 오류로 인해 우리 스스로 자초한 것이며, 인류학적 관점에서 보면 충분히 예견 가능한 결과이기도 하다.

　어떤 이들은 우리가 원주민 사회를 지나치게 미화한다고 비판할지도 모른다. 하지만 우리는 원주민 문화의 모든 요소가 모방할 만큼 가치가 있다고 주장하는 것이 아니다. 당연히 현대사회의 모든 것을 부정하는 것도 아니다. 우리가 말하고자 하는 바는 리더십은 전혀 다른 방식, 훨씬 더 공정한 방식으로도 실행될 수 있다는 것이다. 매우 성공적으로 말이다. 우리는 원주민 리더들의 민족지적 기록과 전통적이고 이상적인 리더십에 가까이 다가선 몇몇 현대 리더의 사례를 통해 익숙한 리더십 패러다임에서 벗어나는 길을 제시하고자 한다. 그 길은 구성원의 참여와 상호 존중, 권력이 다양하고 평등하게 분배되는 미래로 향하는 길이다.

　오늘날의 리더십 구조를 묘사한 도식은 대부분 피라미드 형태의 조직도일 것이다. 그 꼭대기에는 흔히 CEO, 시장, 편집장, 대표 등 '상사'가 있다. 그 아래에는 중간관리자, 인사 팀, 행정 부서 등이 자리 잡고 있고, 그 밑에는 일반 직원, 구성원, 시민 들이 있다.

우리가 권력을 시각화하고 조직하는 방식은 그만큼 우리 사고에 깊이 각인되어 있어서, 그 틀을 벗어나기란 결코 쉽지 않다.

피라미드식 사고는 오래전부터 존재해왔겠지만, 이것이 본격적으로 확산되고 체계적인 리더십 모델로 자리 잡은 것은 봉건사회로 넘어가는 시기였다. 당시에는 왕과 귀족, 교회가 위에 있었고, 나머지 모두는 그 아래의 신민이었다. 중세식 위계질서에 대한 투쟁을 거쳐 근대사회로 전환된 이후에도 피라미드 구조는 새로운 민주주의 체제 속에 여전히 남아 있었다. 다만 훨씬 더 눈에 띄지 않는 형태로 존재했을 뿐이다. 여성은 계속해서 광범위하게 배제되었고 남성에게 종속되었으며, 소수자들은 제도 바깥에 머물렀다. 사람들은 여전히 사회적 계급, 농촌과 도시라는 기준에 따라 구분되었다. 지식 기반 사회에서는 개인의 성과를 기준으로 한 정교한 능력주의가 등장했다. 그 결과 좋은 성적과 학위 등 소위 '올바른' 커리어를 가진 사람들만이 위계의 꼭대기에 오를 수 있었고, 나머지는 그 아래에 머물 수밖에 없는 구조가 고착되었다.

오늘날에도 사람들은 위계 안에 배치되고, 이력서와 '자기 가치를 입증하는 능력' 그리고 무엇을 성취했는지를 바탕으로 등급화된다. 하지만 우리가 그리는 미래 사회에서는 이러한 권력구조 피라미드가 거꾸로 뒤집힌다. 우리가 "리더는 공동체에 종속되어야 한다"라고 말하는 것은 문자 그대로의 의미다. 즉, 상사는 구성원을 위해 존재해야 하며, 그 반대여서는 안 된다. 여러분의 리더십을 보여주는 것은 이력서도, 성과 수치도 아니다. 오직 행동만이 그것을 보여줄 수 있다.

이 책은 더 나은 리더십을 위한 실용적 안내서로도, 권위주의와 위계에 맞서는 선언문으로도 읽을 수 있다. 그 밑바탕에는 훨씬 더 자유롭고, 평등하며, 정의로운 공동체에 대한 급진적인 열망이 담겨 있다.

이 책의 구성:
멍청이에서 최고가 되기까지

먼저 우리는 권력의 어두운 면을 들여다보며 왜 그렇게 많은 리더가 지배적이고 권위적으로 변해가는지 살펴볼 것이다. 이어서 '권력이란 무엇인가'라는 근본적인 질문을 던지고, 많은 비극이 권력 자체보다는 운용 방식에서 비롯된다는 점을 짚는다. 인간의 가장 초기 단계로 되돌아가면 그 답을 찾을 수 있다. 애초에 권력은 어떻게 생겨났는가? 처음부터 오만과 위계, 폭정으로 발현되지는 않았을 것이다. 분명 전혀 다른 모습이었을 것이다. 그런데 어쩌다가 점차 타락하여 탐욕과 권력 중독으로 이어졌을까?

그다음으로는 흔히 '원시적'이나 단순히 '원주민 사회'라고 불리는 공동체들의 민족지적 사례를 살펴본다. 이들은 수렵채집사회이거나 부족 중심의 공동체로, 정도의 차이는 있지만 인류의 먼 과거와 유사한 방식으로 살아간다. 우리는 그 안에서 기존과 다른 리더십의 한 형태를 발견했다. 겸손을 바탕으로 공동체에 헌신하고, 스스로 공동체의 질서를 따름으로써 권위를 얻는 리더십. 우리는 이러한 원형적 권력 운영 방식을 '족장형 리더십 høvdingeledelse'이라고 부르기로 했다.

다음 장에서는 공동체로 시선을 돌린다. 우리가 '현대의 족장'이라고 부르는 리더들과, 그들과 함께 일하는 구성원들에 관한 이야기다. 우리가 직접 인터뷰했거나 관련 문헌을 통해 수집한 이 사례들의 목적은 분명하다. 오늘날의 조직에서도 일부 리더들이 오래된 리더십 원칙을 실천하고 있다는 사실과 그것이 얼마나 효과적으로 작동하는지를 보여주려는 것이다.

우리는 우리가 제시하는 리더십 관점이 완전히 새로운 것이라고 주장하려는 게 아니다. 유사한 생각과 이론 들은 이미 여러 다른 이름과 맥락 속에서 발전해왔다. '서번트리더십 servant leadership' '포용적 리더십' '재생적 리더십 regenerativ ledelse' '휴머노크라시 humanocracy 조직' 그리고 '틸 teal' 같은 최근의 흐름이 그러하다. 이 책에서는 그 흐름을 한 장을 통해 간단히 소개할 것이다.

이 책은 이러한 현대적 리더십 경향을 다양한 문화권의 전통적인 리더십 사례나 동시대의 실제 사례와 연결해 긍정하고 뒷받침한다. 우리가 말하고자 하는 핵심은 명확하다. 최근 새롭게 주목받고 있는 리더십 방식은 그 뿌리가 선사시대까지 거슬러 올라갈 정도로 깊으며, 족장형 리더십은 참여, 자유, 평등을 지향하는 인간 본성과 가장 자연스럽게 맞닿아 있다.

마지막 장에서는 조직에 족장형 리더십을 뿌리내리려면 어떤 문화적 변화가 필요한지와 어떻게 그런 리더가 될 수 있는지, 그러려면 어떤 자질을 길러야 하는지를 살펴본다. 진짜 리더를 어떻게 알아보는지, 공동체를 비전의 중심에 두는 리더를 어떻게 뽑을 수 있는지도 다룬다. 그 대상은 여러분일 수도 있고, 여러분이 속한 조직의 최고 책임자일 수도 있다. 여기서 중요한 것은 리더가 자신의 커리어가 아니라 공동체를 목표로 삼는 사람이어야 한다는 점이다. 아울러 여러분이 자신의 리더를 어떻게 선택하고 그 신뢰를 어떻게 유지할 수 있는지, 그리고 때로는 모든 희망을 내려놓고 관계를 끊은 뒤, 다른 누군가에게 충성을 돌려야 할 때가 언제인지도 함께 이야기할 것이다.

이 책은 수많은 조직에서 활동해온 과거와 현재의 리더들, 구성원들, 자문가들, 이사회 구성원들, 인사 책임자들과 나눈 오랜 대화의 결과물이다. 우리는 문화예술계부터 민간 기업, 대기업, 중소기업, NGO, 정치, 공공기관, 유엔UN에 이르기까지 다양한 부문을 다루었다. 이 자리를 빌려 귀중한 시간과 조언, 개인적인 이야기와 우리가 미처 보지 못했던 통찰을 나눠준 모든 분께 깊은 감사를 전한다. 특히 타샤 베라 담, 이다 순드보리, 안네메테 프리스, 프레데릭 프레즈문안데르센, 한네 린드블라드, 수네 쳄스, 이다 베스테르달, 스테엔 에리크 라르센, 카밀라 크루세, 이다 엥홀름, 그뤼굴드베르그 프리스, 페르닐레 산드베르그 베크, 엠마 홀텐, 레네

그로트, 셰린 칸칸, 디테 비그쇠, 토르벤 모릿첸, 안더스 에이케모 토르고르, 마리에 스토르크홀름, 크리스티안 바손, 안크리스티나 마트젠, 디테 비예레고르드, 예페 뤼케 묄레르 그리고 실명을 밝히지 않고도 자신의 상사에 대해 이야기하고 자신의 '족장'을 소개해준 수많은 익명 구성원에게 말이다.

이 책의 작업에 함께해준 유능한 편집자 안네 베인쿠프에게도 감사드린다. 무엇보다도, 긴 여정 내내 든든한 지지와 인내, 소중한 조언을 아끼지 않았던 우리의 사적인 족장들, 미아 아말리에 홀스테인과 율리에 로크셰르 비르크에게도 깊이 감사드린다.

아쉽게도 이 책에 담긴 모든 내용을 우리가 원하는 만큼 충분히 깊이 있게 다루지는 못했다. 모든 관점을 학술논문 수준으로 분석한 것도 아니다. 하지만 이 책은 논문이 아니다. 이 책은 선언문이자 동시대에 대한 진단이며, 타인을 이끄는 일에 대한 새로운 이상을 제안하는 실용적인 안내서다. 고대의 원칙과 현대의 새로운 리더십을 바탕으로 말이다. 우리는 그것이 여러분에게 익숙한 기존의 리더상과는 분명히 다른 무언가이기를 바란다.

분명 이 책에는 우리의 개인적인 견해가 드러날 것이다. 우리는 그 관점과 비판, 대안 들을 탄탄한 조사와 다양한 분야의 자료 및 이론에 근거해 최대한 뒷받침하고자 했다. 또한 여러분의 고정관념을 흔들기 위해 족장을 때로는 '그녀'로, 때로는 '그'로 지칭했다. 족장은 성별·민족·인종·장애·성적 지향 등 어떤 정체성과도 무관하다. 그 이전에 한 '인간'이니까.

다시 말해, 이 책은 여러분에게 열린 태도를 요구한다. 권력 피라미드와 익숙한 리더십 패러다임을 뒤집고, '좋은 리더란 누구이며 어떤 사람인가'에 대한 통념을 근본부터 되돌아볼 준비가 되어 있어야 한다.

1장

단상 아래로
끌어내려 마땅한 사람들

모든 동물은 평등하다. 그러나 어떤 동물은 더 평등하다.
— 조지 오웰George Orwell, 『동물 농장』(1945)

1924년, 겨우 29세인 한 남성이 미국 연방수사국^{FBI}의 수장으로 임명되었다. 주변에서는 그가 임시방편으로 기용된 인물에 불과하다며 그의 성격과 자질에 회의적인 시선을 던졌다. 그러나 그는 그 자리에 무려 48년간 머물렀고, 죽는 순간까지 물러나지 않았다. 그의 이름은 J. 에드거 후버^{J. Edgar Hoover}. 후버는 대통령이 바뀌어도 관료제는 남는다는 사실을 누구보다 잘 알고 있었다.

FBI 국장으로 재직하는 동안 그는 자신의 입지를 위협할 가능성이 있는 인물들의 대화를 녹음한 파일과 정보를 철저히 모아두며 자리를 굳건히 지켰다. 그의 책상은 워싱턴 D.C.의 펜실베이니아 애비뉴에 있는 FBI 본부 사무실 한가운데, 단상 위에 놓여 있었다. 후버는 그 너머로 자신의 사무실을 찾은 이들을 내려다보곤 했다. 자신이 태어나고 자란 도시, 미국 권력의 심장부에서 말이다. J. 에드거 후버는 곧 권력이었고, 권력은 곧 그 자신이었다.

그는 어릴 때 이미 권력을 유지하는 가장 확실한 방법은 타인을 억누르는 것이라는 사실을 배웠다. 어린 시절 후버는 말을 더듬었지만, 주변 사람들을 제압할 수 있을 정도로 빠르게 말하는 기술을 익혔다. 또한 누구의 말도 들으려 하지 않았고, 기관총처럼 말을 퍼부으며 모든 대화를 이겨야 할 싸움으로 여겼다. FBI를 지배한 공포의 문화 속에서 그의 뜻을 감히 거스르는 사람은 아무도 없었다.

어느 날, 후버는 자신이 검토하던 수많은 문서 중 하나의 여백에 이렇게 메모를 남겼다.

"경계선을 주의하시오 Watch the borders."

이는 그저 해당 문서의 여백 규격이 잘못되었다고 지적한 것이었다. 하지만 이 메모를 본 직원들은 즉시 과잉 반응을 했다. 모두가 그 문구를 멕시코와 캐나다 국경을 지키라는 국장의 지시로 해석한 것이다. 당국은 혼란에 빠져 여기저기 전화를 돌리기 시작했고, 미국의 북쪽과 남쪽 국경에 요원들을 실제로 배치하기까지 했다. 누구도 그 짧은 문장의 의미를 그에게 직접 물어볼 용기를 내지 못했고, 각자가 이해한 그대로를 후버의 명령이라고 믿었다.

J. 에드거 후버는 자신과 다른 관점으로 세상을 보는 사람들에게 쉽게 분노를 터뜨리며 고함을 지르곤 했다. 그래서 그는 처음부터 최고위 자리를 자신과 비슷한 사람들로 채워 넣었다. 그중에는 대학 시절 함께 기숙사 생활을 했던 이들도 있었다. 그들은 끝까지 후버에게 충성을 바쳤고, 결과적으로 후버는 자신과 닮은 사람들로만 이루어진 견고한 성벽 안에 갇히게 되었다. FBI 전체가 점점 그를 닮아 갔다. 그래서 그가 세상을 떠났을 때도 전체 조직원 8,631명 중 흑인은 63명에 불과했다. 고위직에는 유대인이 단 한

명도 없었고, 가톨릭 신자도 극소수에 지나지 않았다.

후버는 항상 출세를 위해 앞만 보고 달렸다. 그는 마치 하늘로 치솟는 헬륨 풍선처럼 미국 관료 체계의 위로 올라갔다. 상관에게는 언제나 충직했고, 그들의 비위를 맞추는 데 능했다. 그는 위만 바라보고 아래는 보지 않는 사람이었다. 자기 명성과 평판에 유난히 집착했고, 과잉보호 성향이 강했다. 심지어 그가 존John이라는 이름 대신 머리글자 J만 사용했던 이유는 동명이인인 악명 높은 사기꾼과 혼동될까 두려워서였다. 이처럼 J. 에드거 후버에게는 이미지가 자신의 전부였다. 그는 자주 부하 직원의 공을 가로채고, 조직폭력배와 범죄자 들을 체포하는 극적인 순간에 자기가 직접 관여했다고 언론에 거짓말했다. 진짜 공을 세운 직원들이 이의를 제기하고 자신의 공을 정당하게 인정받으려 하면, 후버는 그들을 하찮은 자리로 좌천시켰다.

또한 후버는 공포심을 조장해 조직을 통제했다. 화장실까지 감시했다. 그가 가장 두려워한 것은 동성애자라는 자신의 비밀스러운 사생활이 드러나는 일이었다. 실제로 그는 자신에 대한 소문을 퍼뜨리는 사람들을 위협하기 위해 부하들을 보냈다. 동시에, 동성애가 사회적 오명으로 취급되던 시대였으므로 적들을 협박하고 약점을 잡기 위해 같은 종류의 소문을 활용했다.

후버는 사적 이익과 공적 이익을 구별하지 않았다. 직원들은 밤낮없이 그의 지시를 이행할 준비가 되어 있어야 했고, 때로는 그의 집에 불려가 고장 난 잔디깎이를 고치기도 했다. 그가 취임한 이후 FBI는 더 정돈되고 효율적으로 재편되었지만, 동시에 모든 일을 세세하게 알려야 하는 방대한 보고 체계 아래 철저히 통제되기 시작했다. 요원들에게는 체중 제한이 있었고, 항상 모자를 써야 한다는 지침도 내려졌다. 그러나 후버 자신은 그런 규칙을 전혀 지키지 않았다.

후버는 스트레스를 유발시키고 비인간적이며 선을 넘는 일이 난무하는 직장을 만드는 것에서 그치지 않았다. 그의 병폐는 곧 FBI의 병폐가 되었다. 자신과 닮지 않은 모든 이를 향한 편집증적 태도와 보수적 성향은 FBI로 하여금 명백히 정당한 정치운동을 도청하고, 탄압하고, 위협하게 만들었다. 그 결과 FBI는 민주주의 체제에서 허용하는 한계를 넘어섰다. 조직의 도덕적 나침반은 파괴되었다. 직장을 사유물로 여긴 한 개인과 조직이 지나치게 밀착되어 있었기 때문이다.

후버는 끔찍한 리더의 극단적인 사례일 수 있다. 그러나 결코 유일하지는 않다. 형편없는 리더는 성별, 인종, 외형을 불문하고 존재한다. 그중 일부는 유명세나 권력을 바탕으로 신문 1면에 오르거나 역사책에 이름을 남긴다. 몇 년 전 영국 공항에서 난동을 부린 모델 나오미 캠벨Naomi Campbell이 그 예다. 또 다른 사례는 영화 제작자 하비 와인스타인Harvey Weinstein이다. 그는 수십 년에 걸쳐 젊은 여배우들과 자신의 회사 직원들에게 성폭력을 자행했고, 이는 상사의 성적 착취와 권력 남용을 고발하는 '미투 운동#metoo'의 기폭제가 되었다.

다행히 일반적으로 리더의 무능함은 대부분 조직 내부에만 영향을 미친다. 하지만 후버처럼 사회의 핵심 제도 위에 군림하는 인물이 최악일 경우, 그 여파는 훨씬 더 광범위해진다. 리더 자리에 앉은 나르시시스트들은 인류 역사에 전쟁과 참사를 불러왔고, 그 파장은 실로 거대했다.

따라서 먼저 누군가를 이끄는 사람이라는 역할 자체에 구조적인 결함이 있는지 살펴볼 필요가 있다. 우리는 누구를 리더로 선발하는가? 리더가 되기를 원하는 사람은 누구인가? 그리고 리더십은 왜 이토록 자주 도덕적·인간적 타락을 불러오는가? 이는 몇몇 일화나 예외적인 사례, 혹은 일부 '썩은 사과'의 문제가 아니다. 문제는 그 사과들이 유독 우리 바구니에 자주 담긴다는 데 있다.

리더십에 관한 불편한 진실

이 책은 좋은 리더에 관한 책이다. 그러나 그런 리더가 많아지려면 왜 나쁜 리더가 되는 것이 그토록 쉬운지를 먼저 이해해야 할 필요가 있다.

우리는 나쁜 리더 이야기를 이미 지겹도록 들어왔다. 이 책 역시 '양복 입은 사이코패스'라는 상투적인 소재를 되풀이하려는 건 아니다. 대중문화는 이미 나쁜 상사 이야기로 넘쳐난다. 영화 〈악마는 프라다를 입는다〉(2006)에 나오는 악명 높은 편집장 미란다

프리슬리, 드라마 〈오피스〉(2012~2013)의 무능하고 사기애 강한 마이클 스콧, 찰스 디킨스Charles John Huffam Dickens의 『크리스마스 캐럴』(1843)에 등장하는 냉혈한 스크루지까지. 우리는 그런 인물들이 존재한다는 걸 알고, 그들의 인격적 결함도 충분히 인식하고 있다. 하지만 진짜 질문은 바로 이것이다. 자기중심적이고, 무자비하고, 무능하고, 허영심 많고, 노골적으로 악의를 드러내곤 하는 리더는 실제로 얼마나 많을까?

최근 덴마크의 컨설팅 회사 발리사게르Ballisager의 분석에 따르면, 직장 내 부적응 원인 1위는 '상사와의 협업'이었다. 수년간 직원들이 퇴직 사유로 가장 먼저 꼽은 것도 역시 '상사'였다. 이는 미국을 포함한 여러 국제 조사 결과와도 일치한다. 미국에서는 응답자의 57퍼센트가 상사 때문에 직장을 그만뒀다고 답했다.

상사는 스트레스의 주요 원인으로도 지목된다. 직원들은 스스로 스트레스의 원인을 '경영진'이라고 인식하며, 심지어 산업 심리학자들을 대상으로 한 설문에서도 같은 결과를 볼 수 있다. 결국 일반 직원들에게 중요한 것은 상사의 태도와 행동인 셈이다.

질문은 자연스럽게 이어진다. 리더는 일반 직원들보다 나쁜 행동을 더 많이 하는가? 이에 대한 짧은 대답은 "그렇다"이다. 괴팍한 리더에 대한 무수한 일화나 불만 사례를 제쳐두더라도, 일반적인 리더들의 성향을 실증적으로 측정할 방법이 있다. 하나는 다수에게 동일한 질문을 던진 뒤 리더 역할을 맡은 이들의 응답이 어떻게 다른지를 비교하는 것이고, 다른 하나는 특정 집단에 일정 기간 권한이나 리더십을 부여하고, 그렇지 않은 집단과 비교해 어떤 행동과 도덕적 태도를 보이는지 관찰하는 방식이다. 즉, 사람들이 리더가 되었을 때 어떤 도덕성을―혹은 그 결여를―드러내는가를 살펴보는 것이다.

사람들에게 그들이 위계의 어느 위치에 있는지 물어보면 그 대답이 특정한 행동 경향과 어떻게 연결되는지 확인할 수 있다. 예컨대, 네덜란드에서 1,275명을 대상으로 실시한 한 연구는 위계 내에서 높은 위치에 있는 사람들이 그렇지 않은 이들보다 외도에 더 쉽게 빠진다는 사실을 보여준다. 그들은 외도를 더 자주 상상하고, 실제로 실행에 옮길 가능성도 높았다. 또 가진 권력이 클수록 탈세를 할 확률이 높았고, 사회 위계의 상층부에 있는 이들이 과속 운전을 저지를 가능성 역시 가장 컸다.

이와 관련해 여러 차례 반복된 흥미로운 실험들이 있다. 도로에서 가장 무례하게 행동하는 운전자들을 관찰하는 실험, 보행자가 길을 건너려고 할 때 멈추는 차량과 오히려 속도를 높여 충돌 위험을 높이는 차량의 비율을 비교하는 실험이다. 이 두 실험에서 확인된 사실은, 차량 가격이 높을수록 운전자의 태도가 더 이기적이고 배려 없다는 점이었다. BMW 운전자가 특히 최악이라는 결과도 있다.

물론 이는 그저 부유한 사람들이 '싸가지가 없다'는 뜻일 수도 있다. 하지만 부유층 다수가 가진 또 하나의 공통점은 그들이 '리더십'을 쥐고 있다는 점이다. 그리고 잘 알려진 여러 연구는 리더십이 사람의 도덕성에 긍정적인 영향을 주지 않는다는 사실을 반복해서 보여준다. 결국 이기적인 운전 방식을 설명하는 데 있어 부의 수준보다는 사회적 위계 내에서의 높은 위치, 즉 리더십 자체가 더 설득력 있는 원인으로 보인다.

부를 권력의 지표로 삼는다면, 권력을 가진 사람들이 그렇지 않은 사람들보다 상점에서 물건을 훔칠 가능성이 더 높다는 사실도 드러난다. 이들이 절도를 더 자주 저지르는 이유는 궁핍해서가 아니다. 타인에게 적용되는 규칙이 자신에게는 해당되지 않는다고 여기기 때문이다. 그 예로 2023년에 노르웨이 좌파 정당의 대표가 오슬로 공항에서 선글라스를 훔치는 장면이 보안 카메라에 포착되어 결국 사임한 사건에서, 그는 자신의 지위를 믿고 부적절한 행동이 들키지 않을 것이라고 생각했다.

자주 거짓말을 하는 이들 역시 부유하고 권력 있는 집단에서 더 많이 나타난다. 주사위를 던져 높은 숫자가 나오면 상금을 받는 실험에서, 스스로를 더 높은 사회계층에 속한다고 여긴 집단은 주사위 결과를 속여 부정하게 상금을 타는 경향이 더 컸다. 이처럼 권력은 인간의 도덕적 나침반을 흐리게 만드는 경향이 있다.

조직 내 대화 방식에 대한 한 연구는 조직에서 가장 높은 위치에 있는 사람들이 대체로 가장 거칠고 상처 주는 방식으로 말한다는 사실을 보여준다. 이들은 욕설을 가장 많이 사용하고, 타인의 업무를 깔보는 어조로 말할 가능성도 가장 높다.

권력 있는 사람들의 도덕성을 살펴보는 또 다른 방법은 사람들에게 스스로 자신의 권력감을 평가하게 하거나 실제로 그들을 권력하에 있는 상황에 놓고 관찰하는 것이다. 첫 번째 범주에 속하는 사람들을 조사해보니, 스스로를 가장 권력 있다고 여기는 이들은 공감 능력이 유의미하게 낮았다. 이런 차이는 짧은 영상 실험을 통해 확인할 수 있다. 사람들은 대부분 타인의 행동에 자신을 투사하며 반응한다. 예를 들어 영화에서 누군가가 폭행을 당하는 장면을 보면, 많은 이가 화면 속 인물의 고통에 따라 얼굴을 찡그린다. 하지만 권력감을 느끼는 사람들은 그렇지 않다. 미국 심리학자 대처 켈트너Dacher Keltner가 수행한 실험은 이를 잘 보여준다. 실제로 이들은 그러한 장면에 거의 반응하지 않으며, 타인의 고통에 아무런 연민도 느끼지 않는다.

이 공감 능력은 또 다른 간단한 실험을 통해서도 확인할 수 있다. 다른 사람이 읽을 수 있도록 자신의 이마에 알파벳 E를 쓴다고 해보자. 그러려면 거울에 비친 것처럼 글자를 써야 한다. 예상할 수 있듯, 권력 지수가 높은 사람들은 이 작업에 서툴다. 이들은 E를 타인이 아니라 자신의 시점에서 쓴다.

사례는 여기서 그치지 않는다. 권력을 가진 사람들은 심지어 아이들의 물건까지 훔친다. 대처 켈트너가 진행했던 실험에는 여러 아이가 참여했는데, 이들은 참가에 대한 보상으로 '어린이용'이라는 문구가 큼직하게 적힌 커다란 항아리에 담긴 사탕을 받았다. 그런데 실험을 마친 성인 참가자 중 일부는 귀가하는 길에 그 항아리에 손을 넣어 사탕을 집어 갔다. 누가 그런 행동을 했는지는 굳이 말하지 않아도 알 수 있을 것이다.

권력과 부패,
공감 능력의 상관관계

자신을 권력 있는 존재로 인식하는 사람은 대개 실제로 권력을 가진 경우가 많다. 타인에게 명령하거나 결정을 내릴 수 있는 위치에 있기 때문이다. 다시 말해, 이들은 어떤 형태로든 리더 역할을 수행한다고 봐도 좋다. 반면 어떤 이들은 자신이 가진 권력을 전혀 자각하지 못한 채 지낸다. 여기에서 자연스럽게 한 가지 질문이 제기된다. 본래 성격이 나쁜 사람들이 리더가 되기 쉬운가, 아니면 리더가 된 뒤에 성격이 망가지는가?

가장 그럴듯한 대답은 두 가능성이 모두 작용한다는 것이다. 특히 후자의 경우―원래는 선하고 올곧았던 사람이 권력을 쥔 뒤 공감 능력을 잃고 무자비해지는 것―를 뒷받침하는 근거는 두 가지다. 하나는 누구나 알고 있는 '권력은 인간을 부패시킨다'라는 고전적인 통찰이고, 다른 하나는 이러한 인과관계를 입증한 심리학 실험들이다. 실험은 권력을 부여받은 사람이 어떻게 변하는지 관찰하기 위해 사람들에게 인위적으로 권력을 주는 방식으로 진행된다. 심리학자들은 이 과정을 매우 단순하게 구성한다. 서로 전혀 모르는 사람들로 이루어진 집단에서 한 사람을 리더로 임의 지정하고, 그가 다른 구성원들과 다르게 행동하기 시작하는지를 관찰하는 것이다.

리더가 된 사람에게서 흔히 관찰되는 특징 중 하나는 자신에게 특별한 권리를 누릴 자격이 있다는 태도가 빠르게 드러난다는 점이다. 예를 들어 참가자 수보다 딱 하나 더 많은 케이크 조각이 담긴 접시가 있을 때, 리더는 당연히 자기가 두 조각을 집어도 괜찮다고 생각하는 경우가 많다. 게다가 음식을 먹을 때도 다른 사람들보다 훨씬 거칠고 비위생적으로 먹는다. 식사가 끝난 뒤 흘린 부스러기를 모아 무게를 재어보니, 실제로 리더가 더 많이 흘리면서 먹었음을 확인할 수 있었다. 심지어 케이크를 한 조각만 집은 리더들조차도 예외는 아니었다.

이러한 행동은 유사한 실험들에서 일관되게 관찰된다. 리더가 된 사람은 사회적 규범이나 행위의 허용 범위에 점점 무감각해진다. 남들 앞에서 지저분하게 먹거나, 무례하게 말하거나, 속임수를 쓰거나, 말을 지나치게 많이 하거나, 과하게 들이대고 큰소리를 치며 불쾌감을 주는 행동을 하는 데 거리낌이 없다. 대처 켈트너의 연구는 사람들이 리더가 되었을 때 타인에 대한 배려 없이 무례하게 행동할 권리가 자신에게 있다고 더 자주 여긴다는 사실을 보여준다. 이것으로 앞에서 언급한 교통 위반, 거짓말, 사탕 훔치기, 바람, 탈세 같은 행위를 설명할 수 있다. 리더들은 다른 사람은 자기 자신만큼 중요하지 않으며, 통용되는 규범과 한계 역시 자신에게는 적용되지 않는다고 여긴다.

그러니 리더들을 둘러싼 성적 스캔들이 끊이지 않는 것도 그리 놀라운 일이 아니다. 이들은 타인과의 관계에서 지켜야 할 선을 자신의 욕구보다 하위에 두는 경향이 있다. 어떤 경우에는 계산적이고 무자비하게 행동하지만, 자신이 타인에게 상처를 줬다는 사실조차 인식하지 못할 때도 있다. 이를테면, 하비 와인스타인과 리제테 리스고르드Lizette Risgaard의 사례는 그 양상이 다르다. 리스고르드는 2023년, 성희롱 의혹으로 덴마크 노총FH 의장직에서 물러나야 했다. 반면 와인스타인은 계획적인 협박과 조작을 통해 성관계를 강요해왔다. 리스고르드는 자신이 타인과의 관계에 있어 지켜야 할 선을 넘고 있다는 사실을 자각하지 못한 채 부적절하게 행동했을 가능성이 크다. 와인스타인은 자신이 잘못하고 있다는 것을 알면서도 전혀 개의치 않았다.

두 사람의 행위 양상은 다르지만, 모두 리더십에 그림자처럼 따라붙는 공통된 결함을 드러낸다. 바로 자신이 영향을 미치는 상대의 상태를 확인하지 않고, 자신의 행동이 어떻게 받아들여질지 헤아리는 공감과 통찰이 부족하다는 점이다. 리스고르드는 부하 직원들을 친밀하게 대했을 뿐이라고 했지만, 막상 당사자들은 리스고르드가 권력을 남용했다고 느꼈다. 결국 문제의 핵심은 자기 권력에 대한 인식 부족과 인간관계에서 지켜야 할 경계와 타인의 안녕에 대한 무관심이다.

특정 인물에게 타인에 대한 권한을 부여하는 실험에서도 비슷한 양상이 나타난다. 리더 역할을 맡은 사람들은 다양한 상황에서 자신이 이끄는 집단에 손해가 가더라도 더 큰 보상을 노리고 위험을 감수하는 선택을 할 가능성이 높다. 자신의 행동에 대해 얼마나 도덕적·사회적 고려를 했는지를 평가하는 윤리적 질문을 이들에게 던진 결과, 리더가 아닌 사람들보다 낮은 점수를 받는 경향도 있었다.

사람은 권력을 쥐면 변하게 마련이다. 짐바브웨의 지도자 로버트 무가베^{Robert Gabriel Mugabe}는 영웅이었다. 국제 시사잡지의 표지를 장식했고, 남아프리카공화국 전 대통령 넬슨 만델라^{Nelson Rolihlahla Mandela}에 비견되기도 했다. 그는 전 세계가 주목한 아프리카 자결권의 투사이자 정의의 상징이었다.

하지만 95세로 생을 마감한 2017년, 무가베는 37년간의 폭압 통치 끝에 전 세계에서 철저히 외면당한 인물이 되어 있었다. 그는 국민을 가혹하게 탄압했고, 농민들의 토지를 몰수해 측근들에게 나누어 주었으며, 정치적 반대파를 무차별적으로 살해했을 뿐 아니라 정당한 선거를 통해 권력을 이양하는 것도 끝내 거부했다. 이것은 영웅이 어떻게 독재자로 변해가는지 보여주는 전형적인 사례다.

조지 오웰은 1945년에 발표한 우화 『동물 농장』에서 선한 의도가 어떻게 잔혹한 억압으로 변질되는지를 상징적으로 그려냈다. 소설의 줄거리는 이렇다. 농장의 동물들이 인간 농부에 맞서 반란을 일으키고, 돼지 지도자 나폴레옹 동지가 그들을 이끈다. 그 결과, '모든 동물은 평등하다'라는 구호 아래 동물들은 자유를 쟁취한다. 그러나 얼마 지나지 않아 똑같은 일이 반복된다. 이제는 돼지들이 새로운 지배자가 되어 다른 동물들을 억압하기 시작한 것이다. 새 정권의 슬로건은 이렇게 바뀐다.

모든 동물은 평등하다. 그러나 어떤 동물은 다른 동물보다 더 평등하다.

즉, 너희가 억압하는 것은 허용되지 않지만, 우리는 특별하니 예외가 허락된다는 논리다. 이는 FBI의 일반 요원들은 모자를 써야 하지만, 국장은 쓰지 않아도 된다는 논리와 다르지 않다.

오웰은 스페인 내전 당시 민주사회주의 계열 반군POUM에 자원입대해서 싸웠다. 이때 그는 프랑코의 파시스트 군대뿐 아니라 반군 내부의 전체주의적 공산주의에도 맞섰다. 『카탈로니아 찬가』(1938)에 오웰은 이 경험을 생생히 기록하고 중요한 통찰을 남겼다. 자유와 평등은 수단과 목적이 일치할 때만 실현될 수 있으며, '목적이 수단을 정당화한다'라는 사고는 필연적으로 폭정으로 이어진다는 것이다. 그는 파시즘만이 아니라 동일한 계급적 위계 구조를 드러낸 스탈린식 전체주의 역시 혐오했다.

1887년, 영국 정치인 로드 액턴Lord Acton은 "모든 권력은 부패하는 경향이 있으며, 절대 권력은 절대적으로 부패한다"라는 명언을 역사에 남겼다. 오늘날 우리는 그의 말이 옳았음을 입증하는 확실한 심리학적 근거를 가지고 있다.

하지만 이 책이 말하고자 하는 바는, 그가 항상 옳지는 않다는 것이다. 만약 리더로 지목된 사람이 자신을 타인 위에 군림하는 존재로 여기고 더 나쁘게 행동한다면, 구성원인 우리는 그를 바로잡거나 더 나은 리더를 찾아야 한다. 물론 어떤 사람들은 자리에 앉자마자 권위적으로 치닫는 경향을 보이기도 한다. 그러나 권력이 부패하지 않도록 막는 방법은 다양하다. 이를 위해 우리는 리더를 어떻게 선출하고, 어떤 권한을 부여하며, 그들을 어떻게 감시할 것인지 분명히 인식하고 있어야 한다. 결국 우리가 어떤 유형의 사람을 리더로 선택하고 있는지를 직시하지 않을 수 없다. 문제는 리더십이 사람을 망치기도 하지만, 애초에 리더라는 자리가 문제적 성향을 지닌 사람들을 끌어들이기도 한다는 데 있다. 하지만 다행히 점점 더 많은 리더가 스스로를 변화시키려는 노력을 기울이고 있다.

어둠의 권력이 교차하는 삼각지대 안에서

'사이코패스가 리더가 될 가능성이 더 높다'라는 연구 결과를 들어본 적이 있을 것이다. 이 주장은 사실일 가능성이 크다. 사이코패스는 배려와 공감 능력이 극히 낮은 성격 일탈자들이다. 물론 이 특성만으로는 성공적인 리더가 되기 어렵다. 사이코패스 성향이 강한 사람들은 대개 나르시시스트이며 타인을 속이거나 기만해 자기 이익을 취하려는 냉소적 성향이 강하다. 심리학자들은 이러한 성향의 조합(사이코패시즘, 나르시시즘, 마키아벨리즘)을 '어둠의 삼각지대'라고 부른다. 마지막에 언급한 마키아벨리즘에 대해서는 곧 다시 다룰 것이다.

여러분이 이 삼각지대에 얼마나 깊이 발을 담그고 있는지는 다음 문장들에 얼마나 동의하는지를 통해 살펴볼 수 있다.

- 나는 내 행동에 후회하지 않는 편이다.
- 나는 내 뜻을 관철시키기 위해 다른 사람을 조종하려는 경향이 있다.
- 나는 다른 사람들의 주목을 받고 싶어 하는 편이다.
- 나는 명예나 지위 같은 것을 추구하는 경향이 있다.
- 나는 다른 사람에게 특별한 대우를 기대하는 편이다.
- 나는 내 행동의 도덕성에 크게 개의치 않는 편이다.
- 나는 내 이익을 위해 다른 사람을 이용하는 경향이 있다.

점수는 0점부터 40점까지 나올 수 있다. 미국의 연쇄살인범 테드 번디Ted Bundy는 39점을 기록했는데, 22점(미국 교도소에 수감된 남성 범죄자들의 평균 점수)만 넘어도 잠재적으로 위험하고 조작적이고 계산적인 범죄성 사이코패스로 간주될 수 있다. 만약 30점이 넘는다면, 의심의 여지가 없다.

학자들은 미국의 경영자 200명을 대상으로 이 사이코패스 테스트를 진행했다. 그 결과, 전체 리더 중 약 6퍼센트만이 가장 낮은 수준의 사이코패스 성향을 보였고, 30점 이상을 기록한 이들은 무려 8퍼센트에 달했다. 이는 일반 사회에서 나타나는 비율보다 훨씬 높은 수치다. 일반 사회에서 사이코패스는 약 500명 중 1명꼴에 불과하다. 만약 이 연구가 대표성을 지닌다면, 리더 집단에는 일반 사회보다 무려 20배나 더 많은 사이코패스가 존재하는 셈이다. 그래서 미국의 리더십 연구자 브라이언 클라스Brian Klaas는 이렇게 물었다. 본래 무자비하고 냉혹한 사람들이 리더가 되는 것일까, 아니면 리더라는 자리가 사람들을 그렇게 만드는 걸까?

사이코패스 성향은 학습되는 것이 아니라 선천적인 특성이므로, 현재의 리더 선발 방식이 사이코패스에게 유리한 출발선을 제공하고 있을 가능성이 크다. 사이코패스 성향은 리더십 체계 안에서 성공의 자산으로 작용할 수도 있다. 사이코패스는 오랫동안 리더에게 요구되어온 특성들, 즉 냉소, 독단성 그리고 타인을 복종하게 만드는 능력을 원래도 갖추고 있기 때문이다.

곧 살펴보겠지만, 특성들은 사람들이 흔히 '강한 리더'에게 기대하는 성향과 겹친다. 그러나 동시에 많은 사람이 이런 성향을 부정적인 성격으로 받아들인다. 언뜻 암울하게 들릴 수 있지만 사실이는 오히려 희망적인 소식이며, 이 책의 주제와도 밀접하게 맞닿아 있다. 만약 우리가 '강한 리더'의 환상, 즉 권위를 능숙하게 행사하고 감정에 흔들리지 않으며 단호하게 결정을 내리는 리더상을 내려놓고 전혀 다른 성격적 자질에 주목한다면, 상황은 달라질 수 있다. 공감, 자기 인식, 관대함, 친절함, 타인의 말에 귀를 기울이는 태도 같은 것이 리더십의 핵심 기준이 된다면 우리는 사이코패스가 아닌, 공동체로부터 존경받는 리더를 세울 수 있을 것이다.

완벽한 사이코패스는 논외로 두자. 어차피 이들은 전체 리더 중 소수에 불과하다. 물론 그렇다고 해도 앞에서 언급한 연구 결과는 오늘날 리더십에서 어떤 행동이 요구되고, 또 어떤 행동이 성공의 신호로 받아들여지는지 분명히 보여준다. 일반적인 사회에서 어둠의 삼각지대 성향을 지닌 사람들은 보통 교도소에 가지만, 이들을 조직 안에 두면 임원층까지 오를 수 있다.

이러한 사실은 조직 내에 비판적 자기 성찰이 필요하다는 점을 강하게 시사한다. 다시 말해, 우리가 리더에게 기대하는 자질이 무자비하고 냉혹한 나르시시스트의 성격과 지나치게 잘 들어맞는 것은 아닌지, 혹은 오늘날 정상에 오르기 위해 요구되는 조건 자체가 과도하게 냉혹한 자기중심성을 전제하고 있는 것은 아닌지 돌아봐야 한다. 동시에 사이코패스가 아니었던 사람들이 리더 자리에 오른 뒤 점점 더 냉혹해지고 있지는 않은지도 살펴봐야 한다. 앞서 살펴본 실험 결과들이 사람들이 리더가 되는 순간 실제로 행동이 달라진다는 사실을 분명히 보여주니 말이다.

악의 유혹들

왜 사람들은 리더가 된 뒤 J. 에드거 후버나 하비 와인스타인 같은 인물로 변해버리는 걸까? 혹시 또 다른 이유가 있는 건 아닐까? 브라이언 클라스는 저서 『권력의 심리학』(서종민 옮김, 웅진지식하우스, 2022)에서 이렇게 묻는다. 어쩌면 리더라는 자리는 냉혹하게 행동할 기회를 더 자주 제공하거나, 심지어 그런 행동을 요구하는 위치인 것이 아닐까?

2005년, 허리케인 카트리나가 미국 뉴올리언스를 강타했을 때

메모리얼 메디컬 센터 병원에 여러 명의 환자가 고립되었다. 환자들을 돌본 이 중에는 수석 의사 안나 포우Anna Pou 박사도 있었다. 나중에 밝혀진 바에 따르면, 포우 박사는 환자들이 지나치게 병약하거나 과체중이라는 이유로 옥상까지 이송해 헬리콥터로 대피시키는 것이 불가능하다고 판단했다. 그리고 이 때문에 그들을 사망에 이르게 했을 가능성이 제기되었다. 하지만 안나 포우에게 진료를 받았던 환자들은 대부분 그녀를 따뜻하고, 사려 깊으며, 공감 능력이 뛰어난 사람으로 기억했다. 그래서 그녀가 환자들이 죽도록 냉정하게 방치했다는 사실을 쉽게 받아들일 수 없었다.

우리가 이 사건에서 간과하기 쉬운 사실은, 병원 직원들이 음식도 물도 없이, 수면조차 취하지 못한 채 섭씨 43도의 고온 속에 있었다는 점이다. 극한 상황에서는 평소라면 결코 상상할 수 없는 결정을 내려야 한다는 압박이 가해지며, 실제로 그런 결정을 내릴 수 있는 사람은 극소수뿐이다. 그날 환자들을 구출했던 간호사나 다른 직원 들은 그들이 더 나은 인간이거나 윤리적으로 우월했기 때문이 아니라, 애초에 그런 결정을 내릴 수 있는 위치에 있지 않았기 때문이다.

리더가 되면 때때로 누군가를 해고해야 하는 상황에 직면하게 된다. 그러고도 밤에 잠을 이루려면 감정을 일정 부분 차단하고 공감 능력을 낮추는 일이 필요할 수도 있다. 일반 직원은 이러한 상황에 놓이지 않는다. 결국 이런 극한 상황들이 리더들이 공감 능력을 점점 버리도록 길들이는 셈이다. 심리학에서는 이를 '감정의 무더짐'이라고 부른다.

이 현상은 비단 리더에게만 국한되지 않는다. 심리학자 도르테 비르크모세Dorthe Birkmose는 자신의 저서에서 업무에서 무기력함이나 무능함을 느끼는 도우미나 복지사 들이 시간이 지날수록 냉소적이고 비공감적인 태도를 보이는 과정을 보여준다. 그들은 환자가 벽 너머에서 고통스럽게 신음해도 '저 사람은 원래 불평이 많은 사람이야'라고 합리화하며 그 상황을 버텨낸다. 그러한 자기 설득이 반복되면서 도덕감각은 서서히 무뎌지고, 타인의 고통에 점점 무관심하고 냉담해진다.

그러니 리더가 되는 사람이 언제나 잔인하고 이기적인 인간인 것은 아니다. 다만 리더는 그 역할을 감당하기 위해서라도 공감 능력을 줄이지 않으면 버티기 어려운 상황에 더 자주 놓인다. 적어도 그들은 그렇게 해야 한다고 믿는다. 그러나 우리는 이것이 큰 오해라고 생각한다. 업무 수행 과정에서 감정을 억누르는 것은 결코 바람직하지도, 유익하지도 않다. 리더도 마찬가지다. 거칠고 냉혹한 환경을 미화하며 그런 리더상을 이상화하는 담론 자체가 리더들 사이에 감정의 무뎌짐이 자라나는 문화적 토양이 된다. 그리고 바로 이 감정적 무감각 상태야말로 우리가 주장하는 공동체형 리더, 곧 족장형 리더십의 대척점에 있다. 결국 문제의 본질은 개인의 성향이 아니라 리더십을 둘러싼 구조적·문화적 환경이며, 이것이야말로 우리가 해결해야 할 과제의 핵심이다.

기준점으로서의 공동체

브라이언 클라스는 『권력의 심리학』에서 "자기 자신만을 바라볼수록 타인은 점점 시야에서 멀어진다"라고 말했다. 이 책에서 우리가 다루고자 하는 주제는 리더와 공동체 사이의 균형이다. 우리의 주장은 그 균형이 지나치게 리더 쪽으로 기울어져 있고, 공동체 쪽으로는 너무나도 적게 실려 있다는 것이다. 균형이 무너지면 사이코패스나 자기중심적인 인물이 권력을 잡지 못하도록 막기 어렵다. 그런 사람들이 리더라는 자리에 지나치게 잘 적응하면, 오히려 나머지는 모두 살기 힘들어진다. 그러니 그런 이들이 리더의 자리까지 올라가는 일이 없도록 해야 할 것이다.

리더십은 때때로 무례함과 눈치 없음도 동반한다. FBI 국장이 부하 직원들에게 자기 잔디깎이를 고쳐달라고 했던 것처럼. 자신이 특별하고 특혜를 받아 마땅하다는 착각도 만들어낸다. 모든 직원에게 적용되던 복장규정이 유독 후버 본인에게만 예외였던 것처럼 말이다. 리더가 그런 식으로 행동하면 조직 분위기가 망가지고 사기가 떨어지며, 그에 대한 존경심도 사라진다. 여기에는 리더십의 역설이 있다. 우리는 한편으로 리더가 제멋대로 조직을 흔들고 망쳐도 괜찮을 구조를 만들어놓고, 다른 한편으로는 그런 리더를 속으로 경멸하다가 결국 사표를 내거나 선거에서 표로 응징한다. 어쩌면 우리는 어리석음이 너무도 분명해졌을 때 좀 더 자주, 좀 더 크게 불만을 터뜨려야 할지도 모른다. 그렇게 후버 같은 인물들을 더 빨리 마호가니 책상 아래로 끌어내려야 하지 않을까.

2022년에 보리스 존슨Boris Johnson이 영국 총리직에서 물러나야 했던 결정적인 계기는 코로나 19 팬데믹 기간 중의 사적 행동이었다. 전 국민에게 외출조차 삼가라는 지침이 내려졌던 그 시기, 국가의 최고 책임자가 밀폐된 공간에서 직원들과 건배를 나누는 모습은 국민의 인내심을 무너뜨리는 방아쇠가 되었다. 그 순간 국민들의 존슨에 대한 존중심은 급격히 냉각되었고, 많은 영국인은 정치인의 특권의식이 무엇보다도 가장 불쾌했다고 계속 말했다. 공동체의 규칙을 따르지 않고 그 위에 군림하면서, 정작 본인은 그게 왜 문제인지조차 자각하지 못하는 태도에 대한 분노였다.

이 사례는 우리가 공동체와 규범을 무시하는 리더를 더 이상 받아들이지 않는다는 사실을 보여준다. 사람들은 리더에 대한 존경을 잃고, 시간이 지나면 리더 개인을 넘어 제도 전체의 권위마저 약화된다. 우리는 대부분 실제로 마주한 리더들과는 전혀 다른 리더를 간절히 원하고 있기 때문이다.

오랫동안 우리는 그런 리더십 스타일 외에는 대안이 없다고 믿어왔다. 하지만 최근 몇 년 사이 무자비하고 비도덕적이며, 무모하고 자기 과시에 몰두하고, 허세를 부리며 감정 없이 명령만 내리는 경직된 리더들에 대한 거부감이 특히 뚜렷하게 나타나고 있다. 다시 말해, 지금은 변화를 요구하는 시기이며 많은 징후가 이미 본격적으로 변화가 시작되었음을 보여준다. 우리는 이제야 깨닫기 시작했다. 오늘날 우리가 겪는 수많은 문제의 상당 부분이, 다름 아닌 형편없는 리더십에서 비롯된 것이라는 사실을.

바람이 빠져버린
리더십이라는 풍선

요즘은 거의 매주 하나씩 리더들의 스캔들이 터져 나온다. 직원에게 고함을 지르거나, 괴롭히거나, 성추행까지 하는 장관이나 시장들에 대한 이야기가 이어지고, 피해자들은 트라우마에 시달리거나 극심한 스트레스를 겪는다. 박물관장, 극단 단장, 기업 경영인에 이르기까지 수많은 리더가 도덕적·신체적 경계선을 넘고, 병든 조직과 공포 분위기를 만들어낸다. 직원들은 어디로 튈지 모르는 변덕스러운 상사 밑에서 늘 긴장할 수밖에 없다. 우리는 "그땐 시대가 달랐지"라는 말을 종종 듣지만, 지금은 정말로 다르다. 그런 리더들이 예전보다 많아진 것은 아닐 것이다. 하지만 우리는 이제 더 이상 그들의 행동을 묵인하지 않는다.

사회 전반적으로 리더의 자리는 예전만큼 매력적으로 여겨지지 않는 듯하다. 한 설문 조사에 따르면, 덴마크에서 리더가 되고자 하는 직원의 수는 불과 3년 만에 절반으로 줄었다. 현재 리더가 되고 싶다고 답한 사람은 15퍼센트에 불과하다. 새로운 일자리를 선택할 때 승진 기회를 얼마나 중요하게 생각하는지 묻는 질문에 '리더가 되는 것'이 중요하다고 답한 사람은 단 4퍼센트뿐으로, 모든 항복 중 최하위를 기록했다. 35세 이하 리더의 수 또한 최근 10년 사이 눈에 띄게 줄었다.

어쩌면 리더의 매력이 떨어진 이유는 언론들이 연일 쏟아내는 무능한 리더, 지나치게 부유한 리더, 스트레스로 지친 리더, 권력을 남용하는 리더 등에 관한 기사들 때문일지도 모른다. 리더가 되는 순간 마주하는 문제들도 그에 따르는 보상과 좀처럼 균형이 맞지 않는다. 하지만 그래서 사람들이 리더 자리를 기피하고 있다면, 그것은 매우 안타까운 일이다. 우리 사회는 리더 없이는 제대로 돌아가지 않는다. 그러므로 우리는 왜 리더십이 이토록 많은 문제를 낳는지를 따져보고, 지금의 방식을 근본적으로 바꾸자고 요구해야 한다. 그래야 직원을 이끄는 사람도, 직원도 함께 살 수 있다.

리더를 슈퍼히어로로 만든 미국

현대 조직의 리더십 구조나 직함을 보면 직장이 마치 전쟁터처럼 보인다. 우리는 '라인line'과 '스태프staff'를 두고 있으며, 우리의 리더들은 최고경영자CEO, 최고재무책임자CFO 등의 이름을 단 장교들이다. 이들은 기업의 '전략'을 수립하고 계획하는 참모 본부와 같다. 사실 전략이라는 단어도 군사용어에서 차용한 것이다. 조직 내에서 우리는 '꼭 이겨야 할 전투Must Win Battles'에 대해 이야기하고, 시장에서의 입지를 '방어'해야 한다는 표현도 서슴없이 쓴다.

기업의 조직도만 봐도, 우리는 여전히 '지휘 체계'를 따르고 있다.

말에는 힘이 있다. 전쟁의 은유가 조직에서 지나치게 큰 비중을 차지하면, 리더들의 사고방식 역시 그 영향을 받는다. 한 연구에 따르면, 일터를 전쟁·위기·경쟁·갈등의 틀로 규정할 때 우리는 점점 더 '알파 수컷'형 리더, 즉 감정적으로 거리감 있고 강인함과 공격성을 미덕으로 여기는 하이퍼마초적 리더를 선호하게 된다고 한다. 이는 리더가 여성인 경우에도 똑같이 적용된다. 전쟁식 수사와 리더 역할에 대한 과도한 극적 설정은 은연중에 우리를 독재적인 구조로 밀어 넣는다.

그렇다면 이런 군사적인 리더십 이상과 언어는 어디에서 비롯된 것일까? 우리가 '핵심성과지표' '인적자원관리' '스트레치 목표' '성과평가' 같은 말을 쓰게 만든 그 문화는 바로 미국에서 왔다. 현대 리더십 사고의 거의 모든 원류가 미국이다. 엔지니어 프레데릭 윈슬로 테일러 Frederick Winslow Taylor가 소위 '과학적 관리법 scientific management'를 고안하고, 효율성과 목표관리를 절대 원칙처럼 떠받들기 시작한 곳도 미국이다. 미국 심리학자 엘튼 메이오 Elton Mayo는 인센티브와 팀 역학에 대한 아이디어를 떠올렸고, 이는 인사부서가 HR 부서로 바뀌는 계기가 되었다.

두 미국인은 인간을 물이나 전기처럼 취급 가능한 자원으로 보았다. 그리고 그 자원을 행정 엘리트로 구성된 리더 집단이 끝까지 짜내서 이용해야 할 대상으로 간주했다. 즉, 이들은 인간을 목표를 실현하기 위한 수단으로 전락시켰다. 미국식 리더십 이데올로기에서 상사는 전부이고, 직원은 아무것도 아니다. 누구도 자발적인 동기나 주도성을 기대하지 않는다. 테일러는 이런 것들이 전혀 필요하지 않다고 주장했다. 체계와 채찍, 당근만 있으면 직원들을 지시에 따라 움직이게 만들 수 있다는 것이다. 여기에는 인간은 본래 게으르고 무기력하며, 상사가 나서서 일을 시키지 않으면 아무것도 하지 않는 존재라는 전제가 깔려 있다.

이런 사고방식은 규칙 중심의 표준화된 전문 관리라는 새로운 관료적 이상과 결합하면서 겉보기에는 꽤 인상적인 성과를 만들어냈다. 여기에 컨베이어벨트 노동과 20세기 초의 기술 혁신이 맞물리며 미국은 전 세계에서 '미래 조직의 모델'로 떠올랐다.

컨설팅 회사와 경영대학원을 처음 만든 것도 미국이다. 리더 교육과 MBA 프로그램이 생겨났고, 유럽이 제2차세계대전으로 폐허가 되었을 때는 마셜 플랜Marshall Plan(제2차세계대전 후 미국이 서유럽 16개국의 경제 재건을 위해 1947년부터 1951년까지 시행한 대규모 원조 계획)과 함께 수많은 경영 컨설턴트가 국경을 넘어 파견되었다. 그들은 전쟁에 지친 유럽인들에게 새로운 리더십을 설파했다.

하지만 한 전쟁이 끝나자 또 다른 전쟁이 시작되었다. 바로 '기업 전쟁corporate warfare'이다. 이 새로운 전쟁에서 상사는 전능한 존재였고, 숫자와 엄격한 절차를 통해 조직을 통제했다. 지휘 체계는 강력한 위계질서를 따랐으며, 예전에는 상대적으로 적은 수의 관리자로도 잘 돌아가던 유럽 기업들에 점차 수많은 중간관리자 계층이 생겨나기 시작했다. 이들은 대부분 현장과 실무에서의 오랜 경험을 거쳐 마호가니 책상 앞까지 올라온 사람들이었지만, 그런 전통은 미국식 리더십과는 거리가 멀었다. 미국은 어떤 조직이든 투입할 수 있는 '제너럴리스트'를 이상화했고, 리더십이란 그저 '적절한 기법'을 적용하는 기술 문제에 불과하다고 믿었기 때문이다.

상사를 초인적인 슈퍼히어로로 여기는 미국식 사고방식은 오늘날 미국 사회에 여전히 강하게 남아 있다. 이 이미지는 유럽 기업 대부분에도 깊이 뿌리내렸다. 전쟁의 은유는 점차 조직 운영의 표준 언어가 되었고, 언론과 출판계는 강력한 CEO들에 대한 영웅 서사를 끊임없이 쏟아냈다. 그들은 가족과 떨어져 지내면서까지 자신을 '희생'하며 냉혹한 결정과 속전속결의 세계에서 살아남은 강인한 리더로 그려졌다. 그 누구보다 단단하게 단련된 남성상. 마라톤 연습을 겸해서 달렸는데 입안에서 피 맛이 느껴질 때가 되어서야 비로소 멈추는, 그런 리더들 말이다.

유능하지만
나쁜 리더들과 작별하기

최근 들어 『데일리 뵈르센』이나 『베를링스케 비즈니스』 같은 덴마크 매체에서 위와 같은 영웅 서사가 과거에 비해 눈에 띄게 줄었다. 리더십이라는 풍선에서 바람이 빠진 지금, 그런 유형의 리더들은 대중의 시선 속에서 조용히 위신을 잃어가고 있다. 사람들은

'유능하지만 나쁜 리더'에 대해 말하기 시작했다.

한때 이런 리더들은 뛰어난 성과만 낸다면 직원들을 거칠고 폭력적으로 대해도 문제가 없었다. 덕분에 연극계의 존 스테판센이나 테크계의 일론 머스크 같은 인물들이 신문 1면에 성공의 아이콘으로 떠올랐다. 그런데 이제는 그들의 리더십 방식이 주목받고 있다. 그리고 그 시선은 더 이상 호의적이지 않다.

다시 말해, 우리는 새로운 리더십을 받아들일 준비가 되어가고 있다. 목표 중심적이고 비인격적이며 무자비한 리더상―끊임없이 고위직을 꿰차면서 뒤로는 수많은 직원을 상처 입히고 무너뜨리는 유형―과 결별하려는 변화가 일어나고 있는 것이다.

그럼에도 불구하고, 실제로 상황이 달라지는 일은 여전히 너무 적다. 덴마크 온라인 매체 '제트랜드'가 보도한 바에 따르면, 덴마크의 기후부 장관 단 외르겐센Dan Jrgensen은 부하 직원들을 몰아붙이며 다른 부서보다 더 길고 강도 높은 노동을 요구했다. 그 결과 퇴직자가 계속 늘어났지만, 그는 해임되지 않았다. 오히려 다른 부처로 '승진'했을 뿐이다. 내무 및 보건부 장관 소피에 뢰데Sophie Lhde도 마찬가지다. 'B.T.'의 조사에 따르면, 그녀는 직원들에게 고함을 지르고 모욕을 주는 등 공격적이고 사적인 언행을 일삼았다. 그러나 그 행동에 실제로 영향을 받은 사람은 스트레스로 무너진 직원들뿐이었고, 그녀 자신에게는 별다른 책임이 따르지 않았다.

자기 과시에 몰두한 이기적인 리더들은 여전히 존재한다. 그리고 이들은 자신들보다 훨씬 더 나은 리더가 될 수 있었던 많은 사람의 길을 당당하게 가로막고 있다. 다행히 사람들이 지난 수백 년 동안 익혀온 리더십 모델과는 전혀 다른 이상을 중심에 두고 사고하기 시작했으니 지금과는 전혀 다른 조직문화를 만들어낼 수 있을 것이다. 이제는 지난 리더십의 한계를 넘어설 때다.

덴마크에서도 조직 구성이 미국화됨에 따라 최고 책임자를 CEO$^{Chief\ Executive\ Officer}$라고 부르기 시작했다. 흥미롭게도 영어로 'Chief'는 '족장族長'이라는 뜻이기도 하다. 어쩌면 우리는 장교^{officer}가 되기보다는 족장, 즉 공동체적 리더가 되는 쪽을 택해야 할지도 모른다. 우리 다음 세대는 더 이상 무장한 리더가 자신을 이끌기를 바라지 않는다. 그들은 권력의 오만함을 거부하고, 관리자^{executive}가 아니라 서번트^{servant}로, 장교가 아니라 족장으로 살아가려 할 것이다.

2장

권력의 빛과 그림자

나는 칼리프 자리를 넘본다.
— 이즈노굿Iznogood(과도한 권력욕과 이에 대한 집착을 다루는 프랑스 만화
『Iznogoud』을 바탕으로 한 언어유희)

진부하지만 자주 반복되는 말이 있다.

"우리는 결국 우리 수준에 맞는 리더를 갖는다."

우리는 이 말을 이렇게 바꾸고 싶다.

"우리는 우리가 기대한 리더를 가질 수 있다."

사람들은 지금보다 훨씬 나은 리더를 가질 자격이 있다. 하지만 그런 리더를 좀처럼 만나지 못하는 이유는 리더에게 제대로 된 기대를 하지 않기 때문이다. 우리는 리더에게 더 많은 것을 요구해야 한다.

좋은 상사에 대한 사람들의 바람은 그다지 복잡하지 않다. 문제는 실제로 그런 상사를 찾는 일이 어렵고, 상사 스스로 그런 이상을 실천하는 일도 결코 쉽지 않다는 점이다. 우리는 자료 조사 과정에서 여러 사람에게, 특히 SNS를 통해 좋은 상사와 나쁜 상사에 대해 자신의 경험을 바탕으로 묘사해달라고 요청했다. 그리고 그 응답들을 핵심어와 문장 들로 구성된 모자이크처럼 정리해 두 유형의 상사에 대한 공통된 인식과 축적된 경험을 고스란히 담왔다. 이제 이 두 상사 유형의 전형적인 이미지를 바탕으로 논의를 이어갈 것이다.

좋은 상사

신뢰할 수 있다. 이타적이다. 용감하다. 결단력이 있다. 실수를 인정할 줄 안다. 직원의 편에 선다. 명확한 방향을 제시한다. 신뢰를 형성한다. 전문적이고 유능하다. 새로운 아이디어를 시도하게 돕고 지지한다. 자신을 중심에 두지 않는다. 직원들이 맡은 임무를 할 수 있도록 여건을 조성한다. 공감한다. 칭찬을 아끼지 않는다. 상대를 있는 그대로 본다. 사람의 강점을 본다. 자율적인 환경 속에서 최선을 다할 수 있게 돕는다. 사회적·감정적 지능이 높다. 친절하다. 동기를 부여한다. 도덕적이다. 부드럽고 존중하는 태도로 사람을 대한다. 타인의 의견에 귀를 기울인다. 열린 태도로 리더십을 발휘한다. 지지 기반이 되어준다. 인간적이다. 이해심이 깊다. 자기 성찰을 할 줄 안다. 자신의 역할과 한계를 인지한다. 자신이 이끄는 사람들을 잘 알고 그들의 차이를 이해한다. 사람에 대한 통찰이 있다. 겸손하고 자존감도 있다. 권위를 잃는 것을 두려워하지 않는다. 갈등을 회피하지 않는다. 뒷담화에 가담하지 않는다. 상황에 따라 개인적인 거리를 유지한다. 왕따, 뒷담화, 음모 등을 사전에 막고 중단시킬 줄 안다. 관계 중심적이며 세심하다. 직원들이 독립적으로 일할 수 있다는 믿음을 갖고 있다. 도움을 줄 수 있는지 먼저 묻고, 실제로 도움을 제공한다. 메시지를 명확하게 전달한다. 불필요한 연락은 하지 않고 꼭 필요한 메시지, 메일, 문자만 보낸다. 주말이나 휴가 중에는 연락하지 않는다. 회의는 꼭 필요한 경우에만 소집한다. 말이 간결하다. 타인의 전문성에 호기심을 갖는다. 타인의 상태에 관심을 기울인다. 현실적이고 소탈하다. 자신이 더 낫거나 중요한 사람처럼 행동하지 않는다. 올곧다. 생산적인 조언과 논의에 능하다. 자신의 감정이나 타인의 감정에 지나치게 휘둘리지 않는다. 자신이 할 수 없는 일을 해낼 수 있는 중간관리자를 곁에 둔다. 자기 자신보다 공동체에 집중한다. "좋은 상사는 농부와 같다. 늘 씨를 뿌리고 수확하기만 하는 것이 아니라, 겨울과 가을을 기억하고 멈춤과 재충전의 시간을 마련할 줄 아는 사람이다." 타인이나 조직을 소진시키지 않고 힘을 북돋워준다. 유능하다. 방향을 제시할 줄 알고, 과제를 명확히 설명한다. 믿을 수 있다. 인정하는 리더십을 실천한다. 차분하고 침착하다. 과시하지 않고, 앞에 나서지 않는다. 자신의 가치를 알고 있다. 자신의 감정은 절제하되, 타인이 편안하게 감정을 표현할 수 있도록 심리적으로 안정된 환경을 보장한다. 반대 의견을 받아들이고, 다양성과 이견의 가치를 이해한다. 건설적인 피드백을 제공한다. 성과의 공을 직원에게 돌린다.

나쁜 상사

신뢰할 수 없다. 자기중심적이다. 우유부단하다. 상대방을 깔본다. 사람을 조종한다. 위협적인 태도를 취한다. 책임을 회피한다. 현장에 없다. 남을 탓한다. 약속을 지키지 않는다. 뒷담화를 한다. 자기애가 강하다. 정직하지 않다. 앙심을 품는다. 유능한 사람을 두려워한다. 자신이 위협받고 있다고 느낀다. 지나치게 사적이다. 사람을 차별한다. 불안감 때문에 통제하려 든다. 고집이 세다. 다른 관점을 받아들이기를 거부한다. 명확한 목적이나 숙고 없이 행동한다. 감정에 따라 행동한다. 타인의 말을 듣지 않고 자신이 할 말만 한다. 복지에는 관심이 없고 오직 수익에만 집중한다. 과도한 성과를 요구하며 압박한다. 직원을 감시한다. 결과를 얻기 위해 직원들을 위협한다. 인간성보다 이력서와 경력 때문에 고용되었다. 타인의 성과를 가로챈다. 거만하다. 명령조다. 감시한다. "그건 너희가 알아서 해." 자율과 참여는 말뿐이다. 모든 문제를 해결하려 하고 모든 질문에 답을 하려고 한다. 복잡한 문제에 관한 대화를 차단한다. 항상 자기보다 더 높은 사람과 회의 중이다. 자신이 남을 잘 이해한다고 착각한다. 직원의 자존감을 무너뜨린다. 자신이 기대하는 바를 명확히 말하지 않는다. 뒷담화를 방치한다. 왕따와 나쁜 조직문화를 조장한다. 타인의 능력을 시기한다. 자기중심적이고 권력욕이 강하다. 자기비판이나 자기 성찰이 없다. 신뢰할 수 없다. 불필요하게 말이 많고, 때와 장소를 가리지 않고 메시지를 쏟아낸다. 불필요한 회의를 시도 때도 없이 연다. 관련성이 없는 말을 장황하게 늘어놓는다. 다른 전문 분야에 대한 이해가 없으면서 비판부터 한다. 협업보다 규칙과 제약을 우선시한다. 자신과 의견이 같은 사람만 곁에 둔다. 새로운 관점, 해결책, 지식을 받아들일 여유가 없다. 편애한다. 자신이 상사임을 굳이 드러내려 한다. 다른 직원을 험담한다. 개인의 사생활을 존중하지 않는다. 직원의 복지보다 자신의 권력 유지를 더 중요하게 여긴다. 쉽게 흥분하고 분노와 좌절을 조절하지 못한다. 사람들 앞에서 공공연히 화를 낸다. 거만하고 아는 체한다. 업무뿐 아니라 직원의 사생활까지 통제하려 한다. 반사회적 성향을 보인다. 예측 불가능하게 행동한다. 독단적이다. 공격적이다. 성숙하지 못한 태도를 보인다. 불안감 때문에 직원들의 업무에 과도하게 개입한다. 직원에게 항상 대기하라고 요구한다. 공적·사적 인정을 갈망한다. 통제와 압박을 수단으로 사용한다. 자신이 배제될까 두려워 협업을 방해한다. 기준 없이 사고하고 행동한다. 평정심이 없다. 태도가 일관되지 않다. 타인의 인정에 지나치게 의존한다.

사람들은 상사에게서 무엇을 원하고, 특히 무엇을 절대로 받아들이고 싶지 않은지를 분명히 알고 있다. 1장에서 살펴보았듯, 권력이 부패를 낳는다는 사실은 새삼스러운 통찰이 아니다. 그리고 이것은 인류가 태고부터 겪어온 아주 오래된 문제다. 우리의 선조들은 수천 년, 어쩌면 수백만 년 전부터 이 문제를 인식해왔을지도 모른다.

　권력을 가진 사람에게 정확히 어떤 일이 벌어지는지를 이해하려면 그 사람의 머릿속에서 일어나는 일뿐 아니라 그 권력의 영향을 받는 사람들의 심리도 함께 들여다봐야 한다. 하지만 이 모든 것이 생물학적 문제에 한정되지는 않는다. 우리가 어떤 리더를 갖게 되는지를 결정짓는 문화적인 조건 또한 반드시 고려해야 한다. 이 조건이야말로 우리가 제대로 된 리더를 갖느냐, 아니면 오만하고 자기중심적이며 독재적인 상사 밑에서 끝없는 회의에 시달리는 직장에 머물게 되느냐를 가른다.

약에 취한 우두머리 원숭이들

마카크원숭이들은 대부분의 다른 원숭이와 마찬가지로 본능적으로 위계질서를 형성한다. 이들의 서열은 단기간에 형성되며, 일단 자리를 잡으면 대체로 안정적으로 유지된다. 미국의 한 연구 팀은 이 원숭이들의 위계 구조를 토대로 흥미로운 실험을 진행했다. 원숭이들에게 코카인을 투여해 누가 가장 빨리 중독되는지 살펴본 것이다. 결과는 명확했다. 서열의 가장 하위에 있는 개체들이 가장 먼저 중독되었다. 그 이유는 무엇일까?

　연구자들에 따르면 상위 개체들은 이미 충분히 '취해' 있었다. 권력에 말이다. 코카인은 단순한 환각제가 아니다. 이 약물은 사용자가 자신이 상황을 통제하고 있으며 남들보다 우위에 있다고 느끼게 만든다. 다시 말해, 힘과 통제력을 가졌다는 착각을 불러일으킨다. 마카크원숭이 집단에서 상위 서열에 있는 개체들은 이미 실제로 지배감을 느끼고 있었고, 그로 인해 분비된 도파민이 주는 쾌감도 경험하고 있었다. 반면 하위 개체들은 그러한 자극을 거의 받지 못했기에 코카인을 통해서라도 얻으려 했다.

이처럼, 사람들이 권력에 중독되는 것은 이상한 일이 아니다. 권력을 잃은 이들이 술에 의존하거나 약물에 손대는 것도 자연스러운 반응이라고 할 수 있다. 권력이 주던 일종의 쾌감, 정신적 고양감이라고도 할 수 있는 '킥'이 사라졌기 때문이다. 어떤 이들은 그 자극을 결코 포기하지 못한다. 그래서 일부 리더는 끊임없이 자신이 우위에 있고 건드릴 수 없는 존재처럼 느끼기 위해 실제로 불법 약물에 기대기도 한다.

지배성과 관련된 또 다른 신경전달물질은 세로토닌이다. 원숭이든 인간이든 세로토닌 수치가 높을수록 지배적인 행동을 보이는 경향이 있으며, 이는 실제 실험에서도 확인되었다. 이미 1980년대부터 인간 집단을 대상으로 한 여러 연구를 통해 상위 서열에 있는 이들이 하위 서열에 있는 사람들보다 혈중 세로토닌 수치가 더 높다는 사실이 밝혀졌다. 세로토닌은 자존감을 높이는 효과가 있으며, 실제로 불안장애와 우울증 치료에도 사용된다.

사람도 권력을 갖게 되었을 때 동물과 마찬가지로 특정한 반응을 보인다. 권력은 타고나는 것이 아니라 외부로부터 부여되는 성실이다. 일단 권력을 부여받으면 뇌를 비롯한 신체 전체가 이를 감당할 준비를 시작하며, 동시에 권력을 유지하도록 유도하는 보상 시스템이 작동한다. 보상은 타인이 자기 뜻대로 움직이거나 자신이 위에 있다는 사실이 확인될 때, 자신의 말이나 행동에 아무도 이의를 제기하지 않을 때마다 주어진다. 그 과정에서 자신의 뜻이 관철된다거나 자신이 옳다는 감각이 강화된다.

물론 생물학적 요인을 간과할 수는 없다. 일부 사람들은 생물학적 특성상 다른 사람보다 권력을 쥘 가능성이 더 크다. 즉, 어떤 이들은 특정한 유전적·신경학적인 기반 때문에 어떤 상황에서도 더 적극적으로 권력을 추구하고 획득하려는 경향이 있다.

1장에서 권력자 자리에 있는 사람 중 사이코패스와 나르시시스트의 비율이 유달리 높다고 이야기했었다. 그리고 쌍둥이를 대상으로 한 연구에 따르면 권력은 유전적인 요소와 관련이 있다. 이 연구는 일란성쌍둥이처럼 생물학적인 기반은 같지만 서로 다른 환경에서 성장한 경우가 주된 연구 대상이다. 연구자들은 쌍둥이 중 한 사람이 권력자 위치에 있을 경우 다른 한 사람 역시 비슷한 위치에 있을 확률이 높다는 흥미로운 사실을 밝혀냈다. 일부 연구자는 이를 두고 리더십과 관련된 유전자를 분리해냈다고 주장하기도 한다.

그렇다면 리더십은 유전자에 내재된 성질일까? 꼭 그렇지는 않다. 이 연구 결과가 말해주는 것은 우리가 리더를 선출할 때 중요하게 여기는 자질이나 스스로 리더 자리를 차지하려는 성향 역시 생물학적 요소와 무관하지 않다는 점이지, 그런 성향을 지닌 사람이 반드시 더 훌륭한 리더라는 뜻은 아니다. 오늘날의 사회구조가 그러한 성향을 가진 이들에게 리더십에 이르는 길을 더 쉽게 열어주고 있다는 의미다.

또 다른 연구들은 권력을 누가 추구하고 쥐게 되는지 결정하는 데 있어 문화적인 요인이 핵심적이라는 사실을 보여준다. 많은 이가 권력을 바라는 이유는 부모 세대 또한 같은 길을 걸었기 때문이다. 권력은 사회적으로 대물림되며, 때로는 태어나면서부터 누릴 자격이 있는 특권처럼 여겨지기도 한다. 또한 성장과정에서 좀처럼 반대를 경험하지 않았거나 지배적인 행동을 해도 제지를 받지 않고 자란 사람이라면 자신이 남보다 우위에 있다는 확신을 강하게 가질 수 있다. 어릴 때부터 원하는 것을 거의 항상 손에 넣었거나 삶의 고비를 스스로 감당해본 경험이 없다면 타인을 이끌 자격이 자기 자신에게 있다고 믿을 가능성이 커진다. 반대로 어린 시절부터 상실이나 저항을 경험하며 그것을 감당해온 사람들은 더 깊은 공감 능력을 지닌 리더로 성장할 가능성이 크다는 연구들도 있다. 이들은 타인의 고통과 삶의 조건을 이해하고, 취약함을 헤아릴 줄 아는 능력을 더 잘 갖추는 경향이 있었다.

만약 우리가 리더를 선출할 때 개인의 지배적인 성향보다 공감과 관용을 더 중시했다면, 폭압적인 리더는 애초에 기회를 얻지 못했을 것이다. 조직의 리더십 문화와 채용 메커니즘을 근본적으로 바꾼다면 사이코패스는 마땅히 있어야 할 자리, 즉 타인에게 영향을 미치지 못하는 곳에 머물 것이다. 그러니 리더들에게서 나타나는 문제를 해결하려면 권력을 쥔 사람들이 어떤 성격적인 특성이 발달되어 있는지를 이해해야 한다. 과도한 자신감, 단기적이고 일관성 없는 의사결정, 타인의 경계를 넘나드는 통제 성향, 위험 신호를 무시하는 태도 같은 것 말이다.

동시에 인정해야 할 점도 있다. 세로토닌, 도파민 등 신경전달물질 때문에 나타나는 몇몇 특성은 리더를 매력적이고 유능하며 흥미롭게 보이게 만드는 요소이기도 하다. 이는 때로는 고된 리더십 수행에 필요한 추가적인 에너지를 제공한다.

그러니 사람들이 권력을 가졌을 때 다소 들뜬 상태가 되는 것은 어쩌면 피할 수 없는 일일지도 모른다. 그리고 일종의 '킥'을 느끼는 것 역시 반드시 부정적인 현상이라고 할 수는 없다. 중요한 것은 리더가 이러한 정신적인 고양감의 어두운 측면을 스스로 성찰할 줄 알아야 한다는 점이다. 리더가 이끄는 집단 역시 리더가 고양감과 겸손함 사이에서 균형을 유지할 수 있도록 돕고, 필요하다면 그 균형을 되찾으라고 요구할 수 있어야 한다.

우리는 권력은 피할 수 없고, 애초에 권력을 회피하려는 시도 자체도 바람직하지 않다고 본다. 권력은 올바르게 사용하면 생산적인 힘이 될 수 있다. 즉, 권력이 반드시 강한 영향력, 지배, 통제만을 의미하는 것은 아니다. 권력이란 용기, 신뢰를 형성하는 능력 그리고 약속을 지키는 태도와 관련 있다. 하지만 안타깝게도 인간의 문화는 권력에 대해 왜곡된 관념을 갖고 있으며, 그래서 수 세기 동안 리더의 생물학적·문화적 성향에 제대로 대응하지 못했다. 우리가 잔인하고 공감 능력이 부족하며 자기 과신적이고 거짓에 능한 인물들을 리더로 삼은 데에는 분명한 문화적 배경이 있다. 그 맥락을 이해하기 위해 중세 말기의 피렌체로 시선을 돌려보자.

세상에서 가장 긴
입사 지원서 이야기

1512년, 피렌체에서 한 젊은 공직자가 해임되었다. 도시국가 피렌체의 권력 지형이 바뀌며 정치적 주도권이 강력한 메디치 가문의 손에 넘어갔다. 그는 그들에게 미운털이 박힌 상태였지만, 이 상황을 바꾸어보려고 마음먹는다. 그의 이름은 니콜로 디 베르나르도 데이 마키아벨리 Niccolò di Bernardo dei Machiavelli다. 해임된 이듬해, 그는 책상 앞에 앉아 한 권의 책을 집필하기 시작한다. 훗날 '세상에서 가장 긴 입사 지원서'로 불리게 되는 『군주론』(1532)이라는 제목의 이 책은 어떻게 권력을 획득하고, 그것을 어떻게 유지할 수 있는지 노골적으로 제시하는 매뉴얼이었다.

마키아벨리는 이전의 왕국과 군주국이 어떻게 권력을 상실했는지 분석하며 이야기를 시작한다. 그리고 권력을 유지하려면 무엇이 필요한지에 대한 자신의 관점을 제시한다. 이 과정에서 드러나는 그의 인간관은 관대하게 보자면 환상을 철저하게 배제한 시각이라고 할 수 있다.

마키아벨리는 '리더는 사랑받는 편이 좋은가, 두려움의 대상이 되는 편이 좋은가'를 두고 사유를 이어간다. 그는 단호히 말한다.

> 사랑받는 것보다 두려움을 주는 것이 훨씬 더 안전하다.
> (……)
> 일반적인 인간에 대해 말하자면, 그들은 배은망덕하고, 변덕스럽고, 기회주의적이며, 위선적이고, 위험은 회피하고 이익에는 눈이 먼 존재다. 당신이 그들에게 잘해줄 때는 모두 당신의 편인 양 굴며 피와 재산, 생명과 자식까지도 바치겠다고 할 것이다.

마키아벨리는 결국 이렇게 단언한다. "인간은 악하다"라고. 그리고 이어 말한다. 사람은 자기 이익이 걸린 순간이면 언제든 등을 돌린다. 하지만 처벌에 대한 두려움을 느끼면 결코 배신하지 않는다. 한마디로, 리더는 자신이 이끄는 이들에게 어떤 기대도 하지 않아야 한다. 돌아오는 것은 결국 실망뿐이기 때문이다.

『군주론』이 출간된 이래, 마키아벨리는 시대에 따라 찬사를 받기도 하고 악마화되기도 했다. 참고로 이 책은 그가 사망한 1527년으로부터 5년 뒤에 출간되었고, 그는 끝내 메디치 가문의 정치 고문으로 등용되는 데 실패했다. 훗날 그의 이름을 따서 '마키아벨리즘'이라는 사상이 만들어졌으나, 이 표현도 좀처럼 긍정적인 의미로 사용되지 않는다.

어떤 이들은 마키아벨리가 감상 없는 정치 현실주의를 통해 때로는 위험해질 수 있는 이상주의를 경계했다는 점에서 그를 높이 평가하기도 한다. 그러나 그가 논란의 인물로 남게 된 이유는 그의 인간관, 특히 '우리는 어떤 리더를 마땅히 받아들여야 하는가'에 대한 냉소적인 시각 때문이다. 앞서 언급했듯 그의 리더십 철학은 소수의 리더가 (일시적으로나마) 권력을 유지하는 데 유용할 수는 있으나 그 이상의 비전을 제시하지는 못한다. 이 때문에 마키아벨리는 '정치적 냉소주의의 창시자', 다시 말해 권력을 옹호한 인물로 평가받기도 한다.

마키아벨리는 사람들에게 두려움을 심어주고, 그들을 조종하고, 필요하다면 거짓말을 해서라도 권력을 쥐라고 리더에게 조언한다. 이는 이상 따위는 아랑곳하지 않고 오직 자신의 이익을 위해 권좌에 오르려는 냉혹한 이기주의자를 위한 매뉴얼이다. 그리고 이러한 그의 발상은 이후 세대에게도 상당한 영향을 끼쳤다. 마키아벨리의 책을 읽지 않은—아마 대부분이 읽지 않았을 것이다—사람들도 그가 묘사한 리더상, 즉 잔혹하면서도 '현실적'이라고 불리는 유형에 익숙하다. '마키아벨리는 그저 세상을 있는 그대로 말했을 뿐'이라는 식의 옹호도 종종 따라붙는다.

오늘날 마키아벨리식 리더십 이상은 40년 전만큼 강한 영향력을 발휘하지는 않지만, 그 잔향이 여전히 곳곳에 남아 있다. '필요할 때는 잔인해질 수 있는' 리더를 이상화할 때, 정치평론가들이

"권력은 쟁취하는 것이지, 부여받는 게 아니다"라고 말할 때, 2023년 덴마크의 베스트셀러 중 하나가 기업 최고경영자 코레 슐츠$^{Kåre\ Schultz}$의 전기 『강인한 코레$^{Hard-Kåre}$』(Lindhardt og Ringhof, 2023)였다는 사실 등에서 그 흔적을 확인할 수 있다.

오늘날에도 문화의 저변에는 여전히 중요한 순간에 '부드러운 리더십'으로는 멀리 갈 수 없으며, 정상은 늘 춥다는 생각이 깔려 있다. 즉, 리더가 되려면 부드러운 어깨가 아니라 팔꿈치에 톱날을 달아야 한다는 뜻이다. 같은 맥락으로 여성은 리더 자리를 '버티지 못한다'는 인식 또한 확산되어 있다. 리더에게 요구된다고 여겨지는 거친 경쟁 본능과 비감상적인 태도를 갖추지 못했다는 것이다. 사람들은 이를 두고 흔히 "그들은 리더가 될 만한 자질이 없다"거나 "그릇이 다르다"라고 말한다. 하지만 사실 여성들이 실패하는 이유는 리더십에서 전쟁의 은유나 냉혹함을 매력적으로 느끼지 않기 때문이다. 어쩌면 마카크원숭이들이 열광하는 신경전달물질에 큰 반응을 보이지 않고, 오히려 현실적이고 조화로운 관계에서 진정한 기쁨을 느끼는지도 모른다.

우리는 마키아벨리의 발밑에서 카펫을 걷어내고, 그가 제시한 리더십 개념이 얼마나 왜곡된 오해인지 보여주려고 한다. 마키아벨리즘이 어둠의 삼각지대 중 세 번째 축으로 불리는 것은 결코 우연이 아니다. 만약 사람들이 권력을 오직 사회의 꼭대기에서 느끼는 전율을 위해 원한다면, 어떤 수단을 써서라도 그것을 손에 넣으려 할 것이다. 그러나 권력이란 쥐거나 빼앗는 것이 아니라 타인에게서 부여받는 것이다. 정확히는, 그래야 한다.

마키아벨리는 자신의 통찰을 오직 냉소와 공허한 상상 위에 지어 올렸다. 『군주론』의 내용 또한 인간에 대한 진지한 탐구가 선행되지 않았다. 철저히 책상 위에서 이루어진 분석이자 인간에 대해 가질 수 있는 가장 낮은 기대를 전제로 한 결과일 뿐이다. 따라서 우리는 현실을 훨씬 더 잘 포착한, 인간과 권력에 대한 다른 연구를 살펴보고자 한다. 사람들이 실제로 권력과 권력자에게 어떻게 반응하는지 밝힌 연구들로, 새 일자리를 얻으려던 작가가 아니라 인간에 대한 신뢰를 지닌 연구자들이 연구했다.

마키아벨리가 잔혹하고 자기중심적이며 몰인정한 리더의 전형을 처음 만들어낸 것은 아니다. 그에 엄청난 영향을 끼친 것은 사실이지만 말이다. 그가 살던 시대에도 그런 유형의 군주들은 이미 도처에 존재했다. 당시의 리더들은 자신과 가족의 권력을 유지하는 데에만 몰두했고, 권력을 공동체의 이익을 위해 사용해야 한다는 생각은 갖고 있지도 않았다. 겉으로는 그런 이상을 내세웠더라도 말이다. 권력은 다른 권력자들과 동맹을 맺고 민중의 반란을 억누르는 수단으로 활용되었다. 즉, 냉소적인 토스카나인 마키아벨리가 어쩌면 그 현실을 처음으로 노골적으로 체계화하고 전제 군주 통치 매뉴얼을 세상에 제공한 인물이었을 수도 있지만, 독재적이고 전제적인 리더는 이미 수천 년 전부터 존재해왔다.

실제로 마키아벨리식 리더는 인간이 공유하는 일종의 집단 기억 속에 자리하고 있다. 심지어 이렇게 주장할 수도 있다. 인간은 수백만 년 전에 다른 유인원과 갈라신 이후 줄곧 마키아벨리가 이상화한 바로 그 유형의 리더에게 더 많은 비판적인 주의를 기울여왔다고 말이다. 마키아벨리 이전 수천 년 동안, 인류는 지금 지나치게 많아진 '그런 리더'가 아니라 전혀 다른 유형의 리더를 추구해왔기 때문이다. 사실 이것은 지금도 마찬가지다. 진화적인 관점과 인간 고유의 문화를 고려할 때, 폭군을 피하는 것은 인간 본성의 일부다.

정글 속 얀테의 법칙 Janteloven

인류학적 현장조사는 특정 집단을 장기간 밀착 관찰하는 독특한 연구 방법이다. 연구자는 시골이든 대도시든 그들이 살아가는 환경에서 함께 생활하고, 먹고, 일하고, 잔다. 그들의 언어를 익히고, 사회적 규범과 세계관을 배우며, 가능한 한 일상에 깊이 참여함으로써 그들의 문화를 더 깊이 이해하려는 것이다. 물론 연구자는 완전히 동등한 구성원이 될 수는 없기에 늘 외부인의 위치에 머무를 수밖에 없다. 하지만 그들의 삶에 참여하는 동시에 관찰하고, 경험하고, 기록해나간다. 방식은 인류학자에게 낯선 집단과 사회공동체의 관습, 신념, 문화적 패턴, 행동 방식, 금기, 사회조직에 대한 독특한 통찰을 제공한다. 그리고 그들의 권력구조와 리더십 형태를 이해할 수 있게 해준다.

오늘날 인류학자들은 모든 유형의 사회에서 현장 조사를 수행한다. 현대 조직도 예외는 아니다. 그러나 우리가 주목한 것은 인류학자들이 가장 깊이 탐구해온 사회유형, 즉 '원시사회'라고 불리는 원형적 공동체다. 이들은 인류가 도시, 국민국가, 산업, 첨단기술을 갖춘 현대사회로 진입하기 전 수천 년 동안 머물러 있던 사회 형태와 비슷하다. 대개 구성원이 100명 안팎인 유목·수렵채집 집단이거나 많아야 수천 명 규모의 단순한 부족사회다.

덴마크에서는 이러한 사회 형태가 약 1,000년 전에 사라졌다. 그 무렵 부족 단위가 점차 커졌고, 사람들은 군주와 영주의 지배를 받게 되었다. 군주와 영주 들은 마키아벨리가 묘사한 바로 그 기질과 권력에 대한 태도를 지니고 있었다. 그러나 덴마크 역시 이 거대한 권력의 변환점 직전에는 세계의 다른 지역처럼 소규모 집단으로 이루어진 사회였다. 그곳에는 마키아벨리식 지도자가 발붙일 여지가 거의 없었다.

전 세계 곳곳에서 조상들의 삶을 닮은 사회 형태를 유지하는 문화들을 조사해보면 대부분의 인류학자가 동의하는 한 가지 사실에 도달하게 된다. 이것이야말로 가장 개연성 있는 결론이라고 할 수 있을 것이다. 바로 원시공동체에는 권력과 권력자에 대한 본능적인 회의, 급진적인 수준의 평등과 자유에 대한 강한 열망이 존재한다는 점이다. 그런 집단에서는 독단적인 지도자가 쉽게 자리 잡기 어렵다.

미국의 인류학자 진 브릭스Jean Briggs는 이를 캐나다 북부에 거주하는 우트쿠히크실리크 에스키모Utkuhiksalik(약칭 '우드쿠Utku')에 대한 연구를 통해 잘 보여준다. 오랜 기간에 걸친 철저한 현장 조사를 통해 브릭스는 이 공동체의 중심에 깊이 들어갈 수 있었고, 한 인물이 유독 눈에 띈다는 사실을 금방 알아차렸다. 그의 이름은 이누티아크Inuttiaq. 다른 이들보다 훨씬 강한 인상을 주는 인물이었다. 그는 말을 많이 했고, 자연스럽게 공동체 내에서 중심적인 위치를 차지했다. 브릭스가 우트쿠 사람들의 사진을 외부인에게 보여줬을 때도 대부분이 이누티아크를 가리키며 그가 누구냐고 물었다.

그는 공동체에서 분명히 존경받는 인물이자 일종의 권위를 지닌 사람으로 여겨졌다. 브릭스는 다른 유형의 사회였다면 이누티아크가 지도자가 되었을 것이라고 말한다. 하지만 이누티아크는 지도자가 아니다. 그는 공동체의 종교적 중심인물이긴 하지만 사람들에게 지시하지 않고, 설령 그렇게 해도 사람들은 따르지 않는다. 우트쿠 사람들 사이에서는 누군가가 타인에게 명령하는 일이 일반적이지 않기 때문이다. 이누티아크는 자신의 가족과 자녀에게 권위와 영향력을 행사하지만, 공동체에서 그를 지도자로 인정하는 사람은 없다. 우트쿠 사람들은 그의 지혜와 통찰을 존중하고 그의 말에 귀를 기울이며, 그가 영향력 있는 인물이라는 데 이견이 없다. 하지만 그에게 공식적인 권력을 주지는 않는다. 브릭스는 다음과 같이 결론짓는다.

"우트쿠 사람들은 사고와 행동의 자율성을 자연스러운 것으로 여긴다. 그래서 다른 이들에게 지시하려는 사람에는 회의적인 시선을 보낸다."

또한 브릭스는 이누티아크가 공동체의 지속적인 주시 대상이 된다고 서술한다. 사람들은 그의 타고난 카리스마와 영향력이 지나치게 커지지 않도록 끊임없이 주의를 기울이고 견제하며, 이누티아크도 때때로 스스로를 희화화함으로써 자신이 타인에게 위협적으로 보이지 않도록 조절한다.

우트쿠 공동체에서 감정을 통제하는 것은 일반적인 규범이며, 지도자 역할을 하는 이들은 더욱 그래야만 한다. 분노는 억제되고, 긴장 상황은 유머를 통해 완화된다. 이처럼 공동체는 잠재적 지도자가 오만해지거나 권력을 남용하지 않도록 지속적으로 감시하고 조절한다. 구성원 모두는 자기풍자와 겸손을 유지함으로써 누구도 타인의 지배를 두려워하지 않고, 이를 바탕으로 공동체 내 평등이 유지되는 것이다.

1990년대 말부터 2000년대 초 사이에 아마존 지역의 사테레-마웨 Sater-Maw 족을 대상으로 현지 조사를 했던 그릭스는 브릭스가 우트쿠 공동체에서 관찰했던 것과 유사한 반反위계적 특징을 뚜렷이 확인했다. 이 연구는 나중에 다시 살펴보게 될 것이다.

사테레-마웨족, 줄여서 '마웨'라고도 불리는 이들은 브라질 아마존 밀림 깊숙한 곳, 아마조나스 Amazonas 주와 파라 Par 주의 경계를 따라 흐르는 마라우 Marau 강과 안디라 Andir 강 유역에 거주한다. 전체 인구는 약 1만 명으로 추정되며 넓은 지역에 흩어져 있지만 강기에 모여 사는 중심 집단은 약 3,500명 규모다. 나머지는 아마조나스주의 주도 마나우스Manaus나 소도시 마우에스Maus 등지로 이주했다.

사테레-마웨족은 수 세기 동안 고립된 생활을 이어왔으며, 오늘날까지도 자신들의 영토 자치권을 보유하고 있다. 이들은 족장형 리더십이 실제로 공동체에서 어떻게 작동하는지 보여주는 드문 사례로, 우리에게 그들의 가치관과 사회조직에 대한 깊은 통찰을 제공한다. 다음은 그뢰스가 여러 차례 현장을 방문하며 남긴 필드 노트에서 가져온 이들의 세계관을 생생히 보여주는 대목이다.

> 내가 처음 멧돼지 사냥에 동행했을 때, 마웨 사람들은 동물들이 놀라지 않도록 맨 뒤에서 따라와달라고 부탁했다. 일리 있는 말이라고 생각되어 사냥꾼들과 다른 사람들이 시키는 대로 따랐다. 우리는 매우 조심스럽게, 조용히 움직여야 했다. 사냥꾼들은 활과 화살을 준비한 채 정글을 샅샅이 살폈고, 독화살은 이미 그들의 취통(입으로 불어 쏘는 관)에 장전되어 있었다. 그러나 나는 조용하고 조심스럽게 움직이는 데 익숙하지 않았다. 적어도 사냥꾼들이 기대하는 수준에는 한참 못 미쳤다. 우리가 지나가기 위해 일부 사람들은 앞을 가로막은 덤불과 나뭇가지를 쳐내야 했다. 땅에는 낙엽과 가지, 진흙이 가득했다. 그럼에도 그들은 거의 소리를 내지 않은 채 놀라울 정도로 섬세하고 조심스럽게 그 일을 해냈다.

나는 사냥꾼들보다 훨씬 말을 많이 했고, 쉴 새 없이 어리석은 질문을 쏟아냈다. 사냥에 나서기 전 마신 과라나 음료 때문이었는지, 맹수에 대한 두려움 때문이었는지는 알 수 없다.

근처에 재규어가 있나요? 최근에 악어를 본 건 언제인가요?

젊은 인류학자의 크고 낯선 목소리는 사냥꾼들의 신경을 거슬렀다. 나의 수다 때문에 사냥을 제대로 할 수 없었던 것이다. 그들의 눈에는 내가 마치 나만 다르게 행동해도 되는 사람, 나만 말하고 질문할 자격이 있는 오만한 사람처럼 보였을 것이다.

갑자기 한 사냥꾼이 내 팔을 잡아당기더니 장난기 어린 미소를 지으며 이렇게 말했다.

저기 저 과일을 보세요. 매우 희귀한 것인데 맛이 정말 좋아요.

그러고는 나무에 올라가 그 과일을 따서 내게 건네주었고, 나는 주저 없이 한 입 베어 물었다. 맛은 나쁘지 않았지만, 약간 이국적인 느낌이었다.

그런데 곧 입술이 완전히 붙어버렸다. 소위 '접착 과일'을 먹은 것이었다. 내 입술은 달라붙어 떨어지지 않았고 목구멍이 조여들기 시작했다. 사냥꾼들은 웃음을 터뜨렸고, 나는 교훈을 얻었다.

사냥이 끝난 후, 우리는 정글을 빠져나와 마을로 돌아왔다. 맨 앞에 선 사냥꾼들은 시끌벅적하게 포획한 멧돼지 이야기를 하고 있었고, 나는 대열의 맨 뒤에서 말없이 숨을 쉬기 어렵다는 몸짓을 하며 내 입술을 가리켰다. 첫 번째 정착지에 도착하자 사냥꾼들은 현지인들에게 내 입을 풀 수 있는 약초 혼합액을 만들어달라고 요청했다. 그러자 노년의 여인들이 신맛이 나는 액체를 만들어 내 입술을 적셔주었고, 나는 곧 다시 입을 열 수 있었다.

그 뒤 사냥꾼들은 그 여성들이 굽고 있던 커다란 개미 몇 마리를 내게 건네며 먹어보라고 했다. 나는 접착 과일 사건이 끝나자마자 또다시 웃음거리가 되고 싶지 않아 망설였다. 그러자 가장 나이 많은 사냥꾼이 말했다.

이것도 별미예요. 아까 그건 당신이 너무 시끄러워서 그랬던 것이고, 지금은 조용해졌으니 진짜 음식을 먹는 거예요.

나는 구운 개미를 먹었다. 맛은 나쁘지 않았다. 어린 시절 씹던 풍선껌 맛이 났다.

내가 얻은 교훈은 마웨 사람들의 사냥을 방해하면 안 된다는 것만이 아니었다. 나는 공동의 규범에 따르지 않음으로써 나 자신을 공동체 위에 둔 셈이었다. 하지만 이 사건을 계기로 내 위치가 조정되어 나는 다시 공동체의 일원으로 받아들여졌다.

만약 여러분이 마웨 사냥꾼들의 행동을 상황 판단이 부족한 인류학자에게 가해진 실용적 조치임과 동시에 '얀테의 법칙'을 떠올리게 하는 문화적 반응으로 받아들인다면, 그것은 결코 잘못된 해석이 아니다.

사실 우리는 얀테의 법칙에 대한 인식을 일정 부분 재고할 필요가 있다고 본다. 얀테의 법칙이나 개인의 자아를 억제하려는 유사한 문화 규범들이 반드시 부정적으로만 해석될 필요는 없다. 많은 문화권에서 이 규범들의 핵심 메시지는 '너는 특별하지 않다'보다 '너만이 모든 가치의 기준은 아니다' 혹은 '네가 남들보다 더 가치 있는 존재는 아니다'에 가깝다. 개인의 자율성을 억누르기 위한 것이 아니라 소수의 자만과 과시를 경계하는 규범이라는 의미다.

얀테의 법칙에서도 '당신이 우리보다 나은 존재라고 착각하지 마라'라는 경고는 모두가 똑같아야 한다는 요구가 아니라 공동체를 희생하면서까지 자신을 과도하게 드러내지 말라는 뜻에 가깝다. 그러니 흔히 '국민성의 어두운 그림자'로 여겨지는 얀테의 법칙은 실은 우리가 부끄러워할 이유가 전혀 없는, 오히려 인간 사회 전반에 걸쳐 보편적으로 작동하는 원리일지도 모른다.

얀테의 법칙에는 체제에 맞서는 소수를 지지하고, 모든 예상을 깨고 성공을 이루어낸 언더독을 응원하고 강자의 지배를 거부하는 태도도 담겨 있다. 유명 인사들이 평범한 사람들의 분노와 비판의 표적이 되는 것도 이런 맥락에서다. 물론 그럴 때마다 "질투심에 찬 얀테의 법칙이 고개를 든다"라는 비난이 뒤따른다. 그런 경우도 없지는 않지만, 사람들의 비판에는 보통 타당한 이유가 있다. 많은 경우 유명 인사들은 의식적이든 무의식적이든 스스로를 우위에 놓기 때문에 겸손함을 찾아보기 어렵다. 북유틀란드 출신의 한 은퇴한 트럭 운전사는 시골에서 보내는 노년에 대한 인터뷰에서 그뢰스에게 이 점에 대해 이렇게 말했다.

"코펜하겐에서 잘 나간다고 으스대던 사람들. 패션업계니 언론계니, 인플루언서니 뭐니, 온갖 잡지에 나오는 사람들 말이에요. 다들 잘난 체는 기가 막히게 하잖아요. 그런데 도대체 뭐가 그렇게 잘났다는 건가요? 우리처럼 아침부터 밤까지 죽어라 일해보긴 했을까요? 우린 그런 거 내세우지도 않아요. 결국 그 사람들은 그냥 관심받고 싶은 거예요. 전부 연예인병에 걸린 거죠."

그런데 그는 자신이 사는 동네의 한 제과점에서 일하는 파키스탄 출신의 이웃에 대해서는 따뜻한 칭찬을 했다. 마을에서 제일 맛있는 빵을 굽고, 누구에게나 친절하다고 말이다. 거기에 얀테의 법칙 같은 건 없었다.

얀테의 법칙에 긍정적인 함의가 있다면, 그것은 권력을 가진 이들이 스스로를 낮추거나 자제함으로써 다른 이에게 자리를 내어주어야 한다는 것이다. 사람들은 불만을 말함으로써 권력을 견제한다.

얀테의 법칙이 원주민 사회에서 어떻게 작동하는지 보여주는 대표적인 사례가 있다. 인류학자 리처드 리$^{Richard\ Lee}$는 칼라하리사막의 !쿵산$^{!Kung\text{-}san}$족과 함께 생활한 경험을 바탕으로 다음과 같은 인상적인 장면을 묘사했다.

한 젊은 사냥꾼이 사냥에 성공한 뒤 사냥감을 멀리 떨어진 곳에 남겨두고 진영으로 돌아왔다. 다른 이들이 그에게 사냥 성과를 묻자 그는 자신이 잡은 고기는 보잘것없어서 굳이 가져올 가치도 없다고 대답했다.

그럼에도 불구하고 사람들은 함께 사냥감을 가지러 가기로 했다. 며칠은 충분히 먹고도 남을 만큼 거대한 고깃덩어리가 있는 장소로 가는 동안, 사람들은 길이 멀다고 투덜거리며 불평했다. 하지만 사냥꾼은 바보가 아니었다. 그는 자신이 훌륭한 성과를 냈다는 것을 누구보다 잘 알고 있었음에도 끝까지 그 고기가 별것 아니라고 말했다.

훗날 부족원들은 이 일을 두고 리에게 이렇게 말했다고 한다.

"누군가가 큰 사냥감을 포획했을 때, 우리는 그가 자신을 대단한 존재로 여기고 우리를 하인이나 아랫사람처럼 대하는 걸 용납할 수 없어요. 그래서 그 자만심을 곧바로 견제합니다. 그렇지 않으면 결국 자신은 물론 다른 이들에게까지 해를 끼칠 수 있으니까요. 우리는 일부러 그의 사냥감이 별것 아니라고 말하죠. 그래야 그가 마음을 가라앉히고 다시 겸손해질 수 있으니까요."

이러한 수렵채집사회의 방식에 대한 민족지적 경험과 고고학적 지식을 바탕으로 생각하면 마키아벨리식 권력론과는 본질적으로 다르게 지위와 리더십을 이해할 수 있다. 리더십이란 권력을 가진 이가 집단 전체를 위해 봉사하도록 만드는 것이자 관리자와 구성원 사이에 위계가 형성되지 않도록 구성된 조직의 원리와 가치체계를 의미한다.

원주민 사회는 권력을 바라보는 또 다른 시각을 제시한다. 권력을 쥔 이가 독단에 빠지거나 공동체를 저버릴 경우, 그를 철저히 견제해야 한다는 교훈 말이다. 덴마크 직장의 회사에 널리 퍼진 상사에 대한 불신은 사실 인간에게 오래도록 내새되어온 성항이다. 인류학자들에 따르면 아프리카와 아시아, 아메리카, 유럽의 고대 공동체에는 권력에 저항하는 무정부적 에너지가 자리하고 있었다. 사테레-마웨족, 우트쿠 에스키모, 경계심 많은 !쿵산족 부족원들 역시 현대인 못지않게 권위에 대해 비판적이고 회의적이다.

일부 철학자와 아나키스트 사상가는 인간을 자유와 평등을 추구하며 억압과 위계에 저항하려는 존재로 정의해왔다. '폭정에 대한 회의감'이 인간됨의 핵심일 수도 있다는 것이다. 진화생물학자들과 인류학자들의 여러 연구도 이 주장을 뒷받침하고 있다.

반위계적 원숭이

인간은 본질적으로 위계적인 존재일까? 많은 이가 그렇다고 답할 것이다. 인간이 있는 곳에는 언제나 위계가 존재하기 때문이다. 우트쿠 에스키모나 !쿵산족처럼 비교적 평등한 공동체에서도 부모는 자녀에 대해 어느 정도의 권위를 가진다. 일부 수렵채집사회에서는 남성이 여성보다 분명히 우위에 있는 역할을 맡기도 한다.

이 질문에 제대로 답하려면 먼저 '지배적 위계' '민주적 위계' '거꾸로 된 권력 피라미드' 같은 구조의 차이를 구분할 수 있어야 한다. 민주적 위계란 사람들이 대표자를 선출하고 일정 기간 동안 그가 권력을 행사하도록 위임하는 체계를 말한다. 예컨대 정치인은 국민을 대신해 법을 제정할 수 있는 권한을 위임받는다. 그런 권한은 소수에게만 주어지지만, 인간은 그것이 그렇게 작동하는 방식을 어느 정도 자발적으로 받아들여왔다.

그러나 지배적 위계는 마키아벨리적 위계로서, 권력자는 선출되지 않고 스스로 권력을 쥐거나 측근들에 의해 권력을 얻는다. 그리고 타인을 지배하고, 저항하는 이들을 위협하며, 권위와 우위를 과시함으로써 권력을 유지한다. 과시는 불안, 두려움, 낮은 자존감 같은 부정적인 감정을 감추기 위한 것일 때도 있다. 또 이런 위계는 끊임없는 감시와 통제, 권력에 대한 지속적인 관리 없이는 유지될 수 없다.

지배적 위계의 대표적인 사례는 생물학적으로 인간과 가장 가까운 종인 침팬지에게서 확인할 수 있다. 침팬지 사회에서 수컷은 대개 위협을 통해 권력을 쟁취하고, 다른 개체에게 복종을 요구한다. 다른 개체들은 복종의 몸짓으로 자신이 위협이 되지 않음을 보여줘야 한다. 그 대가로 지배 수컷은 여러 암컷과 교미하고 가장 먼저 먹이를 먹는 등 마치 군주처럼 특권을 누린다.

많은 유인원이 이런 방식으로 행동한다. 그러나 인간은 다르다. 아니, 적어도 오늘날 인류학자들이 연구한 가장 원초적인 형태의 사회들에서는 그렇지 않았다. 그럼 현대인들은 왜 그렇게 행동하지 않을까?

미국의 진화생물학자이자 인류학자인 크리스토퍼 보엠Christopher Boehm은 인간이 침팬지와 공통 조상을 지닌 종으로서 여전히 지배자에게 복종하려는 침팬시적 본능을 일부 간직하고 있다고 본다. 우리 안에 그 본능이 남아 있어 때때로 독재자나 권력자를 경외의 시선으로 바라보게 된다는 것이다. 1930년대 독일이나 현대 북한처럼 말이다.

그러나 진화의 어느 시점부터 인간은 오랜 기간 유지되어온 지배적 위계에 저항하는 성향을 발전시키기 시작했다. 지배적 위계가 폭력과 도전에 대한 두려움을 기반으로 한 폐쇄적이고 경직된 구조이기 때문이다.

그리고 인간은 동물과는 다른, 보다 근본적인 욕구를 지니고 있다. 몇몇 철학자·정치학자·생물학자가 간과하는 이 충동 또는 추진력은 뒤집힌 모양의 피라미드로 형상화할 수 있다. 보엠에 따르면 인류는 수십만 년 전부터 지배적인 리더를 억제하고 공동체 내부의 평등과 자유를 유지하기 위한 효과적인 방식을 발전시켜 왔다. 전 세계의 수렵채집사회와 부족사회 50여 개를 체계적으로 조사한 보엠은 이들 사회가 리더가 권력을 남용하지 못하도록 공개적인 비판이나 조롱, 뒷담화, 노골적인 불복종 등을 통해 지속적으로 견제하고 있다는 사실을 밝혀냈다. 일부 공동체에서는 리더가 자신을 지나치게 중요한 존재로 내세우거나 오만하게 행동할 경우, 사회적인 배제는 물론 극단적으로는 살해까지 감행하기도 한다. 이러한 사례는 서로 교류가 전혀 없었던 대륙의 공동체에서도 공통적으로 발견된다. 즉, 인간은 진화의 초기 단계부터 리더를 경계하고 통제하기 위한 구조적 메커니즘을 내면화해왔다. 보엠은 이것을 '역逆지배 위계' 또는 '뒤집힌 권력 피라미드'라고 부른다.

인간은 유인원과 달리 이른 시기부터 모든 이가 본질적으로 평등하다는 '평등주의적 이상'을 발전시켜왔다. 개개인은 서로 다르지만 누구나 같은 출발선에 서 있다는 인식이 자리 잡았다. 호모사피엔스의 이러한 생물학적 성향은 문화에 의해 전 세계적으로 더욱 강화되었다. 실제로 우리는 늘 '유능한 개자식'에 대한 이야기를 서로에게 들려주며 살아왔다. 스스로를 특별하다고 착각하며 공동체 구성원들을 부리는 이들 말이다.

크리스토퍼 보엠의 말처럼 권력에 불복종한 피지배자들은 공통 도덕을 통해 자신의 힘을 정치적으로 집중적이고 지속적인 방식으로 결집해 결국 권력 피라미드를 뒤집는 데 성공했다. 이러한 정치적 혁신은 지배에 저항하던 다른 집단에게 매력적인 전례가 되어 널리 퍼져나갔다. 문화는 이러한 위계에 대한 본능적인 저항을 증폭하고 강화해왔다. 이 '저항 서사'는 신화와 이야기 속에 뿌리내렸고, 우리는 오늘날까지도 그것을 보존하고 있다. 할리우드 영화나 넷플릭스 드라마에서도 그 서사가 분명히 드러난다. 기업가든 정치가든, 권력을 손에 쥔 이가 자만에 빠져 무너지는 전형적인 스토리는 우리가 왜 끊임없이 지도자를 경계해야 하는지 일깨운다.

아쉽게도 우리의 권력 비판 본능이 마키아벨리 같은 이들의 추종을 등에 업은 폭군들이 권력을 쥐는 일을 완전히 막지는 못했다. 그러나 권력자를 견제하려는 인간의 능력과 본능적인 독자적 결정 욕구는 오늘날의 지배자들과는 다른 유형의 리더를 만들어내는 데 기여했다. 역지배 위계는 리더십 자체를 부정하지 않는다. 침팬지식 리더와 전혀 다른 리더를 만들어냈을 뿐이다. 그렇게 인간은 우두머리도, 호전적인 지배자도 아닌, 호의적인 공동체의 조정자로서의 인물, '족장'을 갖게 되었다.

N이론과 평등주의의 회귀

계층적인 성향을 지닌 유인원에서 초기 평등주의적 인간으로의 진화, 봉건시대와 근대를 거쳐 오늘날의 이른바 신新평등주의 시대에 이르기까지의 흐름은 'N자형 곡선'으로 설명할 수 있다. 앞서 이야기했듯 인간은 여전히 유인원의 본성을 내면에 간직하고 있어, 때로는 폭군에게 맹목적으로 복종하거나 권위에 자발적으로 굴복한다. 그러나 그와 동시에 정반대 방향의 충동, 즉 자유에 대한 갈망 또한 강하게 작동한다. 이 두 경향이 서로 맞물리며 인류는 하나의 종으로서 또 각각의 사회로서 위계적 체제와 평등주의적 체제 사이를 오가며 발전해왔다.

    N이론은 먼 과거, 잔혹한 서열 체계에서 살아가던 유인원과 동물에서 출발한다. 이후 호모사피엔스는 권력을 비판하고 강자를 견제하는 감각을 발달시키며 평등 기반의 부족사회를 형성했다. 하지만 바이킹 후기에서 봉건제로 이행하는 과정에서 다시 위

계적인 질서가 강화되었다. 성직자, 부유층, 국가권력이 정점에 서고, 그 아래에는 자유가 극단적으로 불균형하게 분배되는 계층 사회가 자리 잡았다. 유인원의 폭력적이고 불평등한 체제를 한층 정교하게 되살린 시기라고 할 수 있겠다. 동물적인 폭력과 강제력이 물질적인 위계, 종교의 권위와 결합하면서 사회는 다시 위계적 통제로 회귀했다.

다행히 근대에 접어들면서 전제적 권위는 약화되고 위계는 완화되었으며, 평등주의적 정신은 한층 더 넓은 공간을 확보하게 되었다. 특히 민주주의 헌정 질서와 인권 개념의 등장은 이러한 흐름에 결정적인 전환점을 마련했다. 물론 불평등과 서열 구조는 여전히 존속했지만, 그 기준이 혈통이나 신분이 아니라 돈·지식·교육·능력 같은 자본의 형태 또는 나이·성별·인종 등의 정체성 표식이 되었다.

오늘날 인류는 또 다른 전환기의 한가운데에 서 있다. 근대 이후 확대된 평등주의적 정신은 더욱 강화되어, 이제는 개인적이든 집단적이든 타인을 억압하거나 제약하는 모든 권력에 대한 반권위주의적인 도전으로 표출되고 있다. 이러한 흐름 속에서 N이론은 보엠이 제시한 역사적인 운동 궤적을 기반으로 한다. 유인원의 위계 체계에서 인간의 평등주의로의 이행, 보다 정교한 위계 사회로의 회귀, 재도래와 동시에 더욱 진화한 현대의 평등주의 말이다. 그리고 우리는 지금 그 정점에 도달해 있다.

권력과 인간의 역사는 선형적이거나 예정된 궤도 위에서 움직이지 않는다. 그것은 변화하는 의식의 흐름과 권력을 둘러싼 지속적인 투쟁의 산물이다. 오늘날 우리는 어떤 권위도 안전하다고 느껴지지 않는 전환의 시기에 살고 있다. 권력에 대한 새로운 인식이 우리 모두의 의식 속에 자리 잡고 있기 때문이다. 이러한 변화는 인류 초기 조상들이 지녔던 평등주의적 경향이 새로운 형태로 되살아나, 장기적으로 우리의 사회구조를 다시 형성해나갈 것임을 암시한다. 이는 우리에게 전적으로 필요한 진화다. 전제적이고 탐욕적이며 성장 중심적인 사회가 초래한 인류 최대의 과제, 파괴적인 기후 위기와 강대국 간의 전쟁 위협 등을 해결하기 위해서는 지금보다 훨씬 더 평등하고 지속 가능한 삶의 방식이 재발견되어야 한다.

동등한 이들 가운데 첫 번째 사람

덴마크에서도 위계적인 권력 없이 작동한 리더십의 사례를 찾아볼 수 있다. 864년경부터 북유럽 이주민들이 형성한 초기 아이슬란드 사회에 관한 사가와 기록 들은 그곳에 평등주의 정신이 널리 퍼져 있었음을 보여준다. 이주민들은 게르만-노르드 전통의 법 개념에 기반하는 작은 촌락 공동체를 이루었다. 그 핵심 요소 중 하나는 규범을 어긴 사람에 대해 공개 회의체가 판단을 내리는 것이었으며, 이 회의체는 자유민들이 참여하는 공간이었다.

　물론 여기에도 자유민과 노예 간의 불평등이 존재했고, 의사결정의 주체는 대부분 남성이었다. 그럼에도 불구하고 리더십의 작동 방식은 충분히 주목할 만하다. 공동체에서 '회브딩 høvding', 즉 족장 또는 지도자로 인정받은 인물은 타인의 말을 경청할 줄 알고, 집단 간 갈등을 중재하며 평화를 이끌어낼 통찰과 능력을 지닌 자였다. 구성원들의 다양한 욕구와 감정을 섬세하게 감지해낼 수 있는 감수성 또한 필수적이었다. 즉, 이들은 가장 지배적이거나 호전적인 인물이 아니었다. 공동체의 지지가 철회되는 순간부터 그는 실질적인 권력을 전혀 행사할 수 없었다. 그가 의지할 수 있는 유일한 자산은 자유민들의 신뢰와 지지, 경청에 기반한 호의뿐이었다.

　초기 아이슬란드 사회의 족장은 공동체를 제재할 수단을 갖고 있지 않았다. 따라서 좋은 리더란 다수의 지지와 존경을 유지할 수 있는 사람이었고, 나쁜 리더는 쉽게 좌절하고 명령조로 말하며 분열을 일으켜 공동체로부터 지지를 잃는 사람이었다. 공동체가 더 이상 리더의 말을 들으려 하지 않고 따르기를 거부하는 상황이 일정 기간 지속되면 보통 그 리더는 교체되었다. 다른 방법은 없었다. 사람들은 그에게서 충성을 거두고 더 적합한 자질을 지녔다고 생각되는 다른 인물을 찾아 나섰다. 즉, 족장의 권력은 본질적으로 일시적인 것이었으며 대부분 폭력 없이 억제되고 통제되었다.

　족장의 정치적 기반은 '팅 ting'이라고 불리는 회합에서 형성되었다. 오늘날 덴마크의 의회명인 '폴케팅 Folketing 민중의 모임'도 여기서 유래한 것이다. 팅은 자발적으로 구성된 소규모 법적 회의체로, 자유민들이 지역 공동체 내의 문제, 결핍, 분쟁 사항을 논의하고 전통적인 절차에 따라 가능한 한 폭넓은 합의를 바탕으로 결정을 내리는 공간이었다. 중대한 법 위반에 대한 가장 일반적인 처벌은 공동체에서의 추방이었다. 절도, 살인, 폭력 등의 행위가 여기에 해당했다. 반면 경미한 분쟁은 사과, 배상, 선물이나 봉사 등을 통해 해결되곤 했다.

섬 전체의 팅이 모여 구성된 아이슬란드의 '알팅Alting' 역시 집행 권력을 갖지 않았다. 여기서는 '법관lovmand'이 선출되었다. 법관의 주요 임무는 해마다 몇 차례 법을 낭독하고, 각 지역 대표자들에게 법의 존재를 환기시켜 이를 공동체 내에서 지켜나가도록 독려하는 일이었다. 알팅의 조정자이자 중립적인 진행자로서 발언 순서를 조율하고 누구에게 발언권이 있는지 정리하는 역할도 맡았다. 갈등을 해결하고 평화로운 공존을 유지하며, 제일 많은 이의 목소리에 귀를 기울일 줄 아는 이가 가장 존경받는 족장으로 인정받았다.

흔히 민주주의는 그리스인들의 '발명품'으로 알려져 있지만, 사실 훨씬 이전부터 존재해왔다. 아테네나 아이슬란드의 알팅보다 훨씬 더 직접적이고 일상적인 형태로 말이다. 타인의 지배로부터 자유로울 권리는 서구의 산물이 아니라 전 세계 인류가 우리가 생각하는 것보다 훨씬 오래전부터 실천해온 삶의 방식이었다. 로마인들은 이를 '프리무스 인터 파레스primus inter pares'라고 불렀고,

북유럽에서는 '동등한 이들 가운데 첫 번째 사람'이라고 했다. 이 개념의 핵심은 리더가 공동체 앞에 나설 수는 있지만 절대 타인보다 우월하거나 더 많은 특권을 가져서는 안 된다는 데 있다. 족장이 되려면 구성원의 신뢰와 지지를 얻고, 넓은 시야와 관대함을 보여야 하며, 무엇보다 공동체 위에 군림하지 않아야 했다. 이러한 통치 방식은 바이킹 시대는 물론 철기시대와 청동기시대에도 널리 퍼져 있었다. 그 기원은 아마도 수천 년 전 고대까지 거슬러 올라갈 것이다.

인간이 유인원의 잔혹한 위계적 지배 체계에서 벗어나 문화와 도덕, 상호 존중, 자연종교를 발전시키기 시작한 시점으로 돌아가 보자. 최근 고고학에서는 초기 문명들을 위계적 질서의 정반대 개념인 '수평적 사회' 또는 '비위계적 사회'로 지칭하고 있다. 결국 후대 사회에서 당연시되어온 피라미드형 권력구조, 정점에 공식적인 지배자가 자리하는 체계는 본래 뒤집혀 있었던 셈이다. 즉, 어떤 이가 리더의 지위를 얻으려 한다면 그는 공동체와 그 필요에 복속된 존재임을 스스로 입증해야 했다. 그리고 결코 그 위에 군림할 수 없었다.

여러분도 알다시피, 공동체가 점차 복잡해지고 리더들이 자신은 물론 자기 자식까지 특별한 존재라 여기기 시작하면서 뒤집힌 권력 피라미드는 서서히 무너졌다. 이때부터 통솔권은 아버지에서 아들로 세습되었고, 어느 순간부터 사람들은 더는 명령을 거부하거나 조롱을 통해 리더를 권좌에서 끌어내릴 수 없게 되었다. 권력이 소수에게 집중되자 군주들과 왕들은 조롱을 두려워하기 시작했고, 검열이나 '국왕 모독죄' 같은 법률이 등장했다. 그들은 웃음이야말로 자신의 전제 권력이 정당하지 않다는 사실, 다시 말해 왕이라는 존재가 본질적으로 우스꽝스러울 수 있다는 점을 드러낼까 두려웠다. 자기 풍자만큼 독재자에게서 찾아보기 어려운 자질도 없을 것이다.

아나키스트처럼 닥치라고 해보자

다들 한 번쯤 상사에게 "닥쳐!"라고 소리치고 싶은 충동을 느껴봤을 것이다. 썩 자랑스러운 감정은 아니지만, 인류사의 관점에서 보면 이는 지극히 자연스러운 반응이며 어떤 경우에는 반드시 필요한 태도이기도 하다.

1990년대, 많은 이가 레이지 어게인스트 더 머신Rage Against the Machine의 노래 〈킬링 인 더 네임Killing in the Name〉을 따라 불렀다. 이 곡은 권력자들의 명령에 질린 사람들이 이렇게 외치는 것으로 끝난다.

"Fuck you, I won't do what you tell me……(젠장, 네가 시키는 대로 하진 않을 거야)."

그리고 그 순간, 사람들은 광란의 댄스 플로어로 돌진한다.

이 밴드가 2020년 포틀랜드에서 열린 '원주민 분노의 날

Indigenous Peoples' Day of Rage' 같은 원주민 권리 집회에서 공연한 것은 결코 우연이 아니다. 이는 권위에 대한 본능적인 저항, 아나키적 충동이 음악과 저항의 형식으로 여전히 살아 있다는 증거다.

록, 힙합, 펑크 음악과 공동체 노래, 예술, 소설, 시에 담긴 반권위주의 정서는 인간 본연의 자유를 향한 투쟁에서 비롯되었다. 폴 헤닝센Poul Henningsen의 노래 〈우리의 입과 손을 묶으려 하네Man binder os på mund og hånd〉도 이 정신에서 탄생했다. 가수 나타샤Natasja의 히트곡 〈덴마크를 돌려달라Gi' mig Danmark tilbage〉도 마찬가지다.

"독특한 에너지. 하지만 경제에는 공감도, 예의도 없다. 침묵하는 옛 히피들이여, 몰래 피우는 자들이여, 이제 일어나라. 할 말이 있지 않은가!"

권위에 대한 비판, 사회적 억압과 경제적 냉소에서 벗어나려는 갈망은 줄곧 예술과 문화 속에 자리한 저항 정신의 바탕이 되어왔다. 이처럼 인간은 본능적으로 권위를 불신하고, 자신에게 지시하고 자신을 통제하려 하며 위에 군림하려는 자들에 맞서 끊임없이 저항해 왔다. 뿌리 깊은 권위에 대한 반감은 근대사 전반에 걸쳐 반복적으로 집단적인 저항을 촉발시켰고, 이는 정치적 좌우를 가리지 않았다.

불과 몇 세기만 거슬러 올라가면 국가와 사회계급을 통해 위계적 질서를 구축하려는 경향이 지배적이었음에도 불구하고, 권위에 맞선 반권위주의적 흐름은 분명히 존재해왔다. 프랑스혁명과 유럽 전역에서의 귀족제 타도는 모두 동일한 자유의 정신에서 비롯되었으며, 이 정신은 당시 프랑스 철학자들이 신대륙에서 활동했던 선교사들과 탐험가들의 기록을 읽으며 더욱 자극을 받기도 했다. 그 기록에 따르면, 신대륙의 인디언들은 폭군도, 위계적 권력도 없이 살아가며 "기꺼이 따르고 싶을 때만 족장에게 복종한다"고 했다.

1648년, 한 예수회 사제는 이 내용을 프랑스 지배층에 서신으로 전하며 경악을 감추지 못했다. 당시 가톨릭 성직자들은 위계에 복종하지 않는다는 것이 곧 혼돈과 야만의 징후라고 보았기 때문이다. 17세기 영국 철학자 토머스 홉스Thomas Hobbes도 이러한 인식을 가지고 있었다. 그는 자연 상태, 즉 리더가 부재하는 사회는 필연적으로 '만인의 만인에 대한 투쟁'으로 이어질 수밖에 없다고 생각했다. 홉스의 눈에 비친 인간은 본질적으로 이기적인 존재였으므로, 인간을 바른길로 이끌 국가의 존재가 필수적이라고 본 것이다.

그런데 1세기 뒤에 등장한 프랑스 철학자 장 자크 루소Jean-Jacques Rousseau는 정반대의 주장을 펼쳤다. 그는 저서 『사회계약론』(1762)의 서문을 "인간은 자유롭게 태어났지만, 어디에서나 사슬에 묶여 있다"라는 문장으로 시작했다. 그리고 원시사회에서 영감을 받아, 인간은 본래 사회적이며 자유를 추구하는 존재라고 확신했다. 그리고 근대사회의 조건들이 인간을 입과 손이 묶인 상태로 만들었다고 보았다. 영국의 철학자 존 로크 역시 자신의 저작을 통해 자유와 평등에 대한 인간의 권리는 애초부터 인간 사회에 내재해 있었으며, 그것이야말로 평화의 이상이라고 주장했다. 홉스가 말한 자연 상태의 개념은 로크도 동의했지만, 그렇다고 상호 간의 의무까지 결여된 상태라고 생각하지는 않았다. 로크는 그런 의무 없이는 어떤 사회도 유지될 수 없다고 보았다.

시간이 흐르면서 서구 사람들은 스스로 더 많이 결정할 수 있고 또 그래야 한다고 생각하기 시작했다. 민중 사이에 들끓던 불만과 귀족·성직자 집단 내부의 권력 갈등은 계몽주의로 이어졌고, 이는 다시 미국과 프랑스혁명으로 이어졌다. 그 결과, 서구의 지배적 위계질서는 점차 민주적 위계 구조로 대체되었다. 이제 지도자는 태양신이나 왕이 아니라 일정 기간 동안 지도자 역할을 맡았다가 임기가 끝나면 물러나는 평범한 사람이어야 했다. 적어도 그것이 이상이었다.

이렇게 유럽인들은 자유와 평등을 자신들이 발명한 개념이라고 자부했지만, 실제로는 훨씬 이전부터 그것을 실천해온 인류의 원초적 공동체들로부터 차용한 것이었다. 즉, 원시사회에서는 이른 시기부터 이미 자유, 평등, 형제애를 삶의 원리로 삼고 있었다.

오늘날 젊은 세대가 모든 성별·성적 지향·인종·나이·장애·신체 조건 등을 포용할 것을 요구하며 거리로 나서고, 성과 중심의 문화, 수치심 조장, 경직된 규범에 굴복하길 거부하는 것은 원주민 사회에서도 익숙한 권력 비판의 형태다. 이는 프랑스혁명이 원시공동체의 반위계적 정신에서 빌려온 평등, 자유, 평권에 대한 열망이 다시 힘을 얻어, 오늘날 더 많은 사회집단 사이에서 반복되고 있는 흐름이기도 하다. 이들은 모두 민주적인 공동체 안에서 동등한 일원으로 존재하기를 요구한다.

인류학자 조나단 프리드먼Jonathan Friedman이 지적했듯, 일부 정체성을 바탕으로 한 정치적 움직임은 다른 집단을 억압하거나 배제하는 방향으로 흐를 위험이 있다. 하지만 그렇다고 그들의 근본적인 문제의식까지 틀렸다고 할 수는 없다. 이들은 백인, 남성, 고령층, 이성애자, 부유층, 외모적 자산을 가진 이들이 더 이상 권력을 독점해서는 안 된다고 주장한다. 반대로 정체성을 바탕으로 하는 정치는 조율 가능한 중심이 부재할 경우 모든 집단이 서로 충돌하는 '만인의 투쟁'으로까지 이어질 수 있다. 그렇기에 서로 다른 목소리를 하나의 공동 서사로 엮어낼 수 있는 조정자, 즉 뛰어난 '족장'이 필요하다. 모든 구성원이 존중받고 있다고 느끼게 만드는 이 역할은 다양한 배경과 정체성을 지닌, 타인의 입장을 이해하고 공감할 수 있는 리더만이 할 수 있다. 권력에 맞선 저항 역시 자기 권리만을 주장할 때는 또 다른 권력이 될 수 있다는 사실을 정체성 투쟁이 상기시키고 있기 때문이다.

인류학자 해럴드 바클레이Harold Barclay, 데이비드 그레이버David Graeber 그리고 정치학자 제임스 C. 스콧James C. Scott이 지적했듯, 아나키즘적이고 반위계적인 정신은 결코 근래에 생겨난 것이 아니다. 그것은 원주민 사회와 역사에서 잊힌 수많은 문화 속에 깊이 뿌리내리고 있었다. 위계를 거부하고 배제를 경계했던 아나키즘적 문화 형태는 우리가 흔히 '문명'이라고 부르는 체계 이전에 존재했던, 인류 사회의 약 90퍼센트를 특징짓는 원리였다.

그렇다면 무엇이 원시적 문화 형태를 아나키즘적이라고 부르게 만드는 걸까? 소수에게 권력이 집중되지 않은 상태에서 평등한 공동체로 기능하려는 능력과 의지 때문이다. 그 기반에는 책임은 공동체 구성원 전체에 분산되어야 한다는 인식이 자리잡고 있다. 대부분의 원주민 사회는 평등, 상호 존중, 수평적 공동체라는 가치를 중심으로 이루어졌으며, 이러한 가치들은 폭정, 위계, 불평등의 모든 형태에 대한 자생적 저항으로 이어졌다.

이것은 자연 부족이나 로마인들이 '야만인'이라고 불렀던 북유럽 민족들만의 이야기가 아니다. 중세에 있었던 많은 도시에는 궁전이나 신전, 물리적인 지휘 체계를 상징하는 중심부의 흔적이 거의 남아 있지 않다. 다시 말해, 큰 공동체나 국가가 반드시 강력한 중앙 권력을 전제로 존재했다는 증거가 없다. 약 6,000년 전, 지금의 우크라이나 지역에는 아래로부터의 협력과 지역적인 합의를 통해 메가시티^{Megacity}(인구가 1,000만 명 이상인 도시)들이 형성되었다. 이 도시들에는 신전과 집회 장소, 복잡한 기반 시설 등이 존재했지만 통치자의 흔적은 보이지 않는다. 모든 것이 상호 협력만으로 이루어진 셈이다.

오랫동안 유럽의 역사학자들과 고고학자들은 누군가의 지시 없이 문명사회가 도시와 복잡한 기반 시설을 건설했다는 사실을 쉽게 받아들이지 못했다. 그들 또한 위계적인 사회에서 자라났기 때문이었다. 그러나 우리는 이제 인구가 최대 10만 명에 달했던 사회 중에도 뚜렷한 위계가 존재하지 않았던 사례가 적지 않다는 사실을 알고 있다. 예를 들어 모든 사람이 양옆에 이웃을 두고 살아가던 거대한 원형 구조물에서는 앞뒤 구분 없이 서로 자기 옆 사람을 돌보았다. 그래서 지도자나 행정관료로 구성된 중심부 같은 것은 애초에 필요하지 않았다.

많은 평등한 공동체는 자신들이 피라미드나 궁전을 짓고 노예를 부리며 철저한 독재 체제 아래 살아가는 전제 정권에 둘러싸여 있다는 사실을 잘 알고 있었다. 우리의 선조들은 수천 년에 걸쳐 그런 감금 상태를 고개를 저으며 회의적으로 바라보았다. 그들은 스스로를 태양의 아들이라고 칭하거나 매일 인간을 제물로 바치려는 지도자를 원하지 않았다. 이런 태도는 바이킹들에게서도 볼 수 있다. 바이킹들은 오랫동안 교회의 권위와 스칸디나비아에 등장한 새 왕국들에 복종하기를 거부했다. 즉, 우리의 조상들은 우리가 흔히 인정해온 것보다 훨씬 더 자유롭게 그런 사회를 선택하거나 거부할 권리를 주장해왔다. 심지어 위계가 지나치게 엄격해지면 다른 지역으로 이주하기도 했다.

이처럼 인류학은 인간이 태초부터 폭군, 왕, 위계적 권력구조 등에 본능적인 회의감을 품고 있음을 보여준다. 인간은 수천 년 동안 정치적 강제나 엄격한 위계 없이 살아왔으며, 그러한 삶의 방식은 단순한 우연이 아니라 선악에 대한 공동의 도덕심에 따라 의식적으로 선택된 것이었음이 점점 더 분명해지고 있다. 오늘날 우리가 '국가' 혹은 조직 내 '불평등'이라고 부르는 개념은 당시 사람들에게는 낯선 것이었다. 대신 그들은 국가의 형성, 종교적 권위, 사회적·경제적 특권에 적극적으로 저항했다. 긴 과도기 동안 폭압적인 제국에서 살았던 사람들은 극소수에 불과했다. 오히려 오늘날 '초기 문명'이라고 불리며 찬탄의 대상이 된 몇몇 사회가 지나치게 많은 주목을 받아온 것뿐이다.

초기 바이킹 시대에 대한 기록들은 족장을 공동체 내부의 관계망, 차이, 타협의 응집점을 의인화한 존재로 묘사한다. 족장은 다양한 성질을 지닌 혼합적인 존재로서 여러 부족 간의 이해관계를 조율할 뿐 아니라 인간과 정령의 세계, 공동체와 외부 적대 세력, 자연과 문화 사이를 매개하는 역할을 했다.

아마존 지역의 원주민 지도자들 역시 마찬가지였다. 여러 연구에 따르면 족장의 역할은 고정되거나 안정적이지 않았다. 오히려 끊임없이 변화하는 공동체의 요구에 유연하게 대응해야 했다. 사냥감이 부족하면 다른 방식으로 식량을 마련해야 했고, 우기에는 홍수를 막아야 했다. 일을 분담하고 직접 나서서 돕기도 했다. 누군가가 규칙을 어기고 싸우거나, 도둑질을 하거나 살인을 저질렀을 때는 당사자들을 불러 모아 부족 구성원들과 함께 처벌 방안을 논의함으로써 공동체의 질서와 정의를 회복해야 했다.

이처럼 부족 내에서 족장이 행사할 수 있는 권한은 보통 제한적이었지만, 물리적인 힘이나 설득력을 악용해 자신의 뜻을 관철하려고 한 사례도 분명 존재한다. 중요한 것은 대다수의 족장이 놀라울 정도의 자기 절제를 보였으며, 그가 지켜야 할 덕목을 망각하면 공동체가 나서서 이를 견제했다는 점이다.

물론 카리스마나 특별한 능력을 가진 이가 그것을 남용할 위험은 언제나 존재한다. 그러나 원주민 사회의 전반적인 경향은 그 반대 방향, 즉 권위는 결코 불가침적이지 않았다는 사실을 보여준다. 1977년, 인류학자 엘먼 서비스Elman Rogers Service는 자신의 저서 『국가와 문명의 기원Origins of the State and Civilization』(W. W. Norton&Company, Inc., 1975)에 이렇게 썼다.

> 평등주의 사회에도 지도자는 존재한다. 공동체에 필요하고, 유용하기 때문이다. 그들이 갖고 있지 않은 것은 위계적 권위에 수반되는 자기만족적인 미화와 항구적이고 압도적인 지도자 위치다. 모든 개인이 완전히 평등하고 모든 면에서 같다는 뜻이 아니다. 능력의 우위는 있을 수 있다. 하지만 그것은 일시적이고 개인에게 귀속된 것이지, 특정한 직책에 본질적으로 속한 속성은 아니다.

여기서 말하는 '직책'은 지도자 자리다. 족장의 역할과 지위는 언제나 유동적이며, 상황에 맞게 조정된다.

이처럼 족장이라고 불리는 인물은 공동체에 강한 영향력을 발휘하는 존재일 수 있으며, 때로는 그 권력을 억제할 필요도 있다. 하지만 그의 권력은 마키아벨리적 권력과는 본질이 다르다. 침팬지 사회의 지배적 위계 구조와 비교했을 때 정반대라고도 할 수 있다. 즉, 족장이 수행하는 리더십은 오늘날 많은 조직에서 여전히 작동 중인 방식과는 근본적으로 다르다. 구성원들에게 좌절감과 불행, 스트레스를 안기곤 하는 현대의 리더십과 다른 방향을 지향하기 때문이다.

권력의 의의와
리더십과의 연결점

리더십을 이야기할 때 권력이라는 단어는 금기처럼 취급될 때가 많다. 경영 도서에서 핵심 주제로 다뤄지는 경우도 드물고, 조직문화나 리더십 교육과정에서도 거의 논의되지 않는다. 당연히 '당신은 권력을 어떻게 다룰 것인가?' 같은 제목의 강의도 좀처럼 주목받지 못한다. 우리 문화에서 권력은 여전히 불편한 주제이기 때문이다. 적어도 리더십에 관한 담론 안에서는 그렇다.

이는 사람들이 권력을 부정적인 것으로 생각하기 때문이다. 마키아벨리가 묘사한 권력, 즉 잔혹함과 이기주의의 결정체로서의 권력은 우리 사회에 지나치게 강한 영향을 끼쳐왔다. 그래서 사람들은 특권을 누리며 타인을 지배하는 것으로 권력을 인식하고, 본질적으로 폭력적이고 전제적인 개념으로 간주해왔다. 우리는 평등을 원칙으로 삼는 사회에 살고 있으므로, 누군가가 다른 사람 위에 군림한다는 생각 자체를 불편해한다. 실제로 그런 일이 벌어지고 있을 때조차도 말이다. 그래서 권력보다 덜 자극적이고 오히려 필요한 것, 우리를 도와줄 수 있는 개념처럼 들리도록 긍정석 이미지를 덧입힌 표현인 '리더십'이 '권력'이라는 단어를 대신하게 되었다.

프랑스 철학자 미셸 푸코Michel Foucault는 권력이 반드시 부정적이거나 억압적인 것만은 아니라는 주장을 한 사람으로 잘 알려져 있다. 권력은 때로 생산적일 수 있으며, 타인에게 자율성과 참여 의식을 부여할 수도 있다. 다시 말해, 권력은 남을 억압하거나 통제하고, 위협이나 강제, 특권 남용 등으로 타인을 지배하는 힘만은 아니다. 오히려 올바르게 행사된 권력은 타인을 해방시키고 평등한 관계를 형성하는 데 기여할 수 있다. 또한 권력은 결코 사라지지 않는다. 끊임없는 저항을 통해 지속되고 살아 움직인다. 그리고, 어디에나 존재한다.

앞으로 자주 언급할 연구자인 대처 켈트너는 "권력이란 세상에 어떤 변화를 만들어내는 힘"이라고 했다. 즉, 누군가에게 영향을 미쳐 그들이 원래는 하지 않았을 행동을 하게 만드는 것이다. 이 정의는 다소 과하게 정돈된 것 같지만, 꼭 그런 것만은 아니다. 우리가 한 아이에게 용기와 자신감을 심어줘서 아이가 학교 연극에서 주연을 맡았다면, 우리는 그 아이에게 권력을 행사한 셈이다. 원래 하지 않았을 행동을 하게 했고, 훗날 자랑스러워할지도 모를 경험을 만들어주었으니 말이다. 이것도 권력이다. 단지 흔히 떠올리는 권력의 모습과 다를 뿐이다. 이처럼 리더십의 맥락에서 권력의 본질을 제대로 이해하려면 그것이 존재하지 않는 척 피하기보다 다양한 권력의 형태를 구분해볼 필요가 있다.

계속 이야기했듯, 리더십은 곧 권력이다. 그러니 권력의 존재를 외면하기보다 리더가 권력을 어떻게 건설적으로 사용할 수 있는지, 그것이 어떻게 구성원의 자율적인 참여를 통해 재분배될 수 있는지 따져보는 것이 더 생산적이다. 우리는 누가 리더가 될 자격이 있는지, 누가 그렇지 않은지, 그들이 어떻게 그 자리에 오르는지 살펴봐야 한다.

지휘자, 스파이, 구루 그리고 섬기는 리더

리더십, 리더의 유형, 권위, 권력의 다양한 양상을 다룬 책은 무수히 많다. 직장, 조직, 기업 내 리더십을 다루는 책도 있고, 국가권력, 정치 권력, 개인 권력, 성별·계급·문화 간 권력 혹은 경제적·사회적 권력에 초점을 맞춘 책도 있다. 우리는 리더십을 하나의 개인적인 성향, 즉 성격적 권력으로 간주하고 이것에 집중하고자 한다.

'리드하다' '이끌다'라는 표현에는 다양한 의미가 있다. 길을 안내하다, 방향을 제시하다, 앞장서다 같은 의미가 있는가 하면, 무언가를 찾는다는 의미도 담겨 있다. 이끈다는 것은 확신만이 아니라 탐색이나 질문이라는 태도로 드러날 때도 있다. 흔히 확신에 찬 지휘관의 이미지를 떠올리게 만드는 리더와 달리 어떤 리더는 의

문을 품고 해답을 찾아 나서는 사람일 수도 있다는 의미다. 이번 장에서는 이렇게 권력에 접근하는 방식이 서로 다른 리더의 유형들을 살펴볼 것이다. 이해를 돕기 위해 이들을 앞서 제시한 직장생활에서 한 번쯤 마주쳤을 법한 네 가지 유형, 지휘자, 스파이, 구루, 하인으로 구분해 설명하려 한다.

먼저 '지휘자'는 위계적 권력의 전형이자 앞서 살펴본 권력 개념이 구현된 인물이다. 극단적으로는 침팬지 사회나 전제군주의 지배구조를 본뜬 인물상이기도 하다. 지휘자는 특별한 권한을 부여받으며, 권한을 사용하는 목적은 상대가 원하든 원하지 않든 자신의 뜻대로 움직이게 만드는 것이다. 그의 권력은 명령, 제재, 인센티브 등을 통해 행사된다. 그래서 구성원이 기대한 결과를 내지 못하거나 자기 지시에 따르지 않을 경우 해고 위협이나 승진 및 급여 인상 누락 같은 방식으로 압박을 가할 수 있다. 직원의 의사나 역량을 고려하지 않고 일방적으로 과한 업무를 맡기는 행동이나 지시를 따르지 않는 이들에 대한 무시, 냉소, 공개적인 모욕 등도 여기 포함된다. 이처럼 지휘자의 권력은 명시적이든 암묵적이든 위계의 정점에서 아래를 통제하는 방식으로 작동한다.

지휘자는 통제에 집착하며 직원들의 일거수일투족을 알고 싶어 한다. 공감이나 배려와는 거리가 멀다. 이들에게 연례 면담[MUS]은 직원의 말을 듣거나 동기를 북돋우는 것이 아니라 지적하고 평가하고 불안을 조성하는 수단에 가깝다. 지휘자는 직원들이 과제를 얼마나 정확하게, 빨리 수행하는지 끊임없이 확인하고, 단순한 업무에도 보고서나 양식을 요구한다. 경영 용어로 이를 '마이크로 매니지먼트'라고 부르는데, 상위 조직이 요구했기 때문일 때도 있긴 하지만 많은 경우 리더 자신이 이 통제 논리를 극단적으로 밀어붙인다.

좀 더 부드러워 보이지만 똑같이 불쾌한 버전도 있다. 상사가 반복적으로 "일은 잘되고 있나요?" "문제없죠?" 같은 말을 건네는 경우다. 표면적으로는 관심처럼 보이지만, 상사의 실제 목적은 자신이 정한 기준에 따라 직원이 일하고 있는지 확인하는 데 있다. 때로는 끝없이 이어지는 설명이나 업무와 무관한 질문이 담긴 이메일을 보내는 식으로 감시를 하기도 한다. 직원의 업무를 지켜보고, 들춰보고, 개입하려 드는 것이다. 마치 친밀한 관계인 것처럼 행동하는 경우도 있는데, 정작 그 안에는 신뢰도, 진심 어린 지지도, 직원의 역량에 대한 존중도 없다.

또 다른 리더 유형은 '스파이'다. 스파이형 리더는 조직이 설정한 목적이 제대로 이행되고, 전략이 계획대로 실행되는지 감시하기 위해 거리두기식 권력을 행사한다. 구성원들과의 직접적인 접촉은 거의 없으며, 직원들이 자율적으로 업무를 수행하기를 바란다. 이러한 유형의 리더는 점심시간에도 좀처럼 모습을 드러내지 않는 등 구성원들과 일정한 거리를 유지한다. 연락은 보통 간헐적인 이메일을 통해서만 이루어지며 내용도 '요즘 일이 잘되고 있는지' '올해는 어떤 목표를 달성해야 하는지' 같은 지시사항에 그친다. 이런 리더는 존재감이 희미하고, 접근하기 어렵다. 그러면서도 오만하거나 무관심한 태도가 느껴지곤 한다. 또한 성과가 부족하거나 프로젝트가 실패할 경우 그 책임은 고스란히 직원들에게 전가된다.

스파이형 리더는 조직에 깊이 관여하지 않는, 리더십 담론에서 흔히 '실질적인 운영'에 집중하는 유형이다. 다시 말해 변화나 문제 해결보다는 그저 조직을 유지하고 굴러가게 만드는 데 관심이 있다. 물론 누군가가 늘 옆에서 지켜보지 않는다는 점은 때로 해방감을 줄 수도 있다. 하지만 이는 금세 고립감과 혼란, 방향 상실감을 가져다준다. 그래서 자연스럽게 이런 질문들이 뒤따르기 마련이다.

'저 사람은 내가 여기에 있는 걸 신경 쓰긴 하는 걸까? 그냥 집에 가도 모를 것 같은데.'

'우리 팀 리더는 내가 처한 상황에 관심이 없는 걸까? 내가 불안하거나 확신이 없을 때 조언을 구해도 될까?'

'이 일의 책임은 대체 누가 지는 걸까?'

물리학에서 원심력은 회전하는 회전목마에서 각 요소를 중심에서 바깥으로 미는 힘이고, 구심력은 중심을 향해 요소를 끌어당기고 붙들어두는 힘이다. 지휘자의 위계적 권력은 때때로 구심력처럼 과도하게 작동한다. 구성원들을 억지로 가까이 붙잡아두고 통제하면서 누구도 숨 돌릴 틈을 갖지 못하게 만든다. 그 결과는 스트레스, 불신, 위장된 성과로 나타난다. 직원들은 중요한 일을 하고 있는 척하며 시간을 보내지만, 정작 자신의 일을 제대로 수행할 여유조차 없다.

반대로 스파이형 리더의 거리두기식 권력은 원심력처럼 작용해 구성원을 조직의 바깥으로 밀어낸다. 직원들은 자신이 왜 이 일을 하는지, 이 일에 무슨 의미가 있는지, 어디를 향하고 있는지 점점 인식하지 못하게 된다. 공동체도, 방향도, 목적의식도 사라진다. 하지만 그 대가가 결국 자기 자신에게 돌아온다는 것은 여전히 잘 알고 있다.

카리스마적 권력과 카리스마형 리더는 자주 논의되는 주제다. 독일의 사회학자이자 철학자인 막스 베버Max Weber는 카리스마적 권력을 강한 존재감과 매혹적인 메시지, 비범한 인물이라는 인상을 통해 타인으로 하여금 자신을 믿게 만드는 데에서 비롯된 권력이라고 정의했다. 카리스마형 리더는 자신의 모범적인 행동과 강한 존재감, 헌신을 바탕으로 구성원의 신뢰를 이끌어내고, 그들로 하여금 공동 목표를 따르게 만든다. 이는 다시 두 가지 유형으로 나눌 수 있다. 경계를 넘나드는 유형(구루)과 겸손한 유형(하인)이다.

'구루'형 리더의 카리스마는 지배적인 행동과 설득 능력을 통해 사람들을 조종하거나 현혹시키는 데 쓰인다. 구성원들의 의사나 복지를 고려하지 않은 채 그들이 원하지 않는 일까지 하게 만드는 것이다. 이런 '경계를 넘는 카리스마형 리더'의 대표적인 예로 '유능한 나쁜 놈'으로 알려진 사람 중 한 명인 덴마크의 기업가 시몬 스피스Simon Spies를 들 수 있다.

1960~1970년대에 전성기를 누린 스피스 여행사Spies Rejser의

CEO 시몬 스피스는 직원들에게 사랑의 대상이자 동시에 두려움의 대상이었다. 그는 조직에 강한 자부심을 심어주며 탁월한 기업 문화를 구축한 유능한 사업가였지만, 젊은 직원을 상대로 착취와 성적 학대를 저질렀다. 그의 정신은 회사 곳곳에 스며 있었고, 그가 만든 조직은 자부심과 활기가 넘치는, 마치 가족 같은 분위기였다. 그러나 그 느긋하고 다정해 보이는 외양 뒤에는 냉정한 권위자가 숨어 있었다. 그는 이 분위기를 사적 권력의 장으로 삼아 직원들과 성관계를 맺었고, 가부장적인 가장처럼 자신에게 복종과 순종할 것을 요구했다.

이런 유형은 사이비종교나 유사 컬트 조직에서도 볼 수 있다. 리더가 자신의 카리스마를 남용해 구성원들을 현혹하거나 그들의 신뢰를 악용하는 경우 말이다.

이에 대응되는 유형은 겸손한 카리스마, '하인'형 리더다. 이런 리더의 카리스마는 모범을 보이며 앞장서고, 외부나 상부로부터의 비난을 감수하면서도 구성원을 보호하는 데 쓰인다. 이 '섬기는 리더'는 이후 우리가 정립한 '족장'이라는 인물상과 함께 다시 다룰 것이다.

하인형 리더는 구성원들에게 신뢰를 주는 구심점이 되어 구성원들이 안심하고 자유롭게 일을 수행할 수 있도록 만든다. 무엇보다 자신이 부하를 섬기는 존재임을 잘 알고 있다. 그래서 카리스마를 조작이나 사익 추구에 사용하지 않으며, 구성원들이 자신의 지위나 개인적인 매력 때문에 자신에게 아첨하거나 특별 대우를 하지 않도록 스스로 선을 긋는다. 대신 겸손한 카리스마를 통해 구성원들이 자유롭게 의견을 표현하고, 스스로 판단을 내릴 수 있는 안전한 공간을 조성한다.

    섬기는 리더는 '족장'과 매우 닮았다. 이들은 연단에 올라 사람들을 선동하거나 자신을 화려하게 드러낼 필요가 없다. 대신 침착함, 세심함, 경청, 자기 절제 같은 태도를 바탕으로 정직과 공감, 상호 존중을 말과 행동 양쪽에서 일관되게 실천한다. 또한 이들은 자신이 권력을 감당할 수 있는 사람이라는 것을 보여주어야 한다. 곧 만나게 될 여러 족장도 고전적인 의미의 카리스마를 지닌 인물은 아니지만, 뚜렷한 가치관과 고유한 기질, 포용력 있는 성품으로 존경받는 이들이다.

    권력은 사람을 매력적으로 보이게 만들 수 있다. 특히 카리스마적 권력을 지닌 사람일수록 그 효과는 더욱 두드러진다. 이 때문에 권력은 타인을 통제하거나 유혹하는 방식으로 쉽게 남용되며, 타인의 사생활을 침범하는 수준에까지 이를 수 있다. 이런 태도를 보이는 상사를 구성원들이 적절히 견제하거나 거리를 두는 것은 결코 쉽지 않다. 실제로 미투 사태로 자리에서 물러난 여러 리더에게서 공통적으로 카리스마적 특성이 드러났다. 능력, 용기, 화려한 경력으로 보였던 것이 실상은 자신이 특별한 존재인 양 그에 걸맞은 특권을 누릴 자격이 있다고 확신하는 태도에서 비롯된 것이었으며, 그 태도가 부하와의 사적인 관계나 특별한 대우를 요구하는 방식으로 나타났던 것이다.

리더는 언제나 선택의 기로에 서 있다. 자신의 카리스마를 이용해 친밀감을 강요하거나 직원을 굴복시키고 개혁을 밀어붙이는 길을 갈 수도 있고 그 힘을 신중함과 공감, 타인을 존중하는 데 사용할 수도 있다. 다시 말해, 권력을 어떻게 다루는가는 전적으로 리더의 자기 절제에 달려 있다.

지속적인 성공과 높은 사회적 지위는 과대망상으로 이어지곤 한다. 자신이 다른 사람들과 같은 수준의 인간이 아니라는 느낌, 특별한 권리를 지닌 존재라는 믿음이 마음속에 자리 잡는 것이다. 누군가가 사회적 위계 속에서 점점 더 높은 자리에 오를수록 그에게 반대하거나 선을 긋는 이들도 점차 사라지기 마련이다. 그러면 그는 매사에 자기 뜻대로 행동하고 싶은 충동을 억누르기 어려워진다. 즉, 무한한 권력을 지녔다는 감각은 곧 불사성과 무적이라는 착각과 맞닿아 있다. 프랑스 철학자 조르주 바타유Georges Bataille는 이러한 경계 없음의 체험이야말로 폭군적 권력의 핵심이라고 보았다. 폭군은 타인의 금기와 경계를 넘는 데에서 오는 황홀감을 노골적으로 추구한다. 그 행위가 타인에게 상처를 주더라도 아랑곳하지 않는다. 오히려 자신에게 그런 경계마저 초월할 특권이 있다는 것에 쾌감을 느낀다. 이런 유형의 인물이 대부분 사디스트인 것은 결코 우연이 아니다.

현대사회에서는 더 이상 폭군이 설 자리가 없다. 적어도 형식적으로는 그렇다. 모든 사람이 원칙적으로 평등하다고 여겨지기 때문이다. 그러나 권력을 쥔 남성이나 여성이 자신의 위반 행위를

"분위기에 휩쓸렸을 뿐"이라거나 "아무도 불쾌하지 않은 줄 알았다"라고 해명할 때, 이는 그들이 자신이 누리는 특권에 얼마나 무감각해졌는지를 보여준다. 그들은 자신이 점점 폭군이 되어가고 있다는 사실을 잊어버린 것이다.

의도적으로 무제한의 권력을 행사하려는 리더들도 있다. 영화사 젠트로파Zentropa에서 일했던 인턴과 직원 들의 증언에 따르면, 이 회사에는 독특한 행동 규범과 의례, 무엇보다 설립자이자 대표인 페터 올베크 옌센Peter Aalbæk Jensen과 감독 라스 폰 트리에Lars von Trier를 숭배하는 듯한 분위기가 오랫동안 자리 잡고 있었다고 한다. 뿐만 아니라 수년간 신체 접촉, 노출, 음주, 입단 의식 같은 일탈 행위가 광범위하게 용인되었다.

물론 이러한 방임적이고 일탈적이며 창의적인 환경은 중요한 대형 영화 프로젝트들이 탄생하는 토대가 되기도 했다. 올베크에 따르면 젠트로파의 문화는 직원들로 하여금 더 큰 노력을 기울이게 하고, 탁월한 영화 예술에 기여하게 만들었다. 도그마 영화, 라스 폰 트리에의 서사적인 작업, 국제 영화계에서의 성공, 실험적인 포르노 영화 제작 등은 젠트로파의 과장된 자기 인식에서 파생된 부산물로 볼 수도 있다.

하지만 이 에피소드에는 뒷이야기가 있다. 하위 직원들이 겪은 모욕, 위협, 상식의 선을 넘는 행위들 말이다. 페터 올베크는 이 문화를 조성하는 데 자신이 중심 역할을 했다고 솔직히 인정했다. 그는 창의성의 범위를 확장하기 위해 의도적으로 선을 넘는 행동을 했냐고 밝혔다. 그래서 그는 센트로파에서 어느 시점부터 경영진과 직원 간에 서로 엉덩이를 치는 것이 금지되고, 나체로 다닐 수 없게 된 것을 안타깝게 여겼다.

도널드 트럼프Donald John Trump는 추종자들을 조종하고 타인의 경계를 넘나드는 카리스마형 리더의 대표적인 사례다. 그는 자신이 일반적인 법과 권위 위에 있다고 주장하며, 믿기 어렵겠지만 미국의 민주주의 제도마저 자신보다 아래에 있다고 여긴다. 그의 지지 기반은 자신을 맹목적으로 따르는 유권자들이다. 이들은 트럼프의 전체주의적인 태도와 더 이상 신뢰하지 않는 국가권력에 그가 정면으로 도전한다는 사실에 매력을 느낀다.

많은 독재자는 트럼프처럼 사회 혼란이나 국가가 본래 기능을 상실한 상황에서 권력을 잡는다. 이들은 위기를 조장하거나 예외 상황을 이용하지 않고는 좀처럼 대중의 지지를 얻기 어렵다. 평상시라면 그저 광장에서 소리나 지르는 괴짜일 뿐이니 말이다.

트럼프는 고전적인 분할 통치 전략과 권위적인 통제술을 구사한다. 사회 내부에 공통의 적을 설정하고, 대중의 분노를 그 적에게 향하게 만드는 방식이다. 그는 미국의 재건이라는 목표를 내세우며 자신의 수단을 정당화했다. 그 꿈을 실현하기 위한 싸움 속에서는 어떤 행위도 도덕적으로 문제 되지 않았다. 타인에 대한 트럼프 개인의 언행은 물론, 대통령으로서의 행동조차 그랬다. 그는 2016년에 이렇게 말했다.

"내가 5번가 한복판에서 누군가를 총으로 쏘더라도 지지율은 떨어지지 않을 것이다."

몇 년 전에는 유명인이라면 무엇이든 할 수 있다고, 특히 여성 대상으로는 더더욱 그럴 수 있다고 말하기도 했다.

"그냥 움켜쥐면 돼. 뭐든 할 수 있어."

그리고 그는 실제로 그렇게 했다. 그는 모든 도덕을 초월한 듯 보였고, 2024년 대선을 앞두고 91건에 달하는 법 위반 혐의로 기소된 상황에서도 여전히 대중의 지지를 받았다.

오래된 공동체에서는 상황이 이토록 극단으로 치닫지는 않았을 것이다. 지도자가 공동체로부터 자신을 분리하거나 공동 규범 위에 군림하는 일이 지금보다 훨씬 더 어려웠기 때문이다. 트럼프가 저지른 경계 넘기와 조작 같은 행위는 곧바로 드러났을 것이며, 지도자에게 필요한 가치가 결여되어 있다는 점 역시 구성원들이 명확하게 인식했을 것이다.

트럼프와 같은 독재적인 리더의 문제는 그들의 행위 자체보다 사람들이 그런 행위를 가치 있는 것으로 받아들이고 찬양한다는 데 있다. 사람들은 보통 자신이 기대하는 리더를 갖게 된다. 즉, 권력이 사람을 타락시키고 독단적으로 만들었을 때 지지를 철회하는 것은 추종자의 책임이다.

사실 대표 민주주의에는 애초부터 하나의 모순이 내재되어 있다. 시민들이 공동체, 포용, 참여가 아닌 전혀 다른 기준에 따라 지도자를 선택할 수 있기 때문이다. 1930~1940년대 독일의 나치즘과 이탈리아의 파시즘처럼 민주주의가 오히려 독재자의 등장을 도운 셈이 된 경우도 있다.

부족, 조직, 기업과 같은 더 작은 단위에서는 이런 일이 드물게 일어난다. 생활 속 근접 민주주의에서는 누구에게나 독재의 결과가 쉽게 드러나며, 구성원들이 서로 적대하면서 여러 진영으로 갈라질 경우 경제와 공동체의 안정 양쪽에 해를 끼친다. 그러므로 현대사회에서 정치인과 시민 사이의 거리감은 탈인간화, 권력 남용, 특권에 대한 무감각 등으로 쉽게 이어질 수 있다.

우리가 이 책에서 이야기하고자 하는 리더십은 다양한 요구를 균형 있게 조율해야 하는 기능이자 내적 모순을 품은 구조다. 리더는 언제나 자신의 전문 분야에서 최대한 유능해지려고 하고, 그 분야에 대해 부하 직원보다 자신이 더 많이 알고 있다고 생각해야 한다. 그러나 동시에 하위 구성원들로부터 지식과 조언을 구할 줄 알아야 하며, 평소 자신이 의지하던 조언자가 아닌 사람들이나 주변 인물들이 준 영감도 기꺼이 받아들일 수 있어야 한다.

미국 헌법 창립자 중 한 사람인 벤저민 프랭클린Benjamin Franklin은 자신이 보통 사람들보다 똑똑하다는 것을 잘 알고 있었지만, 자신이 항상 옳을 수 없다는 점도 분명히 인식하고 있었다. 그래서 그는 자신의 주장을 이야기하기 전에 단서를 붙이곤 했다. "제가 틀릴 수도 있습니다만……"이라고 말이다. 다른 사람의 견해와 반론을 받아들일 준비가 되어 있다는 의미였다. 이는 전형적인 호혜적 리더십, 즉 호족형 리더의 특징이며, 프랭클린이 미국 역사상 가장 존경받는 지도자 중 한 명으로 기억되는 이유이기도 하다. 우리가 틀릴 수도 있겠지만, 트럼프가 후대에 그렇게 기억될 것 같지는 않다.

왜 썩은 사과는 자꾸 내 바구니에만 담길까

이번 장과 1장에서는 왜 사람들이 자주 폭군적 리더를 갖게 되는지 살펴보았다. 결론은 리더의 자리에 부적절한 사람들이 끌려들고, 그 자리가 심지어 선한 사람마저 타락시킨다는 것이다. 지금까지 살펴본 내용을 바탕으로 윤곽을 그려보면, 리더십의 본래 기능을 망각한 사회에서는 필연적으로 문제가 발생한다. 이 사회에는 '역지배 위계'가 무정부적 방식으로 다시 작동할 필요가 있다.

다시 쓰는 리더의 영웅 서사

사람들은 앵글로색슨식 리더십 전통을 수용하면서 리더십의 정의와 역할을 과장되게 받아들이게 되었다. 그 결과, 평범한 관리자들은 현대의 리더에게 요구되는 기대치만 떠올려도 숨이 막힐 정도의 압박감을 느낀다.

서점가에는 수십 년간 최고경영자들의 개인적 성공을 다룬 자서전 형태의 리더십 찬가가 넘쳐난다. 물론 이 책에서도 몇몇 인물을 영웅으로서 언급할 것이지만, 우리는 언제나 정상에 선 외로운 천재 덕분에 성공한다는 과장된 믿음은 현실과 거리가 멀다고 본다. 리더들은 가끔 의무적으로 유능한 직원들을 언급하긴 하지만, 결국 이야기의 중심은 언제나 자기 자신이다. SNS에서도 마찬가지다. 링크드인LinkedIn에는 성과를 과시하는 글을 올리고, 페이스북Facebook에는 가벼운 농담이나 피상적인 관찰기를 올리며 세상과 조직을 완전히 꿰뚫고 있다는 인상을 남기려고 한다. 관심을 받고자 하는 이들의 욕구는 끝이 없다. 모든 게시물은 결국 인정과 '좋아요'로 향한다. 누군가는 그런 리더에게 매혹되고, 누군가는 그 안의 공허함을 간파한다.

〈사자의 동굴Lovens Hule〉이라는 TV 프로그램은 덴마크에서 가장 부유하고 영향력 있는 투자자들에게 스포트라이트를 집중한다. 이 프로그램은 투자자들이 야심 찬 창업가들의 아이디어를 평가하고, 그중 일부에 투자를 할지 여부를 결정하는 방식으로 진행된다. 무대의 중심에는 '사자'들이 있고, 소규모 창업가들은 마치 오디션에 나온 듯 온순한 어린 양처럼 심판을 기다리는 입장에 놓인다. 즉, 선택받아 자금을 받거나 탈락해 물러나야 한다.

이 구조에서 나타나는 불균형은 명백하다. 만약 이 프로그램과 투자자들이 조금이라도 겸손했다면, 프로그램의 구조를 거꾸로 뒤집었을 것이다. 위계상 아래에 있는 사람들에게 귀 기울여 배우려는 태도를 보이고, 지배자가 아니라 섬기는 자로서 자신을 드러냈어야 한다. 물론 이들이 선의를 갖고 있다는 것에는 의심의 여지가 없다. 그러나 그들에게 부여된 지배적 아우라는 겸손과는 거리가 멀다.

이것은 곧 사회문제이기도 하다. 회장, 재벌, 교수, 경제 석학, 영화배우 등 권력과 직함을 가진 이들은 끊임없이 미화된다. 텔레비전, 신문, SNS 등 대부분의 미디어가 그들을 그렇게 비춘다. 그래서 드러나는 얼굴은 유명하고, 인정받고, 권력을 가진 사람들뿐이다. 사람들이 귀를 기울이도록 요구받는 대상도 언제나 그들이다. 나머지 대다수는 보이지 않으며, 결국 역사 속으로 사라진다.

섬기는 대상을 바라보지 않는 영웅 서사에서는 겸손을 찾아볼 수 없다. 오히려 리더에게 그가 특별한 존재라는 착각을 주입할 뿐이다. 즉, 그만이 그 일을 할 수 있고, 다른 사람은 해서는 안 되는 무언가를 수행할 수 있으며, 더 많은 권리를 누릴 자격이 있다고 믿게 만드는 것이다. 리더가 지나치게 전면에 나설 때, 공동체는 사람들의 시야에서 사라진다. 그래서 사람들은 세상은 타인 위에 군림하는 개인이 아니라 리더에게서 가끔 영감을 받긴 해도 본질적으로 자율적이고 유능하게, 명령 없이 움직이는 공동체에 의해 대부분이 꾸려진다는 사실을 종종 잊는다.

출세 수단이 되어버린 리더십

리더가 점점 더 높은 지위에 오를수록 리더십 역시 공동체가 인정의 기준으로 삼는 가치 척도에서 상위에 놓이게 된다. 다시 말해, 리더가 되거나 리더로 임명되는 것은 곧 유능함과 역량의 증거로 여겨진다. 이제 리더십은 일종의 보상이 되었다. 목에 거는 메달처럼, 그 위에 더해지는 거액의 보너스처럼 말이다. 리더 메달을 받지 못하면 어딘가 문제가 있는 사람 취급을 받는다. 경력이라는 사다리를 올라가는 일을 멈췄거나, 야망이 부족하거나, 능력이 모자란 사람. 즉, 리더가 될 자격이 없고, 그럴 만한 가치도 없다고 여겨지는 것이다.

하지만 이는 전적으로 잘못된 생각이며, 최대한 빠르게 극복해야 할 관념이다. 리더 자리를 목표로 삼지 않는 사람이 오히려 리더에 더 잘 어울릴지도 모른다는 생각이 들 정도다. 하지만 이런 이들은 겸손함이 제대로 평가받지 못하는 문화 속에서 좀처럼 권력에 가까이 다가가지 못한다. 여러분은 앞으로 이렇게 권력을 추구하지 않았음에도 리더가 되었고, 그 권력을 겸손하게 다루는 사람들을 만나게 될 것이다.

많은 조직이 리더로서의 적합성은 부족하지만 다양한 분야에서 뛰어난 역량을 보이는 전문가들에게 어떻게 동기를 부여할지 몰라 애를 먹는다. 이들을 인정할 다른 방법을 찾지 못한 조직은 결국 그들을 리더 자리에 앉히고 만다. 그 결과, 조직 곳곳에 실패된 리더십이 방치된 채 떠돌게 된다. 이는 이른바 '피터의 법칙'에 따라 이루어지는 인사 관행 때문이다. 피터의 법칙은 사람을 계속 승진시키다 보면 결국 무능력의 한계에 도달하게 된다는 원리다. 이로 인해 조직의 리더 계층은 지금의 자리에 머무르기에도 부족하고 더 나아가기에도 역량이 모자란 사람들로 채워진다. 그리고 모든 사람이 리더를 꿈꾼다고 여긴 나머지, 그 후로도 아무에게나 리더 메달을 걸어준다.

이제는 리더를 선발하는 방식 자체를 근본적으로 바꿔야 한다. 평가 기준 또한 완전히 달라져야 한다. 리더가 되는 것 자체가 하나의 동기가 되어서는 안 된다. 리더십을 일종의 보상이나 개인적 인정의 수단으로 삼는 순간, 이는 자기 과시에 몰두하는 이들에게 고속도로를 깔아주는 셈이 된다. 스스로 얼마나 뛰어난지 확인받고 싶다면 리더 자리를 노리면 되니 말이다.

성과 중심 문화, 자기 최적화 요구, 자기 과시 능력에 부합하는 사람들을 왕좌로 끌어올리는 생태계에서 사람들은 잘 정리한 이력서, 높은 자신감, 능력주의 보상 시스템에 대한 철저한 순응을 통해 권력을 손에 넣는다. 그렇게 리더십은 공동체를 위한 것이 아니라 개인의 만족과 인정 욕구를 채우기 위한 것으로 전락한다. 그리고 그 결과, 다 같이 자신이 몸담은 조직에 독을 흘려보낸 셈이 되고 만다.

리더십 속 권력에 대한 편견

수많은 이가 리더 지위를 얻으려고 하는 세상에서 사람들은 권력을 어떻게 획득하고 유지할 수 있을지 묻는다. 이때 마키아벨리와 그의 추종자들은 이렇게 말한다. 권력은 무자비함, 이기심, 계산된 술수, 냉소적인 전략, 뻔뻔함 없이는 얻을 수 없다고. 하지만 꼭 그래야만 하는 것은 아니다. 이런 권력의 서사는 이제 자기 충족적 예언이 되어버렸다. 사람들은 거친 현실을 버텨낼 수 있는 냉혹한 사람만이 진짜 리더라고 믿고, 그런 유형을 찾아 나서거나 그런 사람에게 성과를 기대한다. 그리고 그런 성향을 타고난 사람들은 리더가 되는 것이 태어날 때부터 자신의 운명이라고 생각한다.

그러나 그 생각은 사실이 아니다. 그들은 사회의 집단적 신화가 이상적인 리더의 자질이라고 간주해온 특성을 타고났거나, 후천적으로 그러한 성향을 키워온 사람들일 뿐이다. 우리는 이런 특성들을 리더십의 자질에서 제외하자고 충분히 합의할 수 있다. 이것이 바로 우트쿠 에스키모, !쿵산족 등 수많은 원주민 공동체가 실천해온 방식이다. 그들은 냉소적이고, 공감 능력이 부족하고, 자기중심적인 리더 지망자가 나타나면 자연스럽게 다른 사람에게로 시선을 돌린다. 여기서 권력이란 낚아채는 것이 아니라 공동체에게서 부여받는 것이며, 반드시 자격을 갖춘 자만이 가질 수 있다는 점을 배울 수 있다.

자기 인식과 자기 통제력이 부족한 리더들

오늘날 많은 리더는 자기 자신을 성찰하고, 진정성 있게 행동하고, 직관에 따라 움직이라는 이상에 영향을 받고 있다. 물론 자기 성찰은 중요하다. 그러나 자기 절제와 본능 통제 역시 결코 소홀히 여겨서는 안 된다. 리더가 되면 뇌의 보상 시스템에 화학적인 변화가 일어난다. 이는 과도한 자신감과 카리스마와 여유를 가져오는 동시에 위험을 과소평가하고, 독단적이고 단기적인 판단을 하도록 유도한다. 결국 권력은 사람이 스스로를 과신하게 만들고 판단력을 흐린다.

이러한 상황에서 균형을 회복하려면 리더는 자기 자신을 훨씬 더 깊이 통찰해야 한다. 권력을 쥔다는 것이 악마와 계약을 맺는 것과 비슷한 일이라는 점 또한 자각해야 한다. 구성원들 또한 리더에게 권력의 어두운 측면을 직시하고, 권력을 통제할 능력을 갖출 것을 요구해야 한다. 채용자나 리더를 평가하는 이들이 도덕성이나 자기 절제보다 조직의 4분기 실적만을 중시하면, 유능하지만 잔인한 사람만 더 많이 양산된다. 그리고 마지막에는 인간미가 아닌, 실적만으로 보상받는 리더들만 남는다. 단기 성과로 평가받고 장기적인 해결에는 관심 없는 사람들, 숫자만 보고 사람은 보지 않는 이들 말이다.

현재 덴마크에서는 내부고발 제도를 통해 직원이 법 위반, 권력 남용, 괴롭힘이나 집단 따돌림을 겪으면 인사 부서나 상급자에게 이를 알릴 수 있도록 하고 있다. 2023년에는 직원이 수 명 이상인 모든 공공 및 민간 조직에 내부고발 제도와 전담 조직을 설치하는 것이 법적으로 의무가 되었다. 이는 직원의 권리를 보호하기 위한 조치다. 미국에서는 이 제도가 조직문화를 개선하거나 권력 남용과 관련된 고발 건수를 줄이는 데 기여한 사례도 있다.

하지만 여전히 많은 직원이 괴롭힘이나 도를 넘는 행동을 신고하는 데 주저한다. 그 이유는 명확하다. 가해자가 대개 상사이며, 접수된 신고를 최종적으로 처리할 책임자 또한 바로 그 상사이기 때문이다. 따라서 "괴롭히는 상사를 고발하라"는 말만으로는 충분하지 않다. 조직 전체의 문화가 애초에 권력 남용을 일삼는 인물, 소위 '유능한 개자식'들이 자리를 잡지 못하는 형태여야 한다. 그러려면 조직의 최고위 리더는 자기 성찰 능력을 갖추고 스스로를 통제할 수 있어야 하며, 최소한 직원이 그들을 견제하거나 자리에서 물러나게 할 수 있는 구조가 마련되어야 한다.

리더란 자기 자신을 지목하는 사람?

앞서 말했듯, 사람들은 결국 기대한 대로의 리더를 갖는다. 그리고 스스로 리더가 될 것이라고 믿는 이들은 실제로 그렇게 되는 경우가 많다. 집단에서 제일 먼저 손을 들고 자기 자신을 지목하는 이들. 그런 사람들이 대개 리더 자리에 가장 먼저 다가간다. 우리는 그것을 결단력, 자신감, 확신의 표현으로 받아들인다. 그리고 그런 성향이야말로 리더에게 필요하다고 여겨왔기에 자연스럽게 납득하며 '확실히 저 사람은 뭔가 다르다'라고 생각한다.

    브라이언 클라스는 사람들이 리더를 선발할 때 이처럼 치명적인 오류를 범한다고 지적한다. 그는 이를 '자기 선택 self-selection'이라고 표현하며, 늘 자기 자신을 앞세우는 사람들만 리더로 뽑히는 구조 자체가 문제라고 말한다. 그 결과 손을 들지 않는 사람들, 자신을 드러내지 않는 사람들 안에 숨겨진 잠재력을 놓친다는 것이다. 오히려 이들이 리더로서 더 적합한 경우가 많은데 말이다. 공동체를 더 잘 살피고, 자신을 중심에 두지 않는 만큼 더 겸손할 가능성이 크기 때문이다.

자기 선발적인 리더십 구조는 결국 자기애적인 성향을 지닌 사람들만 달리라고 길을 깔아주는 것이다. 문제는 이들이 리더에게 가장 필요한 자질, 즉 겸손함과 너그러움, 자기 한계에 대한 의심과 자각을 갖추지 못했다는 점이다. 진정으로 현명한 사람은 자신이 모든 것을 알지 못한다는 사실을 아는 사람이다.

리더가 리더를 뽑는 신新족벌주의

문제를 더욱 심화시키는 것은 리더 사이에서 또다시 리더를 뽑게 만드는 사회구조다. 공감 능력이 낮고 자기 과신이 강한 사람들에게 당신들의 리더를 고르라고 맡기는 일은 재앙을 자초하는 것이나 다름없다. 이는 호혜적인 공동체의 대표를 뽑는 방식이 아니라 독재자를 뽑는 방식이다.

리더가 리더를 뽑는 구조에서는 결국 나중에 자신이 책임질 필요가 없는 사람이 리더로 선출된다. 그럼에도 사람들은 여전히 리더는 더 깊은 통찰을 지니고 더 현명한 판단을 내릴 것이라고 믿으며 매일같이 이 선발 방식을 반복하고 있다. 만약 정치지도자를 이런 방식으로 뽑는다면 다들 주저 없이 그것은 독재라고 할 것이다. 그런데 왜 정치지도자만 자신이 이끄는 사람들에 의해 선출되어야 하고, 조직의 리더는 그 결정의 영향을 직접 받는 사람들, 그러니까 직원들에 의해 선출되지 않아도 되는 걸까?

리더십의 생물학적 특성과 그것을 둘러싼 문화적 신화를 고려하면 현대 조직의 리더십이 제대로 작동하지 않는 것이 이상한 일은 아니다. 그러니 이제는 인간과 리더십에 대한 오래된 지혜에 귀를 기울여야 할 때다. 그것만이 지금의 구조를 대체할 다른 길을 보여줄 수 있다.

3장

인류학에서 찾은 대안, 족장형 리더십

너 자신이 우리보다 낫다고 착각하지 마라.
— 얀테의 법칙 6항

최근 몇 년 사이 톱다운 위계 구조에 기반한 리더십을 보다 포용적인 방식으로 대체하려는 다양한 시도가 등장하고 있다. 대표적인 예가 서번트리더십이다. 이 방식에서 리더는 지시를 내리는 사람이 아니라 구성원들의 말을 경청하고 이들을 지원하는 데 집중하는 존재다. 다시 말해, 공동체의 상관이 아니라 봉사자 역할이다.

또 하나의 흐름은 자기 주도적 리더십과 신뢰 기반 리더십이다. 모든 구성원이 스스로 리더십의 일부를 책임지는 이 방식들은 '상향식 리더십'이라고 부른다. 의사결정과 주도권이 관리자뿐 아니라 직원에게도 분산되어 누구나 리더십을 행사할 수 있는 안정적이고 수평적인 구조가 형성되는 것이다. 아예 '권력의 종말End of Power'이라는 개념까지 등장해 이것이 거의 모든 제도에 영향을 미치고 있다는 주장도 나온다. 공동체에 긍정적인 에너지를 불어넣고, 받은 것보다 더 많이 돌려주는 태도를 핵심 원칙으로 삼는 재생적 리더십도 생겨났다.

우리는 이러한 새로운 리더십의 등장이 기존에 존재하던 위계직 구조의 해체 흐름과 맞물려 있다고 본다. 앞서 나눈 바와 같이 그동안 가려져 있던 리더십의 어두운 이면이 최근 들어 분명하게 드러나고 있기 때문이다. 실적도 내지 못하고 구성원들의 성장을 이끌지도 못하는 리더에 대한 환상 역시 무너지고 있다. 그 결과, 많은 이가 인간 본연의 사회적 본능에 부합함과 동시에 역사적으로 가장 나은 성과를 보여온 리더십으로 다시 눈을 돌리고 있다. 지금 우리는 하나의 전환점에 서 있는지도 모른다. 권력의 기원으로 되돌아가는 새로운 전환점 말이다.

우리는 인류의 가장 초기 문화 단계에 있는 공동체들을 연구한 여러 사례를 통해 봉사하는 리더십, 겸손한 리더십, 신뢰에 기반한 리더십이라는 개념은 결코 근대에 발명된 것이 아니라 인간의 기원만큼이나 오래된 원형적인 이상에 가깝다고 이야기하고 싶다. 이제 그 원 속에 담긴 리더십 이상이 현대사회에도 여전히 유효하며, 그 속에서 배울 것이 많다는 사실을 보여주려 한다.

사람들 대부분이 초기 인류 사회의 권력은 지금보다 훨씬 더 야만적이고 무자비했으며, 족장은 자신의 뜻을 관철하기 위해 폭력을 서슴지 않았다고 믿으며 자라왔다. 하지만 이는 잘못된 역사 인식이다. 이런 오해는 전형적인 할리우드식 서부영화와 평등하고 평화로운 민주사회가 근대 이후에야 비로소 실현되었다는 통념 속에서도 반복되어왔다. 심지어 일부 영향력 있는 철학자들과 대중 과학서 저자들조차 인간은 자연 상태에서 본래 폭력적이며, 위계적 구조와 질서 있는 리더가 등장한 이후에야 비로소 교화되어 서로 죽이지 않게 되었다고 주장한다. 앞에서 살펴본 토머스 홉스의 견해처럼 말이다. 다시 한번 말하자면, 그는 인간이 '만인의 만인에 대한 투쟁' 상태에 있으며, 강력한 주권만이 평화를 가능하게 한다고 보았다.

알다시피 이 주장은 장 자크 루소에 의해 반박되었다. 루소는 본래 자유롭게 태어난 인간을 억압하는 것은 권위와 제도이며, 그것이야말로 불행의 근원이라고 주장했다.

하지만 마르크스Karl Marx에서 헤겔Georg Wilhelm Friedrich Hegel에 이르기까지 여러 철학자가 인간이 서로를 착취하려는 경향을 막기 위해 '우월한 권력'이 필요하며, 오직 국가나 법 같은 상위 권력을 통해서만 자유와 평등이 보장될 수 있다고 주장했다. 얼핏 모순처럼 들리는 이 주장은 인간이 본질적으로 이기적이고 권위 지향적이라는 회의적인 전제에 기반을 두고 있다. 즉, 자유란 위험한 것이며, 결국 불평등으로 귀결된다는 인식이 깔려 있는 것이다. 그러나 이러한 관점은 최근 들어 보엠, 피에르 클라스트르Pierre Clastres, 데이비드 그레이버 같은 인류학자와 고고학자 들에 의해 근본적으로 반박되고 있다.

방금 이야기한 것처럼 수 세기 동안 일부 정치 사상가는 인간이 진보할 수 있었던 것은 안정적인 권위의 출현 덕분이라고 주장해왔다. 위계적인 사회가 전쟁 수행에 더 능하다거나 더 많은 수확을 거둘 수 있었다는 점이 근거로 자주 언급되었다. 하지만 그러한 사회에서 살아가는 것이 과연 실제로 감당할 만했는지에 대해서는 '거시 역사'라는 관점 아래 중요하게 다뤄지지 않았다. 실존하는 사람들의 삶이 시야에서 지워진 것이다.

하지만 이제 우리는 잘 알고 있다. 많은 초기 공동체는 상당히 평화로웠고, 고도의 전문 분업 구조를 갖추고 있었으며, 식량도 풍부했다는 사실을. 오히려 권위적인 리더가 등장하면서부터 대규모 충돌이 시작되었고, 자원이 고갈되거나 불균등하게 분배되기 시작했다. 그 이유는 명확하다. 리더나 행정가는 대체로 자신이 생산하는 것보다 더 많은 자원을 소비하며, 분쟁을 경제 시스템의 일부로 삼기도 한다. 다시 말해, 갈등 자체가 권력의 생존 방식이 되는 것이다.

물론 과거를 낭만적으로 이상화할 필요는 없다. 하지만 그 시기를 미개하거나 비참하다고 단정할 이유 또한 없다. 원시 문화는 단순한 무정부적 혼란 상태였고, 발전된 위계 국가들에 의해 도태되었다는 식의 설명은 지나치게 단순하다. 인류학자, 고고학자, 진화 이론가 들의 면밀한 연구에 따르면 초기 공동체들은 우리가 흔히 상상하는 것보다 훨씬 더 복합적이고 겸손한 방식으로 권력과 리더십을 다뤘다. 실제로 인간은 오랜 시간 동안 폭정, 잔혹함, 위계적 지배에 강한 저항감을 품어왔으며, 이러한 성향은 문명화된 현대 세계 이전의 사회에 대부분 깊이 뿌리내리고 있었다.

권력을 불신하는 인간

앞서 살펴본 인간의 무정부적 성향은 프랑스 인류학자 클라스트르의 연구에서 가장 잘 드러난다. 그는 1974년에 발표한 기념비적인 저서 『국가에 대항하는 사회』(홍성흡 옮김, 이학사, 2005)에서 초기 공동체들이 권력이 중앙집중화되고 부패하며 공동체에서 분리되는 것을 어떻게 저지했는지 보여주었다.

이제 '족장'이라는 리더 유형의 핵심 특성을 좀 더 자세히 알아보자. 클라스트르는 북미에서 남미에 이르는 다양한 공동체의 민족지적 자료를 바탕으로 족장이란 권력을 행사해서가 아니라 공동체의 지지를 얻음으로써 인정받는 존재였다고 주장했다. 즉, 리더십은 힘이나 명령, 잔혹함이 아니라 관대함과 배려, 포용력을 통해 형성되었다는 것이다. 족장은 겸손과 자기 절제, 조화와 영감을 이끌어내는 능력을 갖추지 않고서는 결코 그 자리를 얻을 수 없었다. 그의 역할은 공동체 구성원 모두를 만족시키는 일이었으며, 현실적으로 거의 불가능한 일이기도 했다.

족장은 자신의 리더십이 오직 부족의 만족에 달려 있으며, 그것이야말로 가장 좋은 결과를 이끈다는 사실을 잘 알고 있었다. 왜일까? 권력은 항상 부족에 의해 견제되었고, 족장 자신 또한 신뢰를 잃지 않기 위해 끊임없이 스스로를 절제했기 때문이다. 족장의 권위는 불가침적인 것이 아니었다. 그는 자신의 역할과 능력 덕분에 명망을 얻고 존경받았지만, 어떠한 특권도 누리지 않았다. 오히려 누구보다 많이 기여하고, 더 모범적으로 행동해야 했다. 요즘 식으로 말하자면 '앞장서는 리더'를 실천한 존재였다.

클라스트르는 족장이 부족 내에서 가장 가난하고, 가장 세심하게 타인을 배려하며, 규범을 가장 철저히 따르는 사람이라는 사실을 발견했다. 그는 사람들을 기쁘게 하기 위해 자신의 모든 것을 마을에 내어준 존재였다. 만약 족장이 기대를 저버리고 이기적이거나 무자비하게 행동할 경우, 그에 대한 조치는 명확했다. 무시되거나, 해임되거나, 부족에서 추방되었다. 심한 경우에는 부족이 둘 혹은 그 이상으로 분열되기도 했다. 이는 족장의 잘못된 리더십에 대한 일시적인 거부이기도, 무능에 대한 영구적인 해결 방식이기도 했다.

족장은 일부 현대 조직에서 볼 수 있는 알파 수컷형이나 마초적인 리더와는 거리가 멀다. 오늘날의 기준으로 보면 오히려 '여성적'이라고 여겨질 수 있는 자질들을 지녔다. 그러나 바로 그 자질들이야말로 오늘날 리더들이 적극적으로 수용해야 할 요소들이다. 공감, 경청, 배려, 타인을 고무시키는 능력, 내면의 안정, 관대하고 너그러운 태도. 2장에서 살펴보았듯 이 모든 것은 사람들이 좋은 리더를 떠올릴 때 가장 먼저 꼽는 특성이기도 하다.

여기서 중요한 점은 초기 공동체에서 족장이 남성이었을지라도, 우리가 말하는 족장의 개념은 특정 성에 귀속되지 않는다는 것이다. 족장은 성별과 무관한 존재다. 오늘날 많은 여성 리더가 족장의 특성을 잘 보여주고 있고, 반대로 일부 남성 리더는 그러한 자질을 전혀 갖추지 못했다. 실제로 여러 민족지 연구자들은 원시 공동체에서 여성의 역할이 사람들이 생각하는 것보다 훨씬 더 중요했으며, 권력을 통제하는 데 있어서도 핵심적인 위치를 차지하고 있었다고 이야기한다.

초기 탐험가들과 아마존 지역을 연구한 민족지학자들은 족장이 가시적인 직위를 가진 남성이었다는 이유만으로 그 사회의 권력 역시 남성에게 집중되어 있다고 판단했다. 이들은 두 가지를 간과했다. 첫째, 족장이 행사하던 권력은 서구 사회에서 익히 알고 있는 권력 개념과 전혀 달랐다. 족장은 실질적인 권한이 거의 없는, 이른바 무력한 권력을 지닌 리더였다. 둘째, 이들은 주술사의 존재와 그 중요성을 살펴보지 못했다. 주술사는 여성인 경우도 많았으며, 그 외에도 많은 여성이 집회에서 직접 목소리를 내 족장의 권한을 견제하는 역할을 했다.

학자들이 족장의 영역 밖에 존재하던 다양한 형태의 권력을 보지 못하고, 아래로부터 작동하는 힘이 오히려 족장이 가진 권력보다 더 클 수 있다는 사실을 놓친 이유는 족장을 자신들에게 익숙한 권력 도식, 이를테면 명령을 내리는 지휘관의 이미지로만 판단했기 때문이다. 그러나 타인에게 영감을 주고, 경청하고, 과업을 조율하는 힘은 우리가 흔히 떠올리는 권력의 이미지와는 전혀 다른 방식으로 작동한다. 그리고 바로 그 힘이 공동체를 실질적으로 움직이는 원동력이었다.

많은 원주민 공동체에서 족장을 가리키는 단어는 '귀 기울여야 할 사람' '많은 이의 뜻을 하나로 품은 사람' '길을 보여주는 사람'이라는 의미도 갖고 있다. 이 표현들에는 성별이 구분되어 있지 않다. 또한 많은 초기 공동체에서 도덕적인 판단에 대한 여성의 영향력은 남성과 별반 다르지 않았다. 남성과 여성은 타인의 행동이 공동체의 기준에 부합하는지 함께 평가했고, 양측 모두 이를 지적할 권리를 갖고 있었다. 인류학자와 고고학자 들이 아프리카와 북미의 대표적인 모계 중심·모계 혈통 문화에서는 여성이 판결에 관해 우선권을 갖고 공동체를 이끌었다는 사실을 밝혀내기도 했다. 즉, 양성평등 역시 서구에서 새롭게 발명된 개념이 아니라 이미 오래전부터 인간 공동체 안에서 실현되어온 원형적인 질서인 셈이다.

아마존 원주민 공동체 족장의 리더십

이제 유럽의 식민 지배와 현대화의 물결 속에서도 여전히 존재하는 원주민 공동체들 속에서 족장 중심의 리더십이 어떻게 실천되고 있는지 살펴보자. 앞서 언급한 사테레-마웨족은 총 18개 씨족으로 구성되어 있으며, 각 씨족은 고유한 특성을 바탕으로 공동체에서 각자의 역할을 수행하고 있다. 이들은 대대로 사냥과 어로 그리고 아사이^{acai}, 투쿠마^{tucum}, 바카바^{bacaba} 같은 작물을 재배하며 생계를 이어왔다. 그중 가장 중요한 작물은 과라나^{guaran}다. 이 열매를 최초로 재배하고 의례와 음료에 활용한 민족이 바로 '과라나의 자손' 사테레-마웨족이다. 오늘날 서구의 에너지 음료에 과라나가 널리 쓰이는 것도 이들의 오랜 전통에서 비롯되었다.

사테레-마웨족은 전기나 전화, 인터넷, TV, 라디오 같은 전자기기는 물론 기계식 교통수단이나 도구도 사용하지 않는다. 이들은 현대문명의 발명과 기술적인 진보 전반을 의도적으로 거부해왔다. 외부에서 제공되는 의약품이나 의료지원조차도 가능한 한 받지 않는다. 모두가 나무나 갈대로 만든 똑같은 구조의 집에서 살고, 한 지붕 아래에서 여러 가족이 함께 생활하는 경우도 많다.

즉, 이들은 전화, TV, 중앙집권적 국가권력, 은행과 투자 시스템, 대학과 경쟁 중심의 경력 구조, 자동차, 잔디깎이, 유행하는 옷 등 우리가 없어서는 안 된다고 여기는 모든 것이 부재하는 삶을 산다. 그러면서도 높은 수준의 심리적 안정과 만족을 누리고 있는 듯하다. 이들의 삶에는 웃음과 함께하는 놀이, 의식과 축제, 다양한 행사가 끊이지 않는다.

사테레-마웨족의 족장은 투샤우아^{tuxaua}라고 불린다. 남아 있는 몇 안 되는 민족지 기록에 따르면 투샤우아의 역할은 지금까지 살펴본 다른 족장들과 마찬가지로 내부 갈등을 조정하고, 공동 회의를 소집하고, 의례와 축제를 기획하고, 사냥과 농업을 조직하고, 새로 생긴 가족에게 집을 마련해주는 것이다. 부족이 모닥불 주위에 둘러앉아 과라나를 마시는 의식을 매일 아침 주관하는 것도 족장의 몫이다. 소년들이 혹독한 통과의례인 와우마트^{waumat}를 치를 때 그 의식을 주재하기도 한다. 이 의식에서 소년들은 아주 독성이 깅한 개미를 넣은 장갑을 오른손에 낀 채, 개미의 독이 퍼지는 고통을 견디며 함께 춤을 춘다. 그것으로 이들은 공동체를 위해 헌신할 준비가 되었음을 증명한다. 소녀들 역시 그들만의 통과의례를 치른다. 이들은 소규모 집단을 이루어 초경과 관련된 고립과 고통을 스스로 감내할 준비를 하며, 이를 통해 공동체를 위한 헌신을 증명한다.

사테레-마웨족의 각 씨족에는 하위 족장이 있으며, 이들은 부족 전체의 최고 족장과 정기적으로 소통한다. 부족에는 족장과 더불어 부족 전체와 각 씨족의 영적 조언자 역할을 하는 주술사가 1명 이상 있다. 그들은 족장의 정신적 지지자이기도 하다. 도시사회의 코치나 산업심리학자에 가까운 존재로서 감정적·영적 지원을 제공하고 갈등을 분석하며, 비전을 나누고 족장이 길을 잃었을 때 방향을 제시해준다.

그뢰스는 직접경험을 통해 사테레-마웨족의 족장이 언제나 겸손하고, 경청하고, 차분하고 관대하게 행동한다는 사실을 확인했다. 이는 그가 족장과 함께할 때뿐 아니라 족장이 구성원들과 일상 업무를 수행하거나 공동 회의를 주재할 때, 다른 마을들을 방문할 때에도 마찬가지였다. 그뢰스가 마크와^{Makwa} 족장을 처음 만났을 때부터 마크와는 자신만의 특별한 기질을 분명히 드러냈다.

나는 몇 날 며칠 동안 불안정하게 흔들리는 나무배와 카누를 타고 아마존강의 남쪽 지류인 마라우강을 따라 내려간 끝에 겨우 한 외딴 마을에 도달할 수 있었다. 오랜 역사와 전설을 간직한 사테레-마웨족의 땅이었다.

그들의 영토에 들어서기 전, 나는 먼저 족장 마크와를 만나야 했다. 나와 그의 아들 라마우^{Ramaw}는 이미 알고 지내고 있었다. 이번 여정도 그가 주선한 것이었다. 우리는 각자 카누를 타고 강 한가운데에서 마주쳤다. 마크와는 한참 동안 말없이 나를 유심히 바라보았다. 그리고 나서야 조심스럽게 입을 열었다. 그는 백인 방문객은 드물다며, 내가 왜 이곳을 찾아왔는지 알고 싶어 했다. 그들의 문화와 삶의 방식에 관심이 있어서라고 설명하자, 그는 고개를 끄덕이며 말했다.

"당신이 예의를 갖추고 우리의 규칙을 존중한다면, 기꺼이 우리 전통을 알려주겠소."

나는 그의 말대로 하겠다고 약속했고, 그는 마을이 있는 마라우강 하구까지 나를 직접 안내해주었다.

그가 가진 분위기에는 특별한 힘이 있었다. 나는 그에게 두려움을 느끼기보다는 오히려 자연스럽게 끌렸고, 절로 자세를 낮추게 되었다. 그는 어떤 지배욕이나 우월감을 드러내지 않았다. 오히려 매우 온화한 태도를 지녔고, 대부분의 시간 동안 내 시선을 피했다. 그런데도 나는 그에게 곧바로 신뢰를 느꼈고, 이유를 설명하긴 어렵지만 마음을 털어놓고 싶다는 생각이 들었다. 그에게는 이른바 '자연스러운 권위'가 있었다.

마을에 도착하기 직전, 강가에서 순찰 중이던 군경이 우리를 세지했다. 마크와는 그것이 형식적인 절차라는 것을 잘 알고 있었다. 그의 부족이 그 지역에서 자치권을 행사하고 있었기 때문이다. 군경들은 전형적인 마초의 태도를 보였다. 과장된 몸짓, 불쑥 내민 가슴, 검은색 선글라스, 크고 위협적인 목소리. 저 백인은 누구야? 당신, 정글에 누가 들어오는지 제대로 관리하고 있는 거 맞아?

하지만 마크와는 그들의 공격적인 태도에 전혀 흔들리지 않았다. 그는 조용히 의자에 앉아 그들과 눈을 마주치며 차분하게 말했다.

"여긴 내 땅이오. 당신들이 태어나기 전부터, 당신들의 조상들이 태어나기 전부터도 그랬소. 그리고 이 사람은 나와 함께 왔소."

그의 목소리는 낮고, 주문을 읊조리듯 고요했다. 놀랍게도 군경들의 태도는 순식간에 누그러졌다. 그들은 어깨를 내려뜨리고 조용히 고개를 끄덕였다. 그것이 바로 마크와가 사람들에게 주는 인상이었다.

우리는 다시 카누로 돌아가 이동을 계속했다. 마크와는 아무 말도 하지 않았다. 그에게는 억지로 과시하지 않아도 자연스럽게 흘러나오는 강하고도 진실된 권위가 있었다. 하지만 나는 그가 단 한 번도 그 카리스마를 권력이나 자기 과시를 위해 남용하는 모습을 본 적이 없다.

마크와는 다른 이들의 도전이나 비판 앞에서도 항상 침착함을 유지했다. 적어도 겉으로는 전혀 흔들리는 기색을 보이지 않았다. 마을의 한 심술궂은 남자가 그를 게으르다고 놀리거나 한 여인이 그에게 못생겼다고 말했던 일은 대개 그의 인내심을 시험해보려는 행동이었다. 좋은 리더는 반대와 조롱, 모욕을 견뎌낼 수 있어야 하기 때문이다. 유머 감각이 뛰어난 마크와는 그런 말에도 웃으며 받아넘겼다. "뭐, 우린 다 좀 게으르긴 하지요" 혹은 "맞아요, 나는 당신처럼 예쁜 꽃이 될 수는 없겠죠" 같은 말로 말이다. 그는 공격에 맞서기보다 미소로 응답했다. 이 역시 좋은 리더의 덕목 중 하나다.

하지만 그는 결코 게으르지 않았다. 그의 권위는 늘 부족의 지지를 얻기 위한 지속적인 노력 위에 세워져 있었다. 그 지지는 구성원들이 불만을 표현하거나 장난스럽게 놀릴 수 있는 여지를 잃으면 쉽게 사라질 수 있었다.

마크와는 극도로 인내심이 깊을 뿐만 아니라 부족이 계속 그의 말에 귀를 기울이도록 하기 위해 늘 최선을 다했다. 그는 연설을 통해 끊임없이 자신이 부족에 종속된 존재임을 상기시켰고, 이를 위해 오래된 신화를 반복해서 들려주었다. 신화에는 각 씨족과 구성원이 공동체 안에서 얼마나 중요한 존재인지 강조하는 이야기가 담겨 있었다.

마크와는 연설을 하기 전에 구성원들의 이야기, 바람, 불평 등을 수집했다. 그러고 나서 현재 상황을 면밀히 분석하며 사람들의 다양한 요구와 기대가 어떻게 조화를 이룰 수 있을지 고민했다. 그의 연설은 공동체의 다양한 욕구를 되짚고 갈등과 불만을 완화할 수 있는 방향을 제시하는 데 초점이 맞춰져 있었다. 연설의 중심은 언제나 공동체와 그들의 강점이었다. 그는 자신의 업적이나 존재감은 전혀 드러내려고 하지 않았다.

평등한 공동체, 차가운 사회

원주민 공동체에서 나타나는 겸손한 리더십과 평등주의적 가치가 영원한 안정성을 보장하는 것은 아니다. 언제나 누군가는 권력을 움켜쥐려 하며, 때로는 성공하기도 한다. 중요한 것은 이들 공동체가 폭력과 강제, 권력이 소수 혹은 단 한 사람에게 집중되는 것을 본능적으로 경계하는 태도를 기반으로 삼고 있다는 점이다.

누군가는 초기 공동체가 아직 국가나 위계적 조직이라는 단계에 이르지 못했기 때문에 평등한 사회였던 것뿐이라고 반론을 제기할지도 모른다. 하지만 그 말은 편견에 가깝다. 일부 평등주의적 공동체는 위계적 질서를 따르는 세력의 인접 지역에 살았거나 그들의 지배를 받기도 했지만, 국가체제를 자발적으로 받아들이지 않으려고 저항했다. 예컨대 기원전 2000년경부터 스페인 식민 지배가 시작되기 전까지 존재했던 중미의 마야문명은 왕과 귀족계층이 지배하고, 노예를 소유하며, 신에게 사람을 제물로 바치던 잔혹하고 위계적인 체제였다. 그러나 마야 제국의 경계 인근에는 왕도 노예도 없이 살아가며 마야의 영향력을 멀리하려고 애쓴 공동체들이 존재했다. 이들은 마야의 억압에 복종하기를 끝까지 거부했다.

마야 제국 인근의 공동체들이 마야의 위계적 사회를 모방하지 않았던 이유는 그렇게 할 수 없어서가 아니라 원하지 않았기 때문이다. 그들은 전제적인 사회를 바라지 않았다. 그것은 그들이 중요하게 여긴 균형과 상호 존중의 원칙에 어긋나는 것이었다. 이는 우리가 발전, 성장, 물질적 풍요라고 부르며 숭상하는 가치들에 대한 그들의 깊은 불신과도 맞닿아 있었다. 마야 사회가 폭압적으로 변해갈수록 주변 부족들은 그 체제에 대한 신뢰를 잃었고, 더욱 강하게 저항했다. 그들은 복종하는 대신 언제나 그랬듯 오히려 더 평화로운 지역으로 떠나 자신들의 삶을 이어갔다.

서구의 역사 서술은 마야 문명의 물질적 부와 기술력, 화려한 장신구와 조각상, 복잡한 무역망, 거대한 피라미드, 전쟁 기술, 태양신에게 바치는 피의 제의에 기이할 정도로 매혹되어 있었다. 이 모든 해석은 서구의 역사학자들과 고고학자들이 해석하고 전달해 왔는데, 이들은 스스로를 위계의 정점에 위치한 존재로 간주하던 사회에서 살던 사람들이었다. 그래서 가파른 위계 구조가 가장 고귀한 질서로 여겨지게 된 것이다.

우리는 종종 스페인 식민 지배자들이 고대 제국을 무너뜨린 것을 안타까워한다. 하지만 거의 언급되지 않는 사실이 있다. 북미,

중미, 남미의 부족들은 대부분 마야, 잉카, 아즈텍처럼 남미와 멕시코 대륙에서 거대한 국가 체계를 세운 세력들의 위계적인 발전을 오히려 적극적으로 저지하려고 했다는 점이다. 우리는 이 제국들이 극도로 폭력적이었고, 질병에 시달렸으며, 결국 모두 몰락했다는 사실을 잊고 있다. 왕과 장식, 인신공양, 황금 같은 요소는 매우 매혹적이라고 생각하지만, 훨씬 더 널리 퍼져 있었고 수천 년 동안 제국들보다 오히려 더 오래 지속된, 복합적이고 눈에 잘 띄지 않았던 영적·사회적·반권위적 공동체에는 관심을 두지 않는다. 거대한 국가들이 무너진 뒤에는 오히려 장기간의 번영과 평화가 뒤따랐는데 말이다. 우리 대중문화에는 이렇게 평등한 공동체 형태를 끝까지 지켜낸 이들이야말로 훨씬 더 깊은 영감을 주는 존재라는 사실을 보여주는 영화나 서사가 거의 없다.

어쩌면 가장 큰 아름다움과 가장 인상적인 성취는 권력의 폭정을 거부하고, 인간의 지위욕과 탐욕을 멈춰 세우는 의지에 있는지도 모른다. 우리는 이런 작은 공동체들이 그저 외부 환경에 떠밀려 변화를 겪었다고 여기곤 한다. 하지만 이들은 왕국을 세우거나 소수 엘리트만을 위한 피라미드와 장식물, 황금으로 뒤덮인 거리를 만들지 않았다는 점에서 윤리적 우월성을 지닌다. 제국의 미학적 웅장함은 종종 노예제도와 비인간적인 폭정 위에 세워졌다. 권력의 상징물은 대개 자신을 초월적인 존재로 꾸미고, 자신과 타인 사이에 선을 긋는 엘리트의 집착을 드러낸다. 그런 호화로움은 항상 큰 대가를 요구한다. 그 구조물을 누가 사용할 수 있었을까? 누가 그곳에 접근할 수 있었을까? 왜 우리는 절제된 삶의 형식을 지켜내려는 노력, 그 지난한 실천을 기념하지 않을까? 평등과 자유라는 어려운 기술에 더 큰 가치를 부여해야 하지 않을까?

우리 사회는 평등한 공동체를 이루던 부족들이 새로운 터전을 찾아 이동한 이유가 단순히 식량이 부족했기 때문이라고 생각한다. 그들이 외부의 발명품이나 기술을 받아들이지 않았던 것도, 그 가치를 몰랐기 때문이라고 해석한다. 하지만 사람들은 더 의미 있는 삶을 위해 자발적으로 자리를 옮기곤 했다. 더 큰 영적 의미가 있는 장소에서 살기 위해서, 다른 부족이나 자신들의 터전을 침범한 백인들로부터 벗어나기 위해서 말이다. 그들이 가축이나 종자, 쟁기 같은 발명품을 거부한 이유는 그것들이 자기들의 삶과 이상에 어긋났기 때문이다. 그들은 그 기술이 결국 어떤 방향으로 흘러갈지 알고 있었던 것이다. 이들도 우리처럼 욕망과 필요, 꿈과 야망, 상상력과 고유한 세계관을 지닌 존재들이었다. 즉, 이들이 더 문명화된 사회에 편입되기 위해 개인의 자유를 희생하고 무거운 위계와 계급구조를 받아들일 준비를 하며 기다렸던 것은 아니었다.

인류학자 클로드 레비스트로스Claude Levi-Strauss는 현지 조사를 바탕으로 서구 사회와 원시공동체의 차이를 설명하는 이론을 제시했다. 그는 저서 『야생의 사고』(안정남 옮김, 한길사, 1996)에서 원시문화를 '차가운 사회', 서구 문화를 '뜨거운 사회'라고 부른다. 이 표현에는 가치판단이 담겨 있지 않다. 차가운 사회란 공동체의 질서를 유지하려는 성향이 강해서 진보나 혁신의 개념 자체를 거부하는 사회를 뜻한다. 반면 뜨거운 사회인 서구 사회는 끊임없이 자기 자신을 갱신하고 변화를 추구하는데, 이것이 존재론적 불안정성에서 비롯되었다고 보았다. 만족을 모른 채 완벽을 향해 끊임없이 달려가는 이 태도는 끝없는 이상주의로 이어지고, 결국 지속적인 좌절을 낳는다. 서구 사회에는 아직도 신뢰할 수 있는 근본, 즉 의미 있는 근원 서사가 없기 때문이다.

신석기 시대 유럽에서도 대부분의 수렵채집사회에는 위계 체계가 존재하지 않았다. 외부로부터 공격을 받거나 위협에 직면했을 때만 방어를 위해 전사 중심의 위계가 일시적으로 형성되었다. 평시에는 족장과 주술사가 중심이 되어 평화와 조화를 유지했으며, 이를 위해 사용할 수 있는 수단은 모범적인 태도, 정의감, 언어적 혹은 영적인 능력뿐이었다. 족장은 누구에게도 평화를 강요할 수 없었다. 그저 사람들이 스스로 연대의 가치를 인식하도록 이끌어야만 했다. 또한 공동체의 정체성을 이루는 내면의 평정과 고요함을 자신의 태도와 삶을 통해 보여주어야 했다.

가장 중요한 것은 공동체의 이익

족장형 리더십의 핵심 특성은 다음과 같다. 겸손, 경청, 언변, 차이에 대한 민감성, 관대함, 자기 절제, 절제된 태도, 통찰력, 인내심, 미래를 내다보는 시야. 그리고 다양한 집단과 그들의 요구를 조율하는 유능한 중재자일 것.

무엇보다 중요한 것은 언제나 자신의 이익보다 공동체의 이익을 앞세워야 한다는 점이다. 족장은 삶의 모든 영역에서 모범이 되어야 하며, 도덕적 기준 또한 누구보다 높아야 한다. 동시에 자신의 지위에 대한 비판이나 도전에 감정적으로 대응하거나 공격적으로 맞받아치지 않고 감내할 수 있어야 한다. 도전이 폭력적이거나 공동체를 분열시키는 것이 아니라면 흘려보내야 하고, 정당한 비판이라면 기꺼이 수용하고 문제 해결을 위해 사람들을 모아야 한다. 공동체 구성원은 언제든 불만을 자유롭게 표현할 수 있어야 하며, 족장은 그것을 끝까지 듣고 책임 있게 받아들여야 한다.

훌륭한 연설가이자
뛰어난 경청자인 족장

피에르 클라스트르는 과야키 부족 족장의 권력을 단 하나의 행위로 정의했다. "그는 말한다"라고. 말을 할 때는 오래, 많이 말한다. 명령하지 않고, 지시하지 않고, 공동체를 가르치려고 들지도, 깔보지도 않는다. 하지만 말은 반드시 해야 한다.

그렇다면 무엇을 말하는가? 부족을 구성하는 모든 씨족에 대해 말한다. 공동체 내부의 다양성이 만들어내는 힘에 대해 말한다. 그뢰스는 사테레-마웨족의 족장이 해가 지면 늘 사람들과 함께 모닥불 옆에 앉아 있었다고 이야기했다. 아이들, 어른과 노인, 여성과 남성, 밭일하는 사람들, 주술사, 사냥꾼, 어부, 마을의 괴짜까지 모두가 그 자리에 함께한다. 속장은 그 자리에서 조상 대대로 이어져온 부족의 신화를 다시 들려준다. 과라나씨족이 독수리씨족과 처음 마주했던 이야기나 애벌레씨족이 베고니아씨족에게 품었던 경외심 같은 것을 말이다.

모든 부족은 다양한 씨족으로 이루어져 있다. 족장은 이 씨족들을 집단과 개인의 차이를 드러내는 은유로 삼아 왜 그들이 함께해야 하는지 말한다. 그는 공동체의 다양성을 인식하고 있으며, 씨족 간 연대를 주제로 한 우화를 통해 부족이 나아가야 할 방향을 제시한다. 그의 연설에는 씨족들과 그 안의 구성원들이 품고 있는 생각, 좌절, 꿈을 응축되어 있다. 그는 그들의 상태를 잘 알고 있다. 말을 하지 않을 때는 듣고 있기 때문이다. 실제로 모닥불 앞에서는 여성들이 족장보다 말을 훨씬 더 많이 하기도 한다. 주술사, 농부, 어부. 모두가 목소리를 낸다. 족장은 그들의 요청에 귀를 기울이고 구성원 대다수가 수용할 수 있는 해결책을 찾아낸다.

마크와는 일주일에 한 번씩 새벽녘에 카누를 타고 물길에 오른다. 그는 지치지도 않고 온종일 작은 마을들을 돌며 거주지에서 거주지로, 오두막에서 오두막으로 발걸음을 옮긴다. 그리고 해가 완전히 진 뒤에야 마을로 돌아온다.

12시간에서 길게는 14시간에 이르는 여정 내내, 그는 끊임없이 불평을 듣는다. 애벌레씨족은 독수리씨족이 지나치게 지배적으로 군다고 하고, 과라나씨족의 한 소년은 더는 고기를 잡고 싶지 않다고 말한다. 마크와는 가족 간의 말다툼, 특정 집단의 땔감 부족, 아무도 고치려 하지 않는 무너져가는 오두막에 대한 불만까지 모두 귀담아들어야 한다. 그뢰스가 몇 차례 동행을 허락받았던 방문 때는 마크와가 돌아오는 길 내내 한마디도 하지 않을 만큼 지쳐 있었다. 그는 듣는 일에 완전히 탈진한 채 집에 도착하자마자 나무 사이에 걸린 해먹에 몸을 뉘었다. 하지만 바로 그 듣는 행위 덕분에 부족 사람들은 대체로 만족했다. 불평을 쏟아냈던 이들조차 며칠 뒤 해가 지고 나면 어김없이 족장이 말을 시작하는 자리에 다시 모여들었다.

족장은 말을 시작하기 전에 각 가족과 마을, 씨족 안에서 무슨 일이 일어나고 있는지를 세심하게 살핀다. 그리고 오래된 신화들 속에서 지금과 닮은 패턴을 찾아낸다. 그것은 현재의 문제가 무엇이며, 그것이 공동체의 기원 및 미래와 어떻게 연결되는지 설명하는 열쇠다.

그는 마을을 돌아다니는 동안 거의 말을 하지 않았다. 사람들의 이야기를 들을 때면 조용히 고개를 끄덕였고, 담담하게 서서 그들을 바라보거나 미소를 지었다. 때로는 농담을 건네기도 했다. 가끔은 "내가 뭔가 해볼게요" 혹은 "내일은 나아질 겁니다" 같은 말을 하긴 했지만, 그렇다고 상황을 흘려보낸 것은 아니었다. 그는 가능한 한 신속하게 대응했다. 문제의 당사자들과 직접 이야기를 나누었고, 과라나가 전달되도록 했으며, 무너져가던 집이 수리되도록 조치했다. 사람들의 요구와 불만을 말과 행동으로 수습한 것이다. 바로 그 점이 공동체를 진정시켰다.

탁월한 언변은 수많은 사회와 지도자에 의해 사용되었고 또 남용되었다. 아돌프 히틀러$^{Adolf\ Hitler}$와 블라디미르 레닌$^{Vladimir\ Lenin}$은 추종자들을 매혹시킨 연설가로 평가받았고, 도널드 트럼프에게서도 유사한 현상을 볼 수 있다. 훌륭한 연설이 억압과 위계, 타인의 배제와 분열로 이어지는 것은 그것이 강요와 배제, 강제력과 함께 작동할 때다. 이 세 인물 모두 그런 방식을 활용했다고 볼 수 있다.

족장과 현대사회의 지도자 사이의 차이는 여기에 있다. 후자의 경우, 말은 독점적인 권한이다. 누구나 가질 수 있는 것이 아니며 쉽게 남용될 수 있다. 반면 족장에게 말은 권리가 아니라 의무다. 공동체가 리더십의 조건으로 요구하는 것이다. 그리고 아무런 강제력이 없다. 누구도 반드시 들어야 할 의무가 없고, 따를 이유도 없다. 족장은 아침, 점심, 저녁으로 사람들에게 말을 건네지만, 언제나 귀 기울여 들어주는 이가 있는 것은 아니다. 그럼에도 그는 반드시 무언가를 말해야 한다. 침묵하고 존재감 없는 족장은 따르는 이도 없기 때문이다. 또한 그가 옳은 말을 한다고 해도, 그 말이 합리적이라고 여겨질 때만 공동체는 그 뜻을 따른다.

피에르 클라스트르는 아메리카 대륙 전역에서의 족장의 역할에 대해 이렇게 말한다.

"족장의 말은 들으라고 하는 것이 아니라 자기 존재를 드러내기 위해 하는 것이다. 부족 구성원 대부분은 듣지 않는 척하거나 그의 훌륭한 연설과 제안, 충고에 별다른 반응을 보이지 않는다."

그들은 이미 그 이야기를 수없이 들어왔기 때문이다. 그들에게 중요한 것은 신화의 메시지를 따르고, 의식을 수행하고, 함께 고기를 잡고 열매를 채집하고, 씨족 간의 차이를 존중하고, 조상들의 가치와 모범을 실천하는 일이다. 지도자의 직접적인 명령은 대개 거부하거나 무시한다. 그는 명령하기보다 설득해야 하며, 겸손을 보여야만 사람들이 그의 말을 따른다. 클라스트르는 이렇게 결론 내린다. "이들은 권력이 군림하지 않는 사회이며, 국가권력에 맞서는 사회다"라고.

관대함과 선물의 힘

족장이 갖춰야 할 중요한 자질 중 하나는 관대함이다. 족장은 공동체에게서 받는 것보다 더 많이 돌려줄 의무가 있다. 그리고 그가 책임져야 할 일은 결코 적지 않다. 모두가 먹고 마실 수 있도록 하고, 머물 곳을 마련하고 공동 활동에 참여할 수 있게 도와야 한다. 또한 의례에 필요한 옷과 장신구가 구성원들에게 공평하게 돌아가도록 세심히 살펴야 한다.

관대함은 단순히 공동체의 호감을 얻기 위한 개인적인 미덕이 아니다. 그것은 족장에게 부과된 의무이며, 공동체는 그가 관대함을 잊지 않도록 끊임없이 상기시킨다. 프랜시스 헉슬리Francis Huxley는 우루부Urubu족에 대한 기록에서 이렇게 말했다.

"족장의 역할은 공동체가 요구하는 것을 주는 것이다. 어떤 부족의 족장은 부족에서 제일 가난하고, 가장 초라한 장신구를 걸치고 있다. 나머지는 모두 이미 내어주었기 때문이다."

클로드 레비스트로스는 자신이 머물렀던 남비쿠아라[Nambicuara]족에 관해 이렇게 말했다.

"관대함은 새로운 족장이 공동체에서 얼마나 존경받을 수 있는지 결정짓는 핵심 요소다. 때때로 족장은 끊임없는 요구에 지쳐 계속해서 무언가를 요구하는 이들에게 이렇게 외치기도 한다. '이제 다 끝났어. 더 줄 게 없어. 이제는 나 대신 다른 사람이 뭔가를 내놔야 해.'"

이 말들의 핵심은, 원주민 사회에서는 탐욕과 권력이 양립할 수 없다는 것이다. 그들의 규범에 따르면 족장이 되고 또 족장으로서 인정받기 위해서는 리더십 자체에 대해 관대한 태도를 지녀야 한다. 족장의 관대함은 공동체가 권력을 견제하기 위해 요구하는 조건이기도 하다. 아마존 지역 사람들은 부와 지위가 한 사람에게 과동하게 집중되면 그가 오만하고 게으르며 자기과시적인 존재로 변할 수 있다는 점을 분명히 인식하고 있다. 지나친 특권은 그를 공동체 위에 군림하게 만든다. 그래서 공동체는 족장이 땅에 발을 딛고 있도록 끊임없이 견제한다. 그가 하늘로 올라가지 않도록 막는 일은 모두의 책임이다.

족장이 지나치게 인색하거나 과도한 요구를 하기 시작하면, 그는 공동체의 존경을 잃을 뿐만 아니라 사악한 영에게 사로잡힌 존재로 간주되기까지 한다. 공동체 중심에서 벗어나 마을 외곽에 따로 호화로운 집을 지어 경비와 하인을 두고 사는 것 또한 용납되지 않는다. 즉, 공동체의 이익을 위해 자신을 희생하려는 족장의 의지와 그를 땅에 붙잡아두려는 공동체의 집단적인 힘, 이러한 양쪽의 균형이 작동할 때만 권력이 폭정으로 변하지 않는다. 위로부터의 절제와 아래로부터의 견제가 동시에 있어야만 균형이 유지되는 것이다.

관대함의 또 다른 측면은 족장이 개인적인 선물을 통해 구성원들과 사회적 유대를 형성해야 한다는 점이다. 이때 그가 주는 선물은 신분의 높고 낮음을 가리지 않고 공평하게 나누어져야 한다. 프랑스 사회학자 마르셀 모스 Marcel Mauss는 저서 『증여론』(이상률 옮김, 한길사, 2002)에서 선물 교환이 부족 내부의 결속을 유지하고 외부 부족과의 평화로운 공존을 가능하게 하는 핵심 메커니즘이라고 보았다. 깃털 장식 같은 상징적 물건이든, 카누나 음식처럼 실용적인 것이든 혹은 단순히 타인에게 관심을 보이는 행위이든 간에 선물은 주는 의무이자 받는 의무이며, 다시 돌려주는 의무이기도 했다. 이를 감사의 논리라고 부를 수 있겠다.

선물은 언제나 선물을 준 사람이나 부족 또는 씨족과 연결되어 인식되었다. 마르셀 모스는 이를 가장 잘 이해하는 방식으로 선물에 일종의 정신, 즉 주는 사람의 일부분이 담겨 있다고 상상해보는 것을 제안한다. 이 정신은 선물을 받는 이에게 어떤 형태로든 그것을 돌려줘야 한다는 의무감을 불러일으킨다. 결국 사회적·개인적 차원에서 되갚으려는 동기를 부여하는 것이다. 이 논리는 오늘날 우리가 사는 사회에서도 똑같이 작동한다. 크리스마스나 생일에 누군가로부터 선물을 받으면 우리는 그것을 기억하고, 다음에 그 사람이 파티에 초대했을 때 작게나마 무언가를 챙겨가야 한다고 느낀다. 명시적인 계약은 아니지만 도덕적인 의무처럼 자연스럽게 작동하는 셈이다.

원주민 사회에서 족장은 선물 순환의 중심에 있다. 상징적인 것이든 물질적인 것이든, 배려와 지지, 도움 같은 비물질적인 것이든, 족장이 더 많이 베풀수록 구성원들은 더 강한 의무감을 느낀다. 관대한 족장은 공동체 전체를 대표하는 존재다. 따라서 사람들이 느끼는 의무는 단지 족장 개인을 향한 것이 아니라 다른 씨족과 부족 전체를 향한 것이기도 하다. 마르셀 모스는 이러한 관계를 '일반화된 호혜성'이라고 불렀다. 이는 단순한 일대일 교환이 아니라 선물을 매개로 형성된 사회적 유대에 기반한 상호 연결을 의미하며, 사람들 사이의 신뢰와 충성, 소속감을 유지하는 데 핵심적인 역할을 한다. 우리에게 익숙한 시장 논리와는 전혀 다르다. 선물은 상징적이면서도 사회적인 기능을 지니며, 상호적인 관대함은 족장의 지위를 형성하는 기반이 된다.

동시에 이 개념에는 하나의 분명한 원칙이 내포되어 있다. 더 많이 가진 자는 더 많이 내놓아야 한다는 것이다. 공동체의 자원은 공평하게 분배되어야 할 뿐 아니라 누군가가 다른 이들보다 지나치게 많이 가질 경우 재분배되어야 한다. 이를 책임지는 사람이 바로 족장이다. 그래서 족장은 사회적 정의의 수호자라고도 할 수 있다. 족장이 자신이 가진 모든 것을 구성원들에게 내어주는 것은 자기소멸처럼 보일 수도 있다. 하지만 그 행위에는 분명한 상징적인 의미가 담겨 있다. 물질적인 소유욕을 모두 비움으로써 세속적 가치에 얽매이지 않고, 영적이고 사회적인 성장에 더 큰 의미를 둔다는 점을 드러낸다. 이렇게 족장은 물질적인 결핍과 겸손을 통해 역설적으로 내면의 풍요와 리더로서의 고유한 지위를 증명한다.

원주민 사회에서 관대함은 그저 미덕이 아니라 반드시 지켜야 할 규범이다. 마셜 살린스Marshall Sahlins가 『석기시대 경제학』(박충환 옮김, 한울, 2023)에서 서술한 멜라네시아의 '빅맨big man'부터 아마존 정글의 족장에 이르기까지, 어떤 지도자도 자신의 위신을 이용해 타인 위에 군림하는 권력을 갖는 일은 용납되지 않는다. 그 핵심에는 족장이 늘 공동체에 빚을 진 존재라는 인식이 깔려 있다. 족장은 위신을 유지하고 공동체의 신뢰를 얻기 위해 자신이 영원히 빚을 지고 있음을 인정해야 하며, 이를 말과 행동으로 끊임없이 증명해야 한다. 또한 연설, 칭찬, 선물, 중재 등 줄 수 있는 것은 아낌없이 내놓되 불평이나 조언, 새로운 아이디어 같은 것은 감당할 수 있는 한 기꺼이 받아들여야 한다.

하지만 절대 받아들여서는 안 되는 것도 있다. 공동체에 분열과 시기, 족장의 환심을 사기 위한 경쟁을 불러오는 개인적인 선물이나 특혜다. 족장은 누구에게나 공정하게 베풀어야 하며, 숙련된 사냥꾼의 말만큼이나 어린 소녀의 고통에도 똑같이 귀 기울여야 한다. 모두 평등하게 대우받아야 하고, 족장은 자신의 상징적인 권위를 이용해 어떤 이익도 누려서는 안 된다.

차이를 조율하고
통합하는 족장

영국의 인류학자 피터 리비에르Peter Riviere는 자신이 방문한 가이아나Guyana족의 지도자를 두고 "그는 정착지 내의 네트워크를 관리하고, 상충하는 요소를 가능한 한 잘 통합하는 역할을 맡는다"라고 묘사했다.

비슷한 맥락에서 클라스트르는 족장을 '차이와 다양성의 통합자'라고 불렀다. 족장은 다양한 욕구들 사이에서 타협점을 찾아야 했고, 바로 그 능력이 통합자로서의 역할의 핵심이었다. 사람들은 바로 그 역량을 기준으로 족장을 평가했다.

사테레-마웨족 공동체에서는 생활이 어려워질 경우 현지어로 '시치오sitio'라고 하는 거주지 간 자원 경쟁이 치열해지곤 한다. 갈등이 장기화되면 부족 전체가 분열에 취약해질 수밖에 없다. 내부 불화나 파괴적 행위에 대한 반응으로 어떤 씨족은 다른 씨족들과의 협업을 거부하거나 아예 거주지를 옮겨버리기도 한다. 특정 시치오가 자신들의 수확이나 사냥감을 다른 구성원들과 나누지 않는 경우도 생긴다. 이를 방지하는 것은 결국 족장의 책임이다. 그는 모든 씨족과 시치오, 구성원이 부족 전체의 가치와 원칙을 공유하고 지키도록 이끌어야 한다.

족장은 공동체의 다양한 노력, 요구, 관계, 필요 사이의 균형을 유지하고 흐름을 조율하기 위해 각 시치오와 씨족 그리고 자신과의 관계를 면밀하게 분석하고 도식화한다. 문자 그대로 말이다. 그는 주술사와 함께 나무판에 도식을 새기거나 막대기로 땅 위에 그림을 그려가며 상황을 정리한다. 마치 현대의 리더가 조직도를 들여다보는 것과 같다.

그리고 두 사람은 그 도식이 의미하는 바를 해석하고 논의한다. 왜 카피바르Kapivar씨족은 식량이 부족해졌는가? 왜 정령들은 애벌레씨족에게 화를 내며 불운을 안기는가? 왜 특정 가족의 아이들은 자주 우는가? 자연 속의 상징들, 한 가족 안의 사건들, 감정의 폭발까지 모든 크고 작은 일이 분석 대상이 된다. 그들은 이러한 요소들 사이의 눈에 보이는 연결뿐 아니라 보이지 않는 흐름까지 복잡한 체계로 도식화한다.

외부인은 그 체계를 거의 이해할 수 없을 정도다. 이처럼 족장은 특별한 통찰력과 자기 인식을 지닌 존재이며, 바로 그것이 공동체가 그를 믿고 신뢰하며, 그의 에너지에 자신들을 기꺼이 맡기는 이유다.

목표는 평화를 유지하고 갈등을 해결하는 데 있다. 동시에 누구도 배제되거나 소외되지 않고, 반대로 누군가가 타인을 배제하는 일 역시 발생하지 않도록 막는 것도 중요하다. 보엠에 따르면 초기 인류 사회 중 상당수는 평등과 차이를 동시에 수용함으로써 개인의 무제한적인 권력 추구를 효과적으로 억제할 수 있었다. 이러한 평등사회는 자기과시적인 개인에 대한 집단 통제를 기반으로 하며, 바로 그 점이 모든 개인의 자유를 보장하는 조건이 된다. 이는 단순히 인간 내면의 반권위적 경향을 반영하는 데 그치지 않는다. 타인을 희생시키면서까지 경쟁하려는 행위에 대한 공동체의 집단적인 저항이기도 하다. 공동체에 이익이 되는 경쟁만이 정당하다고 여겨지고 그에 대한 보상이 따르며, 소수만 이롭게 하는 경쟁은 일탈이자 바람직하지 않은 것으로 간주된다.

평등한 사회에서는 말 그대로 권력 피라미드가 거꾸로 서 있다. 알파 수컷이나 특별한 지위를 얻으려는 씨족은 공동체의 사회적 통제 메커니즘을 통해 견제된다. 보엠은 공동체의 이익을 해치며 이득이나 특권을 얻으려고 하는 개인이나 집단을 '신흥자 upstarts'라고 일컬었다. 신흥자는 공동체 전체의 날카로운 감시 대상이 되며, 족장 역시 그들을 예의주시한다. 공동체 내의 평등과 차이는 족장이 관리하고 보호한다. 그래야 구성원들이 직접 제재에 나서는 상황을 피할 수 있다. 족장이 사람들 사이의 연결과 평화를 효과적으로 조율할수록 공동체가 강경한 사회적 제재나 폭력, 배제 등의 수단을 사용해 직접 개입하는 일이 줄어드는 것이다.

사테레-마웨족 공동체에서는 족장이 구성원들을 설득하지 못하면 사람들이 공동체를 위한 노동 자체를 거부한다. 자원의 공정한 분배를 보장하지 못할 경우 그 피해가 족장 자신에게도 돌아오는 것이다.

자유주의와 사회주의를 막론하고 많은 사상가가 노동의 의무를 강조해온 것과 달리, 원주민들은 노동의 의미를 더 중요하게 여긴다. 생계를 위해서나 임금을 목적으로 고되게 일하거나 고립된 반복 노동을 지속하는 삶은 이들이 바라는 것이 아니다. 그들에게 노동은 놀이이고, 서로를 놀리고 농담하며 수확의 기쁨을 함께 기대하는 시간이다. 모닥불에 구워질 짐승, 달콤한 열매, 새 가족이 머물 집 같은 것들 말이다. 그래서 모두가 먹을 것과 집을 갖추고 만족하면 더 이상 일할 이유가 없다고 여긴다. 실제로 이들은 하루에 몇 시간만 일하는 경우가 많다.

풍요와 성장은 공동체가 추구하는 가치가 아니다. 따라서 족장이 별다른 이유 없이 더 긴 노동시간이나 강도 높은 노력을 요구하거나, 일하는 이들의 분위기를 흐리면, 사람들은 단호하게 일을 멈추어버린다. 특정 그룹에만 일을 과도하게 시키거나 수확물을 공평하게 분배하지 않을 때도 마찬가지다.

어느 날, 그뢰스는 마크와 어부들에게 "오늘따라 왜 이렇게 물고기를 적게 잡은 거야?"라고 불평하는 모습을 목격했다. 강물이 얕고 고기도 거의 없다는 사실을 마크와 자신도 잘 알고 있었지만, 그는 불만을 감추지 않았다. 그러자 마을로 돌아와 카누를 매어두던 한 어부가 이렇게 응수했다.

"그럼 당신이 직접 나가서 잡아보시죠. 우리는 오늘 할 만큼 했습니다."

족장의 역할은 구성원을 격려하고 지지하며 그들이 최선을 다하고 있다고 믿는 것이다. 만약 그가 신뢰를 보이지 않거나 함께하지 않는다면, 공동체는 그를 외면한다. 서로의 노동에 대한 신뢰가 무너지는 순간, 공동체라는 퍼즐은 더 이상 맞춰질 수 없다.

회의하기, 전환하기, 결투하기

원주민 사회에서 갈등이 어떻게 다루어지는지 몇 가지 사례를 살펴보자. 사테레-마웨족 공동체에서는 족장이 신화를 들려주고 자신의 비전을 공유하는 모닥불 모임과 실질적인 문제와 갈등을 논의하는 부족 회의를 구분한다. 부족 회의에서는 씨족 간 분쟁, 탄생과 죽음 같은 기본적인 삶에 관한 일, 폭력, 가뭄, 사냥 부진 등 구체적이고 당면한 문제가 다루어진다. 이 자리에서 족장은 평소 말수가 적은 사람들까지 포함해 모두가 발언하도록 독려한다. 용감하거나 힘 있는 사람만 말하게 두어서는 안 된다. 아이들, 심지어는 마을의 괴짜 노파까지 원칙적으로는 누구나 말할 수 있어야 한다. 그렇지 않다면 그 회의는 실패한 것이다.

부족 회의에 참석한 한 가족이 간질을 앓는 딸 때문에 다른 사람들과 함께 밭일에 참여할 수 없다고 말했다. 사람들은 자세한 설명을 요청했고, 딸은 자신이 밭에 있을 때 겪는 발작에 대해 직접 이야기했다. 이처럼 모두가 말할 수 있도록 하는 이유는 공동체 구성원들이 각자의 어려움을 이해하고 공감하도록 하기 위해서다. 누구나 편안하게 말할 수 있는 분위기를 만드는 것이야말로 중재와 조율, 서로의 기여에 대한 기대를 조정하는 과정의 전제다.

또 다른 갈등 해결 전략은 모두가 가장 중요하다고 여기는 지점, 즉 협력으로 관심을 돌리는 것이다. 예를 들어 어떤 부부 사이에 오랜 갈등이 있었고, 아내가 남편이 아이를 돌보지 않는다며 이혼을 원한다. 이때 족장은 누구의 편도 들지 않는다. 대신 마을에 반드시 해결해야 할 공동의 과제가 있다고 말하고, 그것이 두 사람의 협력이 있어야만 가능하다는 점을 강조한다. 바람막이 울타리를 설치하거나 공동 건물을 보수하는 일 등이 그것이다. 공동체를 위한 일을 선뜻 거부하려는 사람은 없다. 이처럼 주의를 전환하면 부부는 협력을 통해 갈등에서 벗어나고, 그 속에서 서로의 노력과 결실을 확인할 수 있게 된다. 오늘날의 부부 상담 전문가들도 유사한 방식으로 내담자에게 접근할 수 있을 것이다.

마지막으로 족장은 결투 형식을 활용하기도 한다. 가족이나 씨족 간의 갈등이 격화되었거나 누군가가 타인을 괴롭히거나 해를 끼쳤는데 부족 회의로도 해결되지 않을 경우, 족장은 분쟁 당사자 간의 공개 결투를 통해 의례적으로 문제를 매듭짓는 방식을 선택할 수 있다. 다만 이는 상징적인 형식에 불과하다. 실제 폭력은 수반되지 않는다. 대부분 돌 던지기, 장신구 만들기, 춤, 이야기 경연, 물놀이처럼 놀이 또는 경기 형태로 진행되며, 승자가 옳다고 인정받는다.

이누이트^{Inuit} 공동체, 특히 동그린란드 지역에서도 족장은 결투 형식을 통해 갈등을 해결한다. 이곳에서 결투는 노래 대결의 형태로 이루어진다. 두 대표가 서로를 향해 노래를 부르며 겨루는 식이다. 이때 중요한 것은 육체적인 힘이 아니라 표현력이다. 참가자들은 전통적인 작곡 구조를 바탕으로 유머, 섬세함, 개인적 몰입을 더해 노래를 부르며 관객의 호응을 끌어낸다. 반드시 아름다운 노래일 필요는 없다. 무대 위에서 종종 조롱과 풍자가 오가기도 한다. 마치 〈더 엑스 팩터$^{The\ X\ Factor}$〉(영국의 대표적인 오디션 프로그램)처럼 웃음과 경쟁이 뒤섞인 형식이다. 대결은 몇 시간 동안 이어질 수도 있으며, 관객은 승자를 가리기 위해 오랫동안 토론한다. 결국 가장 많은 지지를 얻은 사람이 승자가 되고, 갈등은 그 즉시 종결된다.

오스트레일리아 북부에 사는 티위^{Tiwi}족의 족장은 갈등 당사자들이 폭력 없이 분노를 발산할 수 있도록 하는 데 집중한다. 이를 위해 연극 형식의 의례를 활용한다. 이 의례에서는 격한 감정 표현과 말다툼이 허용된다. 당사자들은 둘씩 짝을 지어 무대에 오르고, 돌아가며 욕설을 퍼붓고 조롱을 주고받는다. 이 의례의 목적은 분노를 상징적으로 배출하게 만듦으로써 분노가 더 커지지 않도록 막는 데 있다. 즉, 감정을 터뜨려 '김을 빼내는 것$^{letting\ off\ steam}$'이다. 당사자들이 지칠 때까지 이 과정을 반복하다가 더 힘이 남지 않으면 의례가 종료된다. 갈등은 그 자리에서 정리되고, 억눌렸던 감정은 자연스럽게 해소된다.

공동체와 리더십의
근본 서사, 신화

조직의 의미와 목적은 무엇일까? 우리는 왜 아침에 일어나 출근하고, 최선을 다해 일하려고 할까? 또 왜 동료 간의 차이를 조율하며 공동체로서 연대해야 할까? 덴마크의 사회민주당 정치인이자 장관인 카레 디브바드 벡Kaare Dybvad Bek은 저서 『노동의 땅Arbejdets land』(Grønningen, 2023)에서 그것이 사회에 대한 개인의 윤리적 의무이기 때문이라고 말한다. 사회는 그에 대한 대가로 복지와 권리를 제공한다는 것이다.

그러나 인간은 세금 제도나 복지 체계로만 설명되는 추상적인 노동만으로는 결코 만족하지 않았다. 사람은 체감 가능하고 더 깊은 실존적 의미를 필요로 한다. 자신이 세상에 기여하는 일이 그 순간에도 의미 있게 느껴져야 하고, 그것이 커리어와 급여, 상사에 대한 의무, 추상적인 사회 시스템을 넘어 어떤 가치를 지니는지 알고 싶어 한다. 우리는 모두 자신을 넘어서는 목적과 세상에 무언가를 남긴다는 서사를 필요로 한다. 목적은 구체적이어야 하며, 감정과 창의성을 자극하고 단순한 의무나 지시에 따라 움직이는 것으로는 환원될 수 없는 공동체 안에서 작동해야 한다. 또한 일상적인 협력 속에서 살아 있는 의미로 드러나야 한다.

족장은 신화에서 중심 역할을 맡는다. 많은 신화가 과거 족장들의 위대한 업적을 기리고, 용기와 능력을 찬양한다. 신화는 족장을 드러내고 속장은 신화를 되살린다. 즉, 리더와 신화는 상호 의존적이며 권력에 관한 서사 혹은 권력의 목적에 관한 서사는 세대를 거쳐 반복적으로 전승될 때에만 존속할 수 있다. 그러나 족장은 결코 이야기 속에서 자기 자신을 찬양하지 않는다. 그렇게 하는 순간, 그는 신화를 사적으로 남용하는 셈이 된다.

원주민 사회에서 신화는 삶과 공동체의 결정을 이해하는 출발점이다. 신화는 그들의 기원, 역사, 존재 목적을 설명한다. 부족이 누구이며 어떻게 생겨났는지를 보여주는 것이 곧 신화다. 그런데 그 구조는 종종 복잡하고 난해하다. 바로 여기에 신화의 마법이 있다. 신화는 시대마다 반복적으로 이야기되고, 그때그때의 문제와 상황에 따라 새롭게 해석된다. 또 수수께끼, 모순, 기묘한 상징적 존재들로 가득하며 하나하나가 고유한 의미를 지니고 있다.

주술사가 들려주는 사테레족 신화는 이렇게 시작한다.

"원래 사테레족은 과라나 나무에 매달린 조그마한 껍질 속에 든 씨앗이었다. 어느 날, 거대한 퓨마 한 마리가 협곡을 뛰어넘으며 대지를 흔들었고, 그 충격에 껍질이 갈라졌다. 그리고 그 안에서 사테레가 떨어져 나왔다. 그 후 사테레는 과라나 열매가 되었고, 나무로 자라났으며, 숲속의 멧돼지, 하늘 위의 독수리로 모습을 바꾸었다."

이어서 주술사는 사테레족을 구성하는 모든 씨족의 이름을 하나하나 언급한다. 신화는 각 씨족이 어떻게 생겨났는지 설명하며, 이들이 부족 안에서 어떻게 연결되어 있는지 보여준다.

아마존 정글의 다른 부족들과 마찬가지로 사테레족 역시 고유한 이름과 특징, 기능을 지닌 여러 씨족으로 이루어져 있다. 모든 씨족은 토템을 지니고 있으며, 보통 동물, 곤충 또는 식물계에서 비롯된 존재다. 신화의 한 장면은 이렇게 전해진다. 과라나씨족이 눈을 뜨자 독수리씨족이 깨어나 하늘로 날아오른다. 모기씨족은 튀깐데이라씨족('튀깐데이라'라는 거대한 개미를 토템으로 삼는다)과 가까이 살기를 꺼린다. 그들이 예측 불가능하고 공격적이기 때문이다. 하지만 두 씨족은 갈등하지 않는다. 카폭씨족(솜 같은 씨앗을 품은 나무를 토템으로 삼는다)이 양쪽에 가지를 뻗어 길을 만들어주고, 잠자리에 필요한 잎을 나누어주기 때문이다.

이야기는 모두 은유적인 언어로 이루어져 있다. 그리고 토템 간의 구체적인 차이, 예컨대 하늘을 나는 독수리와 나뭇가지 위에서 잠자는 개미뿐 아니라 씨족들 사이의 내적 연결까지 함께 보여준다.

사테레-마웨는 부족의 중심 씨족으로, '용감한 불 애벌레'를 뜻한다. 이 애벌레는 모든 씨족을 상징적으로 연결하는 존재로 여겨진다. 동물과 식물을 이어주며, 그들에게 고유한 역할을 부여하고 조화를 이룬다. 족장은 언제나 사테레-마웨씨족 출신이며 그는 전체이자 동시에 개별 구성원이다. 부족의 서로 다른 모든 구성원을 품고 연결하는 존재다. 부족의 다양성은 족장을 관통하는 에너지처럼 흐르며, 그 에너지가 조화롭고 효율적인 순환을 이룰 때 진정한 시너지가 발현된다.

이처럼 신화는 반복적으로 이야기되며 인간 본성의 근본적 특성들을 다음 세대에 전하고, 삶의 방향을 안내한다. 훌륭한 리더는 족장처럼 자기 신화를 새롭게 만들어가거나 조직 고유의 목적과 역사에 기반한 이야기를 되살릴 수 있어야 한다. 그 방식은 과거의 일화를 들려주는 것일 수도 있고, 공동체가 겪은 좋았던 시기와 어려웠던 시기를 되새기는 것일 수도 있다. 혹은 구성원들의 다양성과 기여를 칭찬하거나 조직이 지향하는 가치와 신념, 중요한 성취를 반복적으로 상기시키는 식일 수도 있다.

자기 절제, 균형, 절제된 태도

다시 북부 캐나다의 우트쿠 에스키모 공동체로 돌아가보자. 인류학자 진 브릭스는 이 부족과 함께 지낸 2년 동안 공동체가 분노나 개인적인 공격성을 이용해 타인을 억누르려는 사람들을 어떻게 다루는지에 주목했다. 그녀는 족장을 두고 특별한 지식과 능력을 지닌 인물로 신뢰를 얻고 있었고, 다른 누구보다 구성원들의 귀를 기울이게 만드는 존재였다고 말한다. 그러나 그것 외에 족장에게는 어떤 공식적인 권력도 주어지지 않았다. 그는 단지 귀 기울일 만한 사람으로서의 명성을 지켜야 했다. 그러기 위해서 그는 항상 유쾌한 분위기를 조성해야 했고, 결코 심기가 불편하거나 타인의 분노에 휘둘리는 모습을 보여서는 안 되었다.

브릭스는 폭풍으로 피해를 입은 족장의 집을 복구하기 위해, 한 하위 족장이 다른 이들의 도움을 구하려 한 사례를 소개한다. 문제는 그 하위 족장의 태도였다. 그는 미소를 지으며 사람들을 유쾌하게 초대하기는커녕, 오히려 사람들에게 소리치고 명령하며 나서라고 요구했다. 그러나 그의 명령이 거셀수록 사람들은 점점 그를 외면했고, 결국 그는 포기하고 말았다.

　공격성과 격한 감정은 통제 불가능한 행동, 예측할 수 없는 반응, 그리고 폭력으로 이어진다. 분노는 타인에게 일을 강요하거나 자유로운 행동을 억압하는 수단이 될 수 있다. 그래서 원시공동체는 자기 통제를 유지하고, 타인의 감정에 절제된 방식으로 반응하는 인물을 지도자로 세운다. 지도자는 공감을 표하고, 고개를 끄덕이며 경청할 수 있어야 하지만, 감정에 휘말려 극단적인 결정을 내리거나 흔들려서는 안 된다. 사람들 앞에서 울거나 고함을 지르는 지도자는 평정을 잃은 것으로 여겨지며, 그에 대한 존중 역시 사라진다. 공감은 단순한 동정이 아니라, 타인의 처지를 이해하고 그 입장에서 사고할 수 있는 능력이다. 지도자는 취약하거나 소외된 이들을 지지하고, 그들이 공동체의 일원으로서 여전히 가치 있는 존재임을 스스로 납득할 수 있도록 이끌어줘야 한다. 사테레-마웨족의 사례에서 보았듯, 훌륭한 족장은 사방에서 쏟아지는 비판과 불평, 압박 속에서도 무너지지 않고 침착함을 유지할 수 있어야 한다.

족장의 정신적 조력사, 주술사

마크와는 자신이 강인하고 겸손하며 차분하고 쉽게 흔들리지 않는 인물임을 보여주었지만, 족장 역할에는 어두운 면도 있었다. 그뢰스는 어느 날 그가 갈등 끝에 분노를 억누르지 못하고 숲으로 들어가는 모습을 목격했다. 그는 그곳에서 욕설을 내뱉고, 나무를 걷어차고, 지나가던 동물에게 소리쳤다. 그러나 그의 분노는 부족에게 전달되어서는 안 되었고, 그의 울분과 탄식 역시 숨겨져야 했다.

주술사는 이렇게 족장이 힘겨울 때 기댈 수 있는 존재이자 신뢰할 수 있는 조언자다. 족장이 과중한 짐을 짊어졌을 때는 주술사가 그 역할을 대신 떠맡는다. 마크와는 그런 날이면 자리를 떠나 아예 해먹에 누웠다.

"오늘은 더 이상 불평도 듣고 싶지 않고 사람들과도 만나고 싶지 않아."

주술사 쿠테라^{Kutera}는 그의 감정적·영적 조언자고, 마크와는 그녀에게 모든 것을 털어놓을 수 있었다. 그녀는 그가 사태의 흐름을 이해하고 다시 나아갈 수 있도록 도구와 용기를 북돋는 말을 건넸다.

쿠테라는 타인의 상태를 놀라울 만큼 섬세하게 감지했지만, 감정 기복이 심해 무척 밝고 웃음이 넘치다가도 곧이어 악에 받친 듯 고함을 지르곤 했다. 그런 성향 때문에 족장으로는 부적합했다. 하지만 주술사로서는 완벽했다. 그녀는 마크와보다도 부족의 수많은 욕구를 더 잘 인식했고 조상들의 영적 세계에 접근이 가능했으며, 그들이 요구하는 바를 이해하고 있었다. 다음 장에서 다시 언급하겠지만, 족장이 균형과 자기 통제를 유지하려면 사적인 영역에서도, 공적인 역할에서도 기댈 수 있는 주술사가 반드시 필요하다.

리더가 되어서는 안 되는 사람들을 대하는 법

지금까지 소개한 평등주의 사회에서는 현대의 성과 중심 사회와 달리 권력이나 지위 상승을 위한 경쟁이 존재하지 않는다. 지위나 부가 다른 이들보다 높아지면, 곧 질투와 주술, 최악의 경우 절도로 이어지기 때문이다. 족장의 경우 지위가 높아질수록 그에 따르는 책임도 무거워지며, 대부분은 그것을 기꺼이 떠안으려고 하지 않는다. 족장이 된다는 것은 여러 불이익을 감수한다는 말이기도 하기 때문에 생각만큼 매력적인 자리는 아니다. 많은 이가 지위에 수반되는 명예를 원하지만, 지도자라는 역할에 따르는 짐은 감당할 능력도, 의지도 없다. 이를 우리 사회에 대입해보면 이렇게 묻고 싶어진다. 과연 누가 이 무거운 짐을 감수하면서까지 지도자가 되려고 할까?

아마존 사람들은 이렇게 말할 것이다. 비판을 받아들이지 못하고 관대함과 공감 능력, 평화를 중시하는 태도를 갖추지 못했다면 애초에 그 직책을 맡을 자격이 없다고. 그런 경우에는 그에 걸맞은 자질을 지닌 이에게 그 역할을 맡겨야 한다. 하지만 그는 흔히 말하는 리더형 인물이 아닐 수도 있다. 족장은 그 역할을 잘 수행하고, 아래로부터의 요구와 시련을 견딜 수 있기 때문에 족장인 것이다. 자신의 커리어나 물질적 보상, 권력욕 때문이 되어서는 안 된다. 그들은 이렇게도 말할 것이다. 권력이나 물질적·사회적 이득을 원하는 사람은 리더가 되어서는 안 되며, 오직 그 역할을 수행할 수 있는 사람이 맡아야 한다고. "능력 있는 자에게는 책임이 따른다"라는 말은 덴마크의 해운왕 A. P. 묄러A. P. Møller가 내세운 좌우명이기도 하다.

공감은 익히기 어려운 능력 중 하나지만, 아예 얻기 불가능한 것은 아니다. 이 책에서 '공감'은 타인의 고통을 느낄 수 있는 능력에 한정되지 않는다. 타인을 자신의 감정 기준이 아니라 그들의 관점에서 이해하려는 능력과 의지도 포함된다. 이는 쉬운 일이 아니다. 타인의 입장에서 세상을 상상하고, 그들이 보는 세계가 어떤 모습일지 끊임없이 그려보며 몰입해야 하기 때문이다. 하지만 훌륭한 족장이라면 모든 사람을 자기 안에 품을 수 있어야 하고, 그들 각각의 인간성을 자신의 내면 어딘가에서 발견할 수 있어야 한다.

족장이 된다는 것은 극도의 고립을 감수해야 한다는 뜻일 수도 있다. 이상적인 족장은 타인의 내면에서 일어나는 모든 것을 가장 잘 받아들일 수 있는 사람이지만, 정작 자신의 마음을 나눌 상대는 거의 없다. 그가 의지할 수 있는 것은 대개 조상의 영혼, 주술사, 공동체를 위한 봉사라는 원칙뿐이다. 그리고 설령 그런 자질을 갖추었다고 해도 반드시 천재나 이상적인 인물로 추앙받는 것은 아니다. 뛰어난 연설가이자 중재자, 너그러운 사람이라고 해도 결점은 있기 마련이고, 그 결점은 끊임없이 지적된다. 반대에 견디지 못하거나 두려움과 결핍을 드러낸다면, 족장 역할은 더 적합한 사람에게 넘기는 편이 낫다. 좋은 지도자란 폭풍 속에서도 흔들리지 않고 자기 자신을 지탱하며 스스로의 도덕적 나침반을 신뢰할 수 있는 사람이다.

    오늘날의 지도자들도 마찬가지다. 앞에서 살펴보았듯, 현대 리더십이 실패하는 근본적인 이유는 지도자의 야망이 공동체가 아니라 자기 자신을 위한 것이기 때문이다. 그 공동의 선善을 위한 봉사가 아니라 개인적 이익과 인정을 받고자 하는 욕구, 지위 상승, 타인 위에 군림하려는 욕망에서 비롯될 때 문제가 생긴다. 이러한 생각으로 지도자의 자리를 탐하는 사람은 무자비하거나 책임 회피적이거나 자기과시에 몰두하는 리더가 될 가능성이 크다. 최악의 경우, 이들은 사이코패스나 나르시시스트이며 사회적·감정적 지능이 부족하고 자기 결함에 대한 자각도 없다. 감정을 조절하지 못하고 쉽게 분노하며, 도덕적 나침반과 절제 없이 불안정하게 서 있는 자들이다. 비판을 견디지 못하고, 공감 능력이 부족하고, 냉소적이며 계산적이고, 과대망상에 사로잡혀 자신이 마치 나폴레옹이라도 된 양 행동한다. 원시공동체는 수천 년에 걸쳐 바로 이런 유형의 인물들을 식별해내고 지도자의 자리에서 배제해왔다.

리더십의 가치는 본질적으로 자신이 옳은 일을 하고 있으며 타인의 만족과 안녕을 이끌어내고 있다는 감각에서 비롯된다. 그렇다면 어떻게 해야 자기과시에 몰두하거나 권위적인 인물이 아닌, 다른 유형의 리더가 지도자 자리에 오를 수 있을까? 또 지도자가 되기를 원하지만 공동체가 받아들여서는 안 되는 사람들, 조직 중심부에서 반드시 배제되어야 할 사람들은 어떻게 해야 할까?

허세 줄이기, 출세욕 견제하기

앞서 언급했듯, 출세지향형 인물이란 공동체를 희생하면서까지 자신을 드러내고 타인 위에 군림하려는 개인적인 욕망으로 지도자 자리를 노리는 사람을 뜻한다. 공동체의 지지를 받지 않은 채 기존 지도자를 대체하려는 이일 수도 있다. 국가권력의 맥락에서는 폭력이나 조작, 사기를 통해 정권을 찬탈하는 쿠데타 세력에 해당한다. 우리가 살펴본 여러 원주민 공동체에서는 이런 사람이 있을 때 얀테의 법칙이 중요한 역할을 한다. 칼라하리사막의 !쿵산족은 젊은 사냥꾼이 교만해지지 않도록 억제하고, 사냥감을 찾았다는 사실도 겸손하게 알리라고 요구한다. 또 그뢰스가 지나치게 질문하며 무례하게 행동했을 때, 그는 입을 다물게 하는 라임 열매 하나를 건네받았다.

이것이 차이를 억누르고 획일성을 강요하는 억압적인 문화일까? 우리는 그렇게 보지 않는다. 오히려 권력과 겸손 사이의 균형을 지키고, 집단의 안정성과 포용을 유지하기 위한 장치라고 생각한다. 권력과 특권의 맛을 보고 더 많은 것을 원하지만 정작 그에 걸맞은 자질은 갖추지 못한 출세지향형 인물이 생겨나지 않도록 경계하고, 그들을 다룰 수 있는 공동 규범을 유지하는 것은 바로 공동체를 돌보는 일이기도 하다.

프랑스 만화에 등장하는 주인공 이즈노굿은 권력을 쥐기 위해 온갖 교활하고 어설픈 수단을 동원해 끊임없이 음모를 꾸민다. 그리고 매 화 똑같은 말을 외친다. "나는 칼리프 대신 칼리프가 되겠다"라고. 그는 유능한 리더도 아니고 특별한 능력도 없지만, 권력의 달콤함과 그에 따르는 특권, 예를 들어 끝없는 부, 화려한 보석, 아름다운 여인들을 손에 넣기 위해 권력을 탐한다. 이즈노굿은 왕좌에 앉아 노예들과 신하들을 내려다보며 부와 권세를 누리기 위해 수단과 방법을 가리지 않는다. 대부분의 조직에도 이즈노굿 같은 인물 혹은 지도자를 끊임없이 위협하는 출세지향형 인물이 존재한다. 이들은 공동체를 위한 정의 실현이나 더 나은 리더십을 제공하기 위해 행동하는 것이 아니라 지도자와 구성원 전체를 희생시키며 사익만 취하려는 목적을 가지고 있다. 그렇다면 지도자는 이러한 출세지향형 인물에 어떻게 대응해야 할까?

그뢰스는 사테레-마웨족에서 공동체의 지지를 받지 않은 채 족장을 위협하는 출세지향형 인물을 목격했다. 대개 젊고 야망 있는 사냥꾼이거나 어느 정도의 존경을 받는 나이 든 사냥꾼 또는 전사였다. 이들은 전쟁시에는 전사로, 평화 시기에는 부족을 대신해 사냥이나 위험한 임무를 수행했다. 그래서 부족 내에서 존경받음과 동시에 두려움의 대상이 되었다. 어느 날, 족장 마크와는 한 나이 든 사냥꾼이 쿠데타를 꾀하고 있다는 소문을 들었다. 그는 직접 그를 찾아가보기로 결심했고, 그뢰스도 동행을 허락받았다.

그들은 가파른 언덕을 올라 전설적인 전사 호시나^{Hoshina}의 작은 오두막에 도착했다. 그는 두 다리가 없었다. 악어와의 싸움에서 살아남았지만 그 과정에서 다리를 절단해야 했고, 그로 인해 영웅 대우를 받게 되었다. 최근 몇몇 젊은 사냥꾼이 족장을 몰아내고 새 지도자를 세우자는 그의 말에 귀를 기울이기 시작했다. 그는 모든 씨족 중 가장 용맹하다고 알려진 독수리씨족의 우두머리였다.

마크와는 눈높이를 맞추기 위해 그를 나무 그루터기에 앉히려 했지만, 호시나는 거칠게 거부하며 욕설을 퍼붓고 신경질적으로 굴었다. 그의 눈빛은 복수심에 가득 차 있었고, 어두웠다. 그는 땅에 누운 채 족장과 인류학자를 죽이겠다고 위협했다. 마크와는 그 앞에 조용히 앉아 아무런 반응도 보이지 않았다. 그뢰스는 호시나가 과거 결투 끝에 여러 부족원을 죽였다는 이야기를 들은 적이 있었다. 그러나 마크와는 그를 진정시키듯 이렇게 말했다

"호시나는 전혀 위험하지 않습니다. 그는 혼자 있고, 은둔자일 뿐입니다. 사람들은 그의 무용담에 매료되어 있지만 그는 사냥감을 나누지도 않고, 다른 사람을 돕지도 않습니다. 그가 원하는 건 단 하나, 권력뿐이랍니다."

결국 언쟁은 족장이 호시나에게 그의 영토에 대한 단독 권리를 부여하는 것으로 마무리되었다. 조건은 하나였다. 그가 부족의 일에 개입하지 않고 공동 회의에도 참석하지 않는 것이었다. 하지만 그것은 사실상 상징적인 합의였을 뿐이다. 애초에 누구도 그의 땅 근처에 가고 싶어 하지 않았기 때문이다. 그는 두 아들의 도움을 받으며 그곳에 조용히 머물 수 있었고, 나머지 사람들은 그를 피해 지낼 수 있게 되었다.

"머지않아 그는 외롭게 죽을 거예요. 우리가 바라는 건 오직 평온함입니다."

족장은 그렇게 말했다. 그가 호시나는 위험하지 않다고 말한 이유는 호시나가 이들이 말하는 '우피마카upimakha', 즉 나누는 사람, 관대하고 공동체적인 인물이 아니었기 때문이다. 실질적으로 족장의 권력을 위협할 수 있는 사람은 오직 공동의 선을 중시하고 이타적인 태도를 가진 포용적인 출세지향형 인물뿐이다. 그래서 부족에 지도자 기질을 가진 이들이 보이면, 마크와는 그들과 좋은 관계를 유지하며 곁에 가까이 두었다. 그리고 자신이야말로 모두를 만족시킬 수 있는 경험 많은 인물임을 보여주었다. 그의 말처럼 모든 위협에 완벽하게 대비하는 것은 불가능하다.

"나는 당장 내일 미치광이의 손에 죽을 수도 있습니다. 하지만 그런 자가 이기더라도 부족은 곧바로 공동체를 위해 일할 사람을 다시 찾아낼 것입니다. 나는 내가 죽은 뒤 누가 나를 이을지 알고 있고, 그들을 돕고 있습니다. 그들이 자신의 때가 올 때까지 기다릴 줄 안다는 걸 믿기 때문입니다."

미래를 내다보는 족장과
전환의 리더십

리더의 핵심 과제 중 하나는 다음 모퉁이 너머를 내다보는 일이다. 리더는 의도적으로 일상에 깊이 관여하지 않는다. 리더십의 역할이 일상에 매몰되어 쉽게 놓치기 쉬운 다가올 문제와 기회를 미리 감지하는 데 있기 때문이다. 리더에게는 예언자적 자질이 요구된다. 예언자는 눈앞의 문제에만 매달리지 않는다. 경영 담론에서 흔히 인용되는 표현을 빌리자면, 리더는 '멀리 보는 눈'을 갖고 있어야 한다. 리더는 과거에 벌어진 모든 일을 감지하고 분석하며, 그 속에서 다른 이들이 알아채지 못하는 징후와 패턴을 읽어낸다. 이러한 모습은 원주민 공동체의 족장에게도 나타난다. 유능한 족장은 주술사와 협력해 미래를 내다본다. 자신의 꿈과 비전을 공유하고, 주술사와 그 의미를 논의한다. 주술사 또한 같은 비전을 보았다면 둘은 가능한 시나리오와 결과를 함께 설계한다. 그래서 처음 백인 선교사들이 도착했을 때도 원주민들은 그것이 무엇을 의미할 수 있는지 이미 알고 있고, 철저히 준비되어 있었다. 설령 그 끝이 공동체의 해체일지라도, 아주 먼 곳으로 떠나야만 했을지라도 말이다. 그들이 '악이 존재하지 않는 땅'이라고 불렀던 상상 속의 낙원을 찾아 나서야 할 상황까지도 염두에 두고 있었던 것이다.

엘렌 클라스트르Helene Clastres는 투피-과라니Tupi-Guarani족이 낯선 땅으로 이주하는 과정을 기술한 바 있다. 그 여정은 '카라이스carais'라고 불리는 예언자들로부터 시작되었다. 이들은 장소를 옮겨 다니는 방랑자들이었고, 족장을 위협하지 않기 위해 마을 밖에 머무르기도 했다. 때때로 이들은 족장을 찾아가 자신이 꾼 꿈이나 환상 속에서 본 근본적인 변화의 비전을 전했다. 그리고 일부는 그 비전을 따라 '악이 존재하지 않는 땅'을 찾아 나섰다. 이들의 방랑은 사회적 위계에 대한 거부이자 모든 형태의 권력과 단절하려는 급진적 태도에서 비롯된 것이다. 많은 수렵채집 공동체가 그러하듯, 유목하며 사는 부족에게 끊임없는 이동은 일상의 일부다.

그렇다면 현대인인 우리는 어디로 가야 할까? 그리고 우리의 다음 여정은 우리가 걸어온 역사와 어떤 방식으로 연결될까?

우리는 흔히 원주민들을 고정되어 변하지 않는 존재로 바라보지만, 실제로 이처럼 자주 삶의 조건을 급진적으로 바꾸고 모든 것을 뿌리째 들어 다른 곳으로 옮기는 이들은 드물다. 이런 전환에는 멀리 내다보는 시선, 비전, 당면한 과제를 인식하고 언어화할 수 있는 능력이 요구된다. 다시 말해, 예언자의 기능을 수행할 수 있는 족장이 필요한 것이다. 다음 장에서 보겠지만, 오늘날의 족장형 리더 중에도 이 특별한 능력을 지닌 이들이 존재한다.

원시 상태로 돌아가자는 말이 아니다

미래의 리더십을 준비하는 데 있어 이미 우리가 떠나온 사회 형태를 다시 들여다봐야 한다는 주장은 과연 타당할까? 누군가는 이렇게 반문할지도 모른다. 왜 굳이 과거로 거슬러 올라가야 하죠?

족장형 리더십이 미래형 리더십이 될 수 있다고 주장하려면 먼저 진화가 선형적으로 예정된 발전이 아니라는 사실부터 짚고 넘어가야 한다. 진화는 새로운 조건과 요구에 따라 끊임없이 재조정되는 과정이다. 학교에서는 원시사회에서 문명사회로, 평등한 공동체에서 위계적 조직으로 나아가는 과정이 자연스럽고 불가피하며 바람직하기까지 하다고 가르친다. 하지만 이것은 잘못된 이해에 기반한 것이다. 특히, 적자생존이라는 다윈주의의 명제를 힘센 자나 권력 있는 자가 살아남고 약자는 도태된다는 식으로 해석하는 것은 자연의 작동 원리와 사회발전의 복잡성을 오해한 것이다.

다윈이 처음 제시한 적자생존이란 가장 강한 개체가 살아남는다는 뜻이 아니다. 자연이나 사회의 순환에 가장 잘 적응하고 조화롭게 들어선 종이 살아남는다는 의미로 이해해야 한다. 기후 위기와 전쟁이 끊이지 않는 지금, 현대 인류가 환경에 가장 잘 적응한 존재라고 보기는 어렵다. 오히려 인간은 다른 종을 이기고 제거하는 데 몰두해왔으며 그 과정에서 자기 파멸의 씨앗까지 뿌려놓았다. 우리가 이 흐름을 바꾸려는 실천을 하지 않거나 새로운 가치를 모색하지 않고 거짓과 기만으로 대중을 지배하는 알파 수컷형 리더를 계속 용인한다면, 다음 세대에게 희망을 물려줄 수 없을 것이다. 호모사피엔스는 최근 들어 장기적 생존을 위한 집단적 의지나 능력을 거의 보여주지 못하고 있다. 살아남기 위해서는 다시 적응해야 하며, 지속 가능한 삶의 방식을 회복해야 한다. 그리고 지속 가능한 삶은 지속 가능한 통치 없이는 불가능하다. 진화는 결코 일방통행이 아니다.

새로운 방향으로의 전환은 물질적인 풍요, 복지제도, 민주주의적 의회주의를 폐기하고 다시 원시 상태로 돌아가자는 뜻이 아니다. 우리가 완전한 문명인이나 완벽하게 현대적인 인간이 될 수 없는 점을 인정해야 한다는 의미다. 그리고 태초부터 함께해온 정의와 자연과의 조화라는 원칙에 따라 살아가야 한다는 의미이기도 하다.

자연으로부터 완전히 분리되거나 그 위에 군림하려는 시도는 결국 우리 자신과 주변 모두에 해를 끼친다. 우리가 진화라고 불리는 흐름에 취한 탓에 권력은 우리의 머리끝까지 치솟았고, 그 결과는 참혹했다. 로마 제국에서 나치즘과 스탈린주의, 식민지 시대를 거쳐 오늘날의 러시아와 중국에 이르기까지, 어떤 제국도 찬사를 받을 만한 유산을 남기지 않았다. 이 이른바 '위대한 제국들'이 초래한 인간성의 상실이 없었다면 역사는 더 나았을지도 모른다. 우리는 원시적 공동체로부터 얻을 수 있었던 통찰을 잊고 말았다. 거대한 제국에 매혹된 나머지 문명이 곧 진보이고 모든 진보는 긍정적인 것이라는 착각에 빠졌기 때문이다.

엘렌 클라스트르에 따르면 원주민 사회를 '실현되지 못한 잠재력'으로 묘사하는 이면에는 이데올로기가 자리하고 있다. 평평하고 분산된 구조, 보다 공정한 사회구조보다 국가권력과 위계 체계를 우위에 두는 관점 말이다. 이런 시선은 잉카와 아즈텍제국을 위대한 문명으로 칭송하면서 그 외의 '인디언'들은 아무것도 이루지 못한 존재로 기억하거나 아예 잊히게 만든다. 다시 말해, 국가도 계급도 피라미드도 없는 사회는 곧 무능과 결핍의 상징으로 취급받는 것이다. 지금도 마찬가지다. 우리는 권력이 어디에 있는지 말할 때 정치인, 기업, 언론, 국가를 지목한다.

하지만 권력은 우리 모두 안에 잠재된 채 미처 쓰이지 않은 창조성과 가능성 속에 존재한다. 설령 지금은 그것이 보이지 않는다고 해도 말이다. 우리에게 필요한 것은 혁명이다. 철학자들이 수 세기 동안 결핍으로만 간주해왔던 것, 즉 위계의 부재를 새로운 시선으로 바라보는 혁명이 그것이다. 위계가 없다는 것은 무언가가 부족하다는 뜻이 아니다. 오히려 인간이 자기 안의 위계적인 본성을 억제하고, 평등과 자유라는 훨씬 더 복잡한 예술을 향한 의지를 지녔다는 증거다.

사테레-마웨족의 주술사 쿠테라는 소위 '역피라미드 구조'를 숲과 식물계를 예로 들어 명쾌하게 설명했다.

"숲을 걸어보면 알 수 있어요. 어떤 나무가 지나치게 높이 자라거나 덤불이 너무 커지면, 다른 식물이나 나무, 곤충이나 동물이 그것을 뒤덮거나 갉아 먹으며 성장을 억제하죠. 동물도 마찬가지

랍니다. 어떤 한 개체의 수가 지나치게 많아지면 우리가 사냥해 먹습니다. 아마존에는 왜 거대한 동물이나 하늘까지 뻗어 있는 나무가 없을까요? 자연의 정령들, 땅 아래 깔려 있는 영靈들은 누구도 하늘로 치솟는 걸 허락하지 않아요. 그들은 땅속 깊은 곳에서 뿌리를 통해 나무에 생명을 불어넣고, 그 나무가 땅에 단단하게 잘 머무를 수 있도록 붙잡아주는 존재들이에요."

생물학자들에 따르면 아마존 정글의 생물학적·문화적 다양성이야말로 특정 동식물이 지나치게 커지거나 다른 종을 몰아내고 멸종시키는 사태를 막는 핵심 요인이다. 이처럼 균형 잡힌 경쟁은 자원 소비가 일정 수준의 평등을 유지하도록 만든다. 그렇다면 이것은 일종의 생물학적 얀테의 법칙일까? 우리는 자연의 이 평등주의적 질서에서 어떤 교훈을 얻을 수 있을까?

어쩌면 이 논리를 우리가 원하는 조직 형태에도 적용할 수 있을지도 모른다. 조직 내 다양성이 클수록, 리더의 권력이 과도하게 집중되지 않을수록 리더가 구성원 위에 군림하며 자기 무결성에 도취되는 상황을 피할 수 있다. 다양한 요구와 필요는 자기 선택을 억제하는 효과적인 방어 장치가 된다.

따라서 인간과 생물의 다양성에 대해 다음과 같은 명제를 제시할 수 있다. 다양성 보장, 차이 존중, 포용 확대는 폭정과 위계 구조로의 퇴행을 막는 방어 장치다. 반대로 인간 사이의 위계와 인간과 자연 사이의 위계가 구축될수록 동질화와 배제의 위험이 커지고, 지속가능성의 관점에서 보았을 때 생태계 붕괴의 가능성 또한 높아진다.

클라스트르는 저서 『국가에 대항하는 사회』에서 국가야말로 차이의 논리와 다채로운 공동체를 제거하고 그 자리에 획일성을 세우려는 권력이라고 말했다. 다양성과 차이를 포용하는 정도가 클수록 권력은 위계적 체계 속에서 단일한 집단에 집중될 가능성이 줄어들고, 부패할 가능성 역시 낮아진다.

우리가 족장형 리더십이 미래의 중요한 대안이 될 수 있다고 믿는 이유는 그것이 공동체와 다양성의 윤리를 회복시키고 소수의 이익이 아닌 공동의 이익을 중심에 두기 때문이다. 이는 수많은 조직이 직면한 문제, 즉 인재 채용과 유지, 동기부여, 심리적 안정감 조성 등에 대한 하나의 해법이 될 수 있다고 본다.

조직이 인재를 유지해야 하는 이유는 핵심 지식 이탈을 막기 위해서다. 그런 점에서 사람들을 조직에 머무르게 하는 리더는 복잡한 리더십 기술만 익힌 리더보다 훨씬 더 큰 가치를 지닌다. 우리는 경력 지향적이고 통제적이며 거리를 두는 리더십이 소위 '고도의 발전'을 이끌었다는 주장의 근거가 충분하다고 보지 않는다.

덴마크는 다른 나라에 비해 권력 간 거리감이 낮고, 직원에 대한 신뢰 수준이 높으며 정치인과 시민의 관계도 비교적 비격식적이다. 나중에 살펴보겠지만, 문화적인 요인 덕분에 덴마크에는 족장형 리더십의 특징이 여전히 많이 남아 있다. 수백만 인구가 사는 현대 국가임에도 불구하고 여전히 부족 단계의 특성을 다수 간직하고 있는 것이다. 족장형 리더십은 규모의 문제가 아니라 태도와 구조의 문제이기 때문이다. 그럼에도 우리는 겸손하고 봉사하는 리더십은 복잡한 조직에 어울리지 않는다고 믿어왔고, 그것을 원시적이라며 배제해왔다. 바로 이 생각 때문에 덴마크는 거부했어야 마땅할 미국식 리더십 이론에 압도당하고 말았다.

　우리는 소위 '원주민식 리더십'이 외부로부터 수입한 리더십 방식보다 훨씬 더 지속 가능하다고 믿는다. 우리가 처한 현실적 조건에 더 잘 맞고, 진화적으로도 더 적합하다. 족장에 관해 우리가 소개한 내용은 다소 이국적으로 들릴 수 있지만, 그가 수행하는 역할은 지금 리더들이 직면한 과제들과 충분히 견줄 만하다. 즉, 원주민 공동체에서 족장이 해왔던 많은 일은 오늘날에도 여전히 유효하다. 그러니 이제는 현대인들에게 원초적 리더십을 다시 소개해야 할 때다. 그것이 곧 현대의 족장형 리더십이라고 할 수 있다.

4장

겸허하고, 평등하게,
경청하고, 전승하기

감히 나아간다는 것은 잠시 발을 디딜 곳을 잃는 일이지만
감히 나아가지 않는다는 것은 곧 자신을 잃는 일이다.
―쇠렌 키르케고르, 『죽음에 이르는 병』(임규정 옮김, 한길사, 2007)

족장은 자기 자신을 지목하지 않는다. 그는 타인에 의해 지목된다. 공동체를 이끌 때뿐만 아니라 책에 등장할 때도 마찬가지다. 앞으로 소개할 리더들 또한 대부분 다른 사람들이 지목한 이다. 스스로 자신을 선택한 이는 단 한 사람도 없었다. 이 책을 준비하는 동안 우리는 많은 사람에게 3장에서 다룬 특징을 지닌 상사를 알고 있는지 물었고, SNS를 통해 책의 기획을 공개하자 수백 건의 추천이 쏟아졌다. 그 외에도 함께 일했거나 알고 지낸 이들 가운데 몇몇을 후보로 염두에 두고 있었다.

족장형 리더를 찾는 과정과 직원들이 묘사한 좋은 리더의 특징을 살펴보며, 우리는 덴마크에도 더 나은 리더십이 필요하다는 확신을 갖게 되었다. 동시에 정말 훌륭한 리더를 만날 희망이 있음을 확인했다. 자신의 상사를 추천한 사람들은 아무 요청을 받지 않았음에도 수 장에 걸쳐 상사를 설명했고, 일부는 우리에게 직접 연락해서 자기 상사야말로 꼭 우리가 만나봐야 할 사람이라고 확신에 차 말하기도 했다. 누군가에게 잘 보이기 위한 행동이라고 볼 수는 없었다. 대부분 익명으로 글을 보냈기 때문이다. 그들은 그저 자기 상사가 정말 훌륭한 사람이라고 전하고 싶었던 것이다.

우리가 만난 훌륭한 리더들의 이야기를 여기에 모두 담을 수는 없다. 배울 점이 많았던 인터뷰 역시 모두 소개하기는 어렵다. 대신 족장형 리더십의 다양한 면모를 보여주는 대표적인 사례를 주제별로 정리했다. 대부분 족장형 리더의 특성을 두루 갖추고 있었지만, 그 표현 방식이나 강도는 각기 달랐다. 모두가 조직의 최고 위직에 있는 것도 아니었다. 단 3명으로 이루어진 소규모 팀을 이끄는 사람도 있었고, 1만 3,000명 이상의 인력을 책임지는 리더도 있었다. 어떤 이는 자신의 리더십 스타일을 반영해 급진적인 조직 개편을 추진했고, 어떤 이는 족장형 리더에게 불리한 체계에서 고군분투하며 직원들을 위해 변화를 만들어냈다.

우리는 이 리더들을 직접 인터뷰했을 뿐 아니라 그들의 직원들에게도 이야기를 들었다. 우리가 본 리더들의 인상을 다시 확인하고 보완하기 위해서였다. 결국 상사의 진짜 모습은 그를 따르는 직원들의 입에서 나오는 법이니 말이다.

겸허한 족장

부드럽고 감성적인 '소프티softie' 리더

이다 순드보리Ida Sundborg는 39세의 스웨덴인으로, 북유럽 전역에 지사를 둔 보험회사 'If'의 중간관리자로 일하고 있다. 그녀는 리더 6명으로 구성된 팀의 일원이자 직원 50명이 일하는 부서를 책임지고 있다. 직함은 UX 및 서비스 디자인 북유럽 총괄 책임자^{Nordic Head of UX & Service Design}이고, 이전에는 기업 UX 매니저^{Corporate UX Manager}를 역임했다. 또한 미디어기술학 석사학위를 보유하고 있으며, 그래픽디자인 교육도 이수했다.

리더십 이야기를 나누던 중, 이다는 문득 이렇게 말했다.

"저는 아마도 소프티, 그러니까 부드럽고 감성적인 사람에 가까운 것 같아요."

그러고는 잠시 말을 멈췄다가 다시 이어갔다.

"결국 중요한 건 신뢰를 만드는 일이라고 생각해요. 그리고 사람들의 취약점을 이해하는 거죠. 타인의 내면에서 일어나는 일을 다루는 능력은 가정에서부터 길러진다고 봐요. 예를 들어, 저는 삶에서 겪은 어려움은 집단이나 사람 사이에서 생기는 갈등을 이해하고 풀어가는 데 도움이 된다고 믿거든요. 그리고 자신이 소프티로 보이는 걸 두려워해선 안 돼요. 핵심은 공감 능력과 접근 가능성이니까요."

처음에 우리는 이다의 진솔함과 개인의 삶의 배경이 리더십에서 큰 의미를 지닌다는 관점이 다소 의외라고 느꼈다. 하지만 대화를 이어갈수록 이다에게 점점 설득되었다. 이다가 말한 삶의 시련은 6살 때 헬리콥터 사고로 아버지를 잃은 경험이었다. 그 사건을 비롯해 그녀의 삶을 형성한 다른 여러 경험은 이다에게 타인의 심리 상태를 이해할 수 있는 능력을 길러주었고, 사람들의 행동을 실제로 이해하기 전까지는 성급히 판단하지 않도록 도와주었다.

저는 뒤에서 받쳐주는 사람이면 돼요

이다는 자신이 되고 싶지 않은 리더의 모습을 이야기해주었다. 동료들의 성과를 가로채거나 모든 일에 사사건건 간섭하는, 이른바 '마이크로매니저'가 되고 싶지는 않다고 했다. 그래서 직원들이 스스로 빛날 수 있도록 돕고, 좋은 결과에 대한 인정과 보상을 그들이 직접 받도록 해주었다. 반대로 문제가 생겼을 때의 책임은 자신이 감당하려 했다.

"저는 리더라서 어차피 자연스럽게 중심에 서게 돼요. 그래서 직원들이 빛나고, 인정받을 수 있게 해주는 게 정말 중요하다고 생각해요. 그럴 때 저도 함께 빛날 수 있거든요. 제가 굳이 앞에 나설 필요는 없어요. 다른 사람들도 스스로 해낼 수 있다는 걸 알아야 하니까요. 저는 뒤에서 조용히 받쳐주는 사람이면 돼요."

이다는 한때 상사가 자신의 일주일치 업무를 들여다보며 일일이 평가하려 했던 적이 있다고 털어놓았다. 그런 일이 반복되자 점점 자신감이 사라지고, 업무 성과도 눈에 띄게 떨어졌다고 했다. 그리고 그 경험을 통해 리더가 직원의 업무에 과하게 개입하는 방식은 결코 효과적이지 않으며, 무엇보다 통제적으로 비치지 않도록 늘 조심해야 한다는 사실을 깨달았다.

이다는 자신에게 긍정적인 인상을 깊게 남긴 한 고위 관리자도 또렷이 기억하고 있었다.

"제가 본보기로 삼는 분 중 한 명은 모두에게 존경받던 상사였어요. 동시에, 제가 만난 사람 중 가장 겸손한 사람이기도 했죠. 그분은 말하는 것보다 듣는 데 집중했고, 누구든 소홀히 하지 않고 자신의 시간을 내주었어요."

그러면서 이렇게 덧붙였다.

"약한 모습이나 치부를 드러내며 신뢰를 얻으려면 자기 자신에 대한 확신이 있어야 해요. 솔직한 평가를 감수하기 위해선 용기가 필요하죠. 그건 결국 인간으로서 내가 옳은 일을 하고 있다는 믿음과 내면에 단단한 기반이 있어야 가능한 일이에요. 저는 오히려 약함을 드러냄으로써 그 기반이 더 단단해진다고 생각해요. 그런 모습이 리더로서의 인간적인 면모에 대한 신뢰를 만들어주고, 직원들에게 안도감과 동기를 주는 힘이 되거든요."

이다는 평소에도 간섭을 최소화하려고 노력하고, 직원들이 신뢰할 수 있는 리더가 되기 위해 늘 고민한다. 특히 직원들이 실수했을 때 언제든 편하게 자신에게 다가올 수 있는 분위기를 만드는 것을 중요하게 생각한다.

"제가 모든 것을 품을 수 있는 사람이라고 직원들이 느껴야 해요. 저는 절대로 마이크로매니저가 되고 싶지 않아요. 제가 보복하거나 벌을 주는 사람이 아니라는 것, 언제나 귀를 기울이고 조언하며 함께 방향을 찾아가는 사람이라는 걸 직원들이 확신할 수 있어야 해요. 물론 저도 불안할 때가 있어요. 하지만 제 취약한 부분을 어느 정도는 드러낼 수 있다고 생각해요. 단, 그게 직원들에게 짐이 되어서는 안 되겠죠."

직원들은 언제나 저보다 크고 강해요

이다는 팀 내에서 시너지와 조화를 만드는 데 힘쓰는 동시에, 갈등이 커지기 전에 개입하려고 한다. 갈등이 수면 위로 드러나기 직전 만들어지는 미세한 긴장감을 포착해내려 하는 것이다. 그녀는 갈등 원인을 분석하는 데 충분한 시간을 들인다. 대부분의 갈등은 복잡한 양상을 띠기 때문이다. 중요한 건 사태가 본격화되기 전에 미묘한 흐름을 읽어내고, 집단의 역동을 세심하게 감지하는 일이다.

직원과 거리를 두는 리더나 감시자형 상사는 좀처럼 모습을 드러내지 않는다. '문은 언제나 열려 있습니다'라는 팻말 뒤에 숨은 채 사무실에 틀어박혀 있는 경우가 대부분이다. 반면 이다와 같은 족장형 리더는 공동체가 내부 갈등이나 긴장으로 흔들릴 때 그 기류를 몸소 느끼며 현장을 누빈다. 이것이 바로 족장형 리더십의 고된 측면이다. 사테레-마웨족 족장 역시 다른 부족을 방문하고 돌아올 때면 늘 지쳐 있었고, 때로는 깊은 좌절감도 느꼈다. 하지만 결코 겉으로 드러내지는 않았다.

그렇다면 스트레스와 사방에서 밀려드는 압박으로 가득한 일상 속에서 이다는 어떻게 균형을 유지할까? 그녀는 말을 탄다. 말 위에 올라 모든 것을 잊고, 무의식의 차원에서 복잡한 감정과 압박을 정리한다.

"말은 크고 섬세한 동물이에요. 저보다 훨씬 강하죠. 억지로 몰거나 통제할 수 있는 존재가 아니에요. 그저 이끌어야 해요. 미세한 움직임과 분위기를 느끼고, 거기에 맞춰 방향을 유도해야 하죠. 이렇게 기수와 말 사이에 시너지가 나야 사고 없이 함께 갈 수 있답니다."

승마는 이다에게 스트레스와 걱정을 내려놓는 탈출구이자 자신이 어떤 리더가 되고자 하는지 몸으로 훈련하는 시간이기도 하다. 리더는 집중력을 잃어서는 안 되며, 언제든 발생할 수 있는 문제를 항상 균형 있게 다룰 수 있어야 한다. 그리고 집단은 언제나 자신보다 더 크고 더 강하다는 사실을 잊지 말아야 한다. 그 힘과 필요성, 역량을 존중하면서 이끌어야 하고, 자신과 팀 사이의 균형점을 늘 의식해야 한다.

"말은 저보다 크고 강하지만, 그 말이 저를 따라오도록 하는 건 제가 해야 하는 일이죠. 우리가 서로의 신호를 읽고 오해 없이 움직이려면 리더인 제가 먼저 감각을 열고 책임을 져야 해요. 저는 인간 중심의 조직문화를 선호해요. 개인의 필요와 취약함, 강점을 섬세하게 살필 수 있는 조직이요. 그런 조직을 이끄는 리더가 되고 싶어요. 그 안에서는 누구도 희생양이 되거나 감시당하는 느낌을 받아서는 안 돼요. 그러려면 사람을 이끄는 감각이 필요하죠."

개인적이고 예민한 문제로 힘들어하는 직원이 있을 때, 이다는 자신의 경험에서 실마리를 찾으며 그 상황을 이해하고, 일대일 대화를 통해 진심으로 그 순간에 그와 함께하려고 노력한다.

"저는 상대의 삶, 그 안의 관계와 욕구, 어려움까지 모두 상상하며 그 자리에 서보려고 항상 애써요."

이다가 어떻게 부드러움과 권위 사이의 균형을 이토록 자연스럽게 유지하는지를 듣고 놀란 우리는 질문을 던졌다. 소프트한 리더로서 어떻게 버텨내고 있는지, 누구에게 의지하는지, 당신의 취약함을 돌보고 조언해주는 존재는 누구인지. 다시 말해 이다에게도 주술사 역할을 하는 조력자가 있는지 물어보았다. 이다는 이렇게 대답했다.

"제 이야기를 들어주고 조언해줄 수 있는 사람은 반드시 필요해요. 하지만 저는 직원들과 사적으로 얽히지 않으려 해요. 어려운 이야기는 제가 많이 신뢰하는 파트너나 가까운 다른 리더와 나누죠. 정말 믿을 수 있는 사람이어야 해요."

아마존의 마크와처럼 부족 전체를 돌보면서도 자기 자신을 잃지 않는 균형을 이룬 리더가 있듯, 이다 역시 모두의 이야기에 귀 기울이면서도 결국 자신의 내면을 향해 나아가는 리더십의 본질을 보여준다.

축제 의상을 입은 리더

세탁회사 텍스틸리아^{Textilia}의 경영자 안더스 에이케모 토르고르 Anders Eikemo Thorgaard는 영화 〈토이 스토리^{Toy Story}〉에 나오는 허세 가득한 우주비행사 버즈 라이트이어^{Buzz Lightyear} 복장을 한 채 허수아비를 만들 때 쓰는 짚더미 위에 앉아 있다. 조금 전에는 헬멧을 쓴 '동방박사' 3명이 트랙터를 몰고 작은 헛간에 도착해 아기 예수 앞에 헌 옷을 선물로 내려놓고 갔다.

우리는 이 회사에서 매년 만드는 크리스마스 단편영화 촬영 현장을 지켜보고 있다. 이 영화는 하루 만에 촬영해 회사 크리스마스 점심 행사 때 상영될 예정이다. 토르고르는 세 나라에 퍼져 있는, 2,500명이 넘는 직원을 모두 직접 만나기는 이제 불가능하다는 것을 알고 있다. 그래서 이 영화를 만드는 것이다. 내용은 늘 비슷하다. 버즈 옷을 입은 안더스가 등장해 엉뚱하고 바보 같은 짓을 하는 기묘한 상황극이 이어진다. 올해 영화의 마지막 장면에서는 트랙터를 몰다가 짚더미를 쓰러뜨려놓고 자신은 여전히 트랙터쯤은 능숙하게 운전할 수 있다고 우겼다. 짚더미에 앉은 토르고르에게 단골 촬영감독 프레벤이 묻는다.

"당신은 행복한 대표입니까?"

잠시 생각에 잠겼던 토르고르는 이렇게 대답한다.

"전 열정적인 대표예요. 그런데 제가 진짜 대표인지는 잘 모르겠네요. 그냥 여기저기 다니며 도움을 주는…… 뭐랄까, 일종의 잡역부 같은 사람이죠."

직원들은 하찮은 상사를 좋아하거든요

얼마 후, 우리는 스뫼룸^{Smrum}에 위치한 본사에서 안더스를 다시 만났다. 본사는 직원 수가 75명 남짓인 작은 규모였다. 그는 본사는 운영 현장을 위한 서비스 조직이어야 한다는 원칙을 고수하고 있

나. 운영 조직은 덴마크와 스웨덴 전역에 세워진 약 35개의 세탁 공장과 리투아니아에 있는 재봉 작업장으로 구성되어 있다. 한때 '연합증기세탁소 De Forenede Dampvaskerier'라는 이름으로 알려졌던 이 회사는 이제 텍스틸리아라는 이름 아래 철저한 분산형 구조를 갖추고 있으며, 각 지점에는 높은 수준의 자율성이 보장된다.

"우리 조직은 항상 누군가가 뭔가를 부탁해요. 당신에게 무언가를 부탁하는 사람이 아무도 없다면, 그냥 집에 가거나 창밖이나 멍하니 바라보면 되는 거죠."

텍스틸리아는 공동체다. 일을 나누고 함께 문제를 해결해야 한다. 그러니 도울 사람이 없으면 할 일도 없는 셈이다. 문제가 생기면 직접 나서서 해결하는 '잡역부' 같은 안더스의 태도는 이 조직에 필수불가결한 요소다. 그는 자기 자신을 '몰래 일을 처리하는 사람'이라고 칭했다.

"제가 하는 가장 중요한 일은 사람들이 모르는 사이에 변화가 이루어지게 하고, 자연스럽게 정리하는 것입니다. 그리고 '이건 내가 한 일이야'라고 생각하게끔 만들죠. 가끔은 과감하게 조치하기도 해요. 실제로 스웨덴에서 그렇게 하고 있어요. 제가 한 회사를 인수했을 때 거기에는 643개의 규정이 있었는데, 그걸 모두 없애 버렸거든요."

안더스는 열렬한 규칙 반대자다. 그는 규칙이 혁신과 발전을 가로막고, 사람들을 무기력하게 만들며, 결국 잔소리와 부정적인 에너지로 이어진다고 생각한다.

우리는 그에게 희한한 크리스마스 단편영화와 우스꽝스러운 복장에 대해 묻지 않을 수 없었다. 안더스는 이렇게 대답했다.

"직원들은 자기 상사가 하찮고 웃긴 걸 좋아하죠. 그래야 상사가 위협적인 존재가 아니라는 걸 느낄 수 있으니까요. 두려운 상사를 둔다는 건 썩 유쾌한 일이 아니잖아요?"

사테레-마웨족의 족장이 유머와 자기 풍자를 통해 자신의 위엄을 누그러뜨리고 자신이 위협적인 독재자가 아니라는 점을 공동체에 확인시켰듯, 안더스 역시 사람들이 자신을 두고 웃을 수 있도록 기꺼이 자리를 내어준다. '상사가 가장 중요한 존재는 아니다' '상사는 결코 위협이 되어서는 안 된다'라는 메시지를 몸소 보여주는 것이다. 인터뷰 당일에도 안더스는 낡은 식탁보로 만든 후드티를 입고 아래에는 양말만 신은 모습으로 우리를 사무실로 안내했다. 그는 긴 머리를 하나로 묶고 다니기도 하는데, 이 모습은 크리스마스 영화의 단골 소재다. 버즈 라이트이어 복장을 입는 것도 결국 자신의 외모, 특히 머리카락에 대한 허영을 유쾌하게 풍자하는 것이다.

"내 안에 있는 권위에 대한 욕망을 농담 삼아 웃을 수 있어야 해요. 영화에 제가 물 위를 걷는 장면도 나와요. 그건 저 자신에게 '우쭐대지 마라'라고 상기시키기 위한 장면이기도 하지만, 동료들을 위한 것이기도 하죠. '나도 실수한다' '나도 똑같은 인간이다'라는 걸 보여주고 싶거든요. 가려지지 않은, 있는 그대로의 한 인간이라고요."

겉보기에는 유쾌하고 가볍게 보일 수도 있지만, 안더스 토르그르는 자신의 방식이 결코 쉬운 리더십은 아니라고 단언했다. 리더로서 가장 쉬운 길은 독재자가 되어 모든 결정을 직접 내리는 것이다. 하지만 안더스는 대부분의 의사결정이 현장, 즉 지역 단위에서 이루어지기를 원했다. 그래서 그는 자주 각 부서를 직접 찾아가 현지 관리자들과 그들의 상급자들이 함께 참여하는 '부족 회의tribal council'를 연다. 여기서 안더스의 역할은 현장에서 나온 질문에 응답하는 것이다.

그는 관리자들만 만나지 않는다. 세탁 공장의 작업 현장, 즉 '현장 바닥'의 직원들과도 자주 만난다. 그는 조심스럽고도 호기심 어린 태도로 묻고, 직원들의 말을 귀 기울여 들었다. 그 자세는 통제하거나 감시하려는 것과는 거리가 멀었다.

"저는 그들이 무슨 일을 하고 있는지, 어떤 어려움을 겪고 있는지 묻곤 해요. 대부분의 시간을 숙련되지 않은 노동자나 일반 사무직 직원들과 보내는 편이죠."

안더스는 위에서 언급한 '부족 회의'라는 말을 즐겨 쓸 뿐 아니라 아예 스스로를 '족장'이라고 칭하기도 한다. 그가 영향을 받았다고 밝힌 인물은 17세기 캐나다 원주민 웬다트Wendat족의 족장, 칸디아롱크Kandiaronk다. 칸디아롱크는 자신을 인터뷰한 프랑스 탐험가들에게 유럽인들이 규칙과 위계에 집착하는 모습이 이상하다고 말했다.

"우리는 법 없이 살기로 했습니다. 세상이 시작된 이래, 우리 조상들은 그런 것 없이도 충분히 만족스럽게 살아왔으니까요."

안더스는 그 말에서 큰 깨달음을 얻었고, 그 후로 가능한 한 규칙을 최소화하고 싶어 하게 되었다. 그리고 다른 족장들처럼 명령이나 지시가 아닌, 신뢰를 바탕으로 조직을 이끌고자 했다.

실패는 천장에 걸어두면 돼요

안더스는 여러 회사를 운영하는 기업가다. 사실 그는 몇 년 전에 다른 사업에 집중하기 위해 텍스틸리아의 CEO 자리에서 물러난 적이 있다. 그가 운영하는 사업장 중 하나는 퓐Fyn에 위치한 '스텐스고르Steensgaard'로, 유기농 농장과 정육점, 레스토랑이 결합한 복합 식품 브랜드다. 그러나 텍스틸리아에 새로 부임한 경영진이 조직의 문화와 정신을 이어가지 못해 직원들의 불만이 커지자, 안더스는 다시 대표직에 복귀하기로 결심했다. 조직의 핵심 가치를 이해하지 못하는 경영진 아래에서 직원들이 고통을 겪는 모습을 지켜보는 일은 그에게 큰 상처였다.

당시 덴마크 자산가 순위 64위에 올랐던 안더스는 마음만 먹으면 얼마든지 은퇴할 수 있는 위치에 있었다. 하지만 그는 책임을 선택했다. 그가 택한 리더십은 자기 자신을 소모하는 형태다. 위에서 지시를 내리는 데 그치지 않고 현장에 머물며 끊임없이 귀 기울이고 구성원들의 문제를 함께 해결하는 '지원자' 역할을 자처한 것이다.

"제가 택한 방식이 더 번거롭고 고된 건 사실이에요. 그럼에도 이 길을 택한 건, 그게 옳다고 믿기 때문이죠."

텍스틸리아 직원들에 따르면 안더스는 모든 문제의 해답을 가진 완벽한 존재가 아니다. 오히려 구성원들에게 스스로 시도할 기회를 열어줌으로써 일상에서 강력한 추진력을 만들어내는 사람이다. 그래서 다른 조직에서는 감히 시도하지 못했던 일도 이곳에서는 두려움 없이 해보게 된다고 말했다. 한 직원은 예전에 일했던 회사에서는 리더들이 늘 윗선 눈치를 보느라 바빴지만, 텍스틸리아의 리더들은 언제나 직원들을 돕고 지원하는 데 집중한다고 했다. 그들 역시 '족장'처럼 행동하는 것이다. 이유는 단 하나다. 안더스가 먼저 그렇게 행동하고, 모범을 보이기 때문이다.

"이건 본보기로서의 리더십이에요. 조직이 이런 방식으로 운영되는 건 안더스가 그것을 진심으로 원하고 유지할 의지를 가지고 있기 때문이죠. 바로 그 점이 우리에게 안정감을 줘요."

리더들이 이런 방식의 리더십을 받아들이는 것은 안더스에게 무엇보다 중요한 일이다. 그래서 그는 사람을 채용할 때 대화에 많은 시간을 투자한다. 경력을 확인하려는 것이 아니라 그들의 가치관을 듣고 어떤 사람인지 파악하기 위해서다.

크리스마스 영화에서 안더스는 영화 촬영지인 스텐스고르 레스토랑 천장을 가리킨다. 천장에는 마치 커다란 반죽 덩어리처럼 생긴 울퉁불퉁한 종이 공들이 매달려 있다.

"이건 다 제가 저지른 실수예요."

그가 걸레로 바닥을 닦으며 말한다.

"저는 매일 실수를 하거든요."

그러고는 다시 천장 곳곳에 매달린 '돌덩이'들을 가리킨다.

"다행히, 그걸 함께 바로잡아주는 사람들이 있어요."

그가 웃으며 말한다.

족장이 가장 많은 실수를 저지른 사람이 자기 자신이라는 것을 먼저 인정한다면, 더 이상 다른 구성원들이 두려워할 이유가 없다. 그래서 그는 그렇게 한다. 본보기가 되는 힘은 강점을 드러낼 때만이 아니라 자신의 결핍을 드러낼 때도 똑같이 강력하니 말이다.

현대 조직은 모든 직원을 같은 틀에 끼워 맞추는 정렬^{alignment}에 집착한다. 매우 안타까운 일이다. 실질적인 힘은 오히려 다양성 속에 있기 때문이다. 이 강박은 경영이 전문화되고 관료화될수록 더 뚜렷해진다. 복잡한 조직을 관리하고자 각종 규칙을 만들어내고, 직원들과 지역 조직에 일관된 규정 준수와 통일성을 요구하는 것이다. 겉으로는 다양성을 강조하지만 실제로는 모두가 같은 방식으로 움직이도록 통제해 모두를 똑같은 모습으로 만들려고 한다.

원시공동체의 족장은 매우 다양한 사람과 집단을 하나로 묶어야 했다. 강한 자율성을 가진 개인들, 중심의 통제만으로는 움직이지 않는 하위 집단들까지 모두 품어야 했다. 족장은 갈등을 조율하고 협력을 유도하며 분쟁을 수습했지만, 구성원들이 똑같아지기를 바라지는 않았다. 그들을 일률적으로 만드는 데 관심이 없었던 것이다. 족장형 리더십 또한 '어디로 갈 것인가'라는 방향은 분명하게 제시하지만, '어떻게 갈 것인가'에 대해서는 구성원 각자의 방식과 서로 간의 시너지에 맡긴다.

이것이 바로 안더스 토르고르의 리더십 방식에 담긴 핵심 의도다. 그는 직원들에게 어떻게 일을 해야 하는지 일일이 지시하는 것은 아무 의미가 없다고 말했다. 안더스는 이를 '아우프트락스탁틱auftragstaktik(Auftrag과업,임무+Taktik전술, 임무 기반 전술적 지휘체계)'이라고 부르는데, 이는 19세기 중반에 프로이센의 장군 헬무트 폰 몰트케Helmuth von Moltke가 제안한 전술에서 비롯된 개념이다. 몰트케는 현장에서 주도권을 발휘하지 못하고 상부의 지시만 따르는 병사들로는 임무를 성공할 수 없다는 결론에 이르렀다. 그래서 지휘부는 임무 방향만 제시하고, 각 부대와 병사는 그 목표를 어떻게 달성할지 스스로 판단해야 한다는 원칙을 세웠다. 이 전술 덕분에 프로이센 군대는 다른 나라의 군대보다 우수한 전투력을 갖추게 되었고, 지휘와 통제command and control 체계에 갇혀 있던 영국군 등을 상대로 확실한 우위를 점할 수 있었다.

안더스는 이 전략을 텍스틸리아에 적용하는 것이 지극히 자연스럽다고 생각했다. 그는 족장이란 미래를 내다보는 사람이긴 하지만 그 미래로 어떻게 나아갈지 일일이 지시하는 존재여서는 안 된다고 믿는다. 족장은 그저 직원들 곁에서 지원하고 뒷받침하는 사람일 뿐이다.

평등한 족장

90퍼센트 리더 없는 조직

안크리스티나 마트젠 안드레아센$^{\text{Ann-Christina Matzen Andreasen}}$은 자신이 리더가 거의 없는 조직에서 기업 운영을 맡고 있다고 말한다. 하지만 뚜껑을 열어보면 실제로는 그렇지 않다는 사실을 쉽게 알 수 있다. 대부분의 조직과 전혀 다른 방식으로 리더십이 발휘되고 있을 뿐이다.

"안크리스티나가 맡은 10퍼센트 안에서라면, 우리 조직은 아마 덴마크에서 최고의 리더십을 갖고 있을 거예요."

한 직원의 말이다. 여기서 10퍼센트는 젠토프테^{Gentofte}시 산하 조직인 JAC가 스스로를 '90퍼센트 리더 없는 조직'이라고 부르는 데에서 나온 표현이다. 이 말은 회사 경영에 대한 판단 중 90퍼센트를 직원들이 공동으로 내린다는 의미이다. 이들은 스스로 동료를 채용하고, 자신의 급여를 협상하고, 예산을 관리하고, 전반적인 조직 전략도 직접 수립한다. 형식적으로는 안크리스티나와 리더 그룹이 채용과 해고 등 인사권을 가지고 있지만, 실제로는 구성원들에게 대부분의 업무가 분산되어 있다.

이런 구조만 보면 안크리스티나는 실질적인 리더가 아니라 오히려 조직에 불필요한 존재로 보일 수도 있다. 하지만 직원들과 직접 이야기를 나눠보거나 언론보도를 살펴보면 그런 인상은 전혀 들지 않는다.

안크리스티나와 리더 그룹이 맡고 있는 역할은 사실 리더십에서 가장 핵심적인 과업이라고 할 수 있다. 바로 일이 자연스럽게 진행될 수 있도록 그 틀을 설정하는 것이다. 자율적으로 운영되는 팀에게는 자주 얼굴을 맞대고 모이는 시간이 필요하다. 안크리스티나는 그런 자리를 마련한다. 커피와 모닝 빵을 준비하고, 조직 내 116명의 구성원을 위한 서비스를 하는 것이 안크리스티나의 일이다. 하지 않아도 되는 일은 직원들을 감시하거나, 통제하거나, 지시하거나, 업무 수행 방식에 일일이 간섭하는 것이다.

스스로를 불필요한 존재로 만든 게 아니냐는 질문에 그녀는 이렇게 대답했다.

"전혀 아니에요. 오히려 이렇게 일하면 제 역할이 더 중요해져요. 저는 조직문화와 공동체의 삶을 만들고 유지하는 사람입니다. 그러니 직원들의 곁에 있고, 그들과 함께하는 존재여야 해요. 오늘 육아휴직을 마치고 복귀한 비르깃에게 잠깐 들러 '잘 돌아왔어!' 하고 인사를 건네는 것처럼요."

위계적 세계 속 평등주의 섬

JAC는 '직업Job 활동Activity 역량Competence 센터'의 약자로, 장애 및 정신건강 분야에서 특별한 지원이 필요한 시민들에게 다양한 서비스를 제공하는 기관이다. 이곳의 직원들은 주로 특수교육 전문가와 치료사로 구성되어 있다.

우리는 안크리스티나의 사무실을 방문했다. 그녀는 이곳에 될 수 있으면 오래 머물지 않으려고 한다고 말했다. 그러고는 컴퓨터를 가리키며 오늘은 몇 시간 동안 자리에 앉아 있었다고 덧붙였다. 평소에는 이런 일이 거의 없다고도 했다.

"우리는 이곳에서 관계를 기반으로 한 리더십을 실현하고 있습니다. 그러려면 사람들이 실제로 얼굴을 마주해야 하죠. 그래서 지금 이 역할이 그 어느 때보다 더 필요하다고 생각해요."

직원들도 이 말에 깊이 공감했다. 안크리스티나는 결코 불필요한 리더가 아니다. 다만 자신보다 구성원들에게 더 적합한 업무를 자의로 넘겨주었을 뿐이다. 많은 리더가 자신의 권위 기반으로 삼는 것, 즉 구성원들의 업무에 세세히 관여하고 판단을 내리는 권한과 직결된 것 말이다. 안크리스티나와 리더 그룹은 그 권한을 자발적으로 내려놓았다. 대신 시청 고위 관계자나 외부 조직과의 소통이 필요할 때는 대외적으로 조직을 대표하는 역할을 한다. 외부 파트너들이 여전히 JAC의 방식을 낯설어해서다.

"우리가 외부 회의에 직원을 보내는 건 그 직원이 해당 사안을 가장 잘 아는 사람이기 때문이에요. 하지만 파트너들은 그 점을 잘 이해하지 못해요. 그래서 결국 안크리스티나가 함께 가줘야 하죠. 우리에게도 리더가 있다는 걸 보여줘야 하니까요. 대부분의 조직은 위계적이라 회의에 반드시 리더가 와야 한다고 생각하거든요."

안크리스티나와 리더 그룹은 외부와 연결된 문을 연다. 그들은 조직을 대표해 목소리를 내는 역할을 맡고 있지만, 라디오나 TV에서 리더 없는 조직을 소개해달라는 요청을 받을 때마다 늘 다른 직원 한두 명을 함께 데려가는 것을 원칙으로 삼았다. 안크리스티나는 이 조직이 형식적으로 평등한 공동체이며, 누구나 자유롭게 조직의 이야기를 할 수 있어야 한다고 믿는다.

"물론 안크리스티나가 가장 이야기를 잘해요. 그녀는 정말 예리하고, 촉매제 같은 역할을 하는 사람이에요. 팀 회의에 그녀가 오면 다들 자연스럽게 귀를 기울이게 돼요. 그녀는 우리에게 충분히 영감을 주는 사람이기 때문에 회의에 참여해주는 것만으로도 우리에게는 동기부여가 된답니다. 우리는 그녀가 우리 업무에 항상 깊이 관여하고 있다는 걸 분명히 느낄 수 있어요."

한 직원은 이렇게 말했다.

JAC의 성과는 단연 독보적이다. 안크리스티나의 말에 따르면 JAC는 위계 구조를 허물 때 시청의 인가를 구한 적조차 없다. 그럼에도 불구하고 여러 차례 덴마크 최고의 직장으로 선정되었고, 더 나아가 유럽 최고의 직장으로 꼽히기도 했다. 지금도 직원 만족도와 관련된 거의 모든 지표에서 상위권을 유지하고 있으며, 직원들의 스트레스 지수는 최저 수준이다. 직원 재직 기간 또한 덴마크 평균보다 훨씬 길다. 앞서 인터뷰를 한 직원은 이곳에서 무려 26년째 근무 중이다. 위계적인 리더십 체계와 자율적인 운영 체계를 모두 경험한 그는 다시는 위계적인 조직으로 돌아갈 생각이 없다고 단언했다.

결국 모든 것은 인간관human view에 달려 있다

안크리스티나는 구성원들이 직접 주도하는 직장을 만들어냈다. 그리고 그 안에 위계와 권력에 대한 뚜렷한 회의감이 자리잡고 있음을 실감했다.

"이곳에는 매우 높은 수준의 자기조절 문화가 있어요. 제가 조금이라도 튀는 행동을 하면 모두 곧바로 반응하죠. 저는 그게 정말 멋지다고 생각해요."

이 작은 무정부성은 리더십이 합의된 틀을 벗어나지 않도록 끊임없이 작동한다. 안크리스티나가 자신을 과대평가하거나 자의식이 부풀어 오르지 않도록 말이다. 물론, 안크리스티나는 본래 그런 성향과는 거리가 멀다.

"저는 제 말이 여전히 무게감 있게 들린다는 걸 잘 알고 있어요."

그녀가 늘 현실에 발을 붙이고 있을 수 있는 것은 자신의 일이 개인이 아닌 공동체를 위한 것이라는 감각이 분명하기 때문이다.

"결국 이건 인간관의 문제라고 생각해요. 저는 이걸 어디서 배운 게 아니에요. 이론서나 리더십 책에서 얻은 것도 아니고요. 그저 공동체 안에서 이끌어가는 방식이 제게 자연스럽게 다가왔을 뿐입니다."

안크리스티나 같은 사람에 대한 수요는 분명히 존재한다. 그녀는 본업 외에도 강연을 하고, 자신의 리더십 철학에 관한 책과 글을 쓰며, 국내외 여러 콘퍼런스의 연사로 초청받곤 한다. 하지만

JAC를 떠나 다른 곳에서 커리어를 이어가고 싶은 마음은 없다고 했다.

"같이 학교 다니던 동창들과 비교하면 아마 제가 제일 적게 버는 편일 거예요."

그녀는 웃으며 말했다. 하지만 안크리스티나가 주는 것은 크다. 안크리스티나는 조직 곳곳에 모습을 드러내며 자신의 시간과 시야를 구성원들과 함께 나눈다. 발생할 수 있는 문제를 미리 걷어내고, 구성원들이 편하게 일할 수 있는 틀을 마련한다. 그리고 관대하고 너그러운 족장처럼 언제나 자신을 마지막에 둔 채 직원들에게 분명한 기준을 제시한다. '자기 주도적 리더십'과 '스스로 결정할 수 있는 권리'가 시민들에게 최상의 서비스를 제공하는 핵심이라고 믿기 때문이다.

모든 것은 유기적으로 연결되어 있다. 안크리스티나의 리더십은 스스로를 불필요하게 만드는 것이 아니라 오히려 가장 중요한 역할만 맡고 나머지 권한을 공동체에 돌려주는 방식이다.

결정권이 있기 때문에 결정한다는 말도 안 되는 소리

2020년 6월, 코로나 봉쇄 조치로 힘든 몇 달을 보낸 뒤 덴마크디자인센터Dansk Design Center 직원 40여 명은 조직 운영에 대해 논의하는 시간을 가졌다. 그 자리에서 한 직원이 이런 질문을 했다.

"비교적 현대적이고 창의적인 방식으로 일하는 우리 정도 규모의 조직에 이렇게 많은 위계와 리더십 단계가 존재하는 게 과연 말이 되는 걸까요?"

이 질문은 CEO였던 크리스티안 바손 Christian Bason에게 꽤 뼈아프게 다가왔다. 그는 늘 위계에서 발생하는 권력과 거리를 두려고 했던 리더였다. 질문한 직원의 말처럼, 누군가가 결정권을 가졌다는 이유만으로 타인의 위에 군림한다는 발상 자체가 터무니없다고 생각했기 때문이다.

이때로부터 6년 전부터 크리스티안은 덴마크디자인센터의 운영을 맡아 COO인 수네 크눗젠 Sune Knudsen과 함께 조직을 이끌어왔다. 하지만 시간이 흐르면서 두 사람 모두 점점 지쳐갔다. 공동체는 불안정했고, 협업은 삐걱거렸으며, 조직 안에는 무려 6단계에 이르는 직급 체계가 자리 잡고 있었다.

그해 여름 회의에서 경영진은 새로운 방향을 제시했다. 조직을 기존의 모호한 슬로건 7~8개 대신 분명한 하나의 인간관에 따라 운영하기로 한 것이다. 바로 '사람은 스스로 최선을 다하고자 하며 자율성과 영향력을 가질 때 가장 잘 일하고, 스스로 리더십을 발휘하며 서로를 도울 수 있다'라는 믿음이었다. 이는 기존에 관리자들이 맡아온 역할, 즉 직원들이 게으름피우지 않게 하고 서로 도와주며 일하게끔 만드는 일을 직원 각자가 충분히 스스로 해낼 수 있다는 문제의식에서 비롯된 것이었다. 그리고 이러한 인간관을 전제로 한다면, 직원들이 이렇게 묻는 것은 지극히 타당했다. 도대체 우리에게 이렇게 많은 관리자가 필요한 이유가 뭐죠?

결국 수네와 크리스티안은 조직을 자유롭게 풀어주기로 결정했고, 위계 구조는 해체되었다. 수천 년 동안 원시공동체 사람들이 해왔던 것처럼 피라미드를 거꾸로 뒤집었다. 리더가 구성원을 선택하는 것이 아니라 구성원들이 리더를 선택하게 된 것이다. 족장은 공동체가 따르지 않겠다고 등을 돌리는 순간 언제든 권력을 잃을 수 있다. 덴마크디자인센터의 리더들도 마찬가지였다. 그들은 자신들의 권한을 직원들에게 넘겨야 했다. 더는 급여나 업무, 고용 조건을 결정할 수 없는, 협력자이자 조언자로서만 존재하게 된 셈이었다.

형식상으로는 조직 꼭대기에 한 사람이 있어야 했기에 크리스티안은 계속해서 CEO 직함을 유지했다. 그러나 역할은 이전과 달라졌다. 수네와 크리스티안은 이 전환 과정을 다룬 자신들의 공저서에서 이를 두고 이렇게 말했다.

> 예전에는 우리가 주도권을 쥐고 '결정하는' 위치에 있었다. 그러나 변화 과정을 거치며 어떤 사람이 '특권을 지닌 채 결정권을 행사'할 때 그것이 조직에 어떤 영향을 미치는지 점점 더 깊이 자각하게 되었다.

이제 둘은 사람들 위에서 결정하고, 권력을 행사해 구성원들의 의지와 다른 방향으로 그들을 움직일 수 없었다. 대신 다음과 같은 일들을 수행해야 했다.

활동과 의사결정 과정을 투명하게 만들고, 권력을 해체하고, 서로에게 조언을 구하고, 이를 장려하고, 조직 안팎으로 소통하고, 다른 리더들을 지원하기. 무엇보다 우리가 하는 일의 큰 목적을 상기시키고, 우리가 세상에 남기고자 하는 관점을 끊임없이 되새기게 만들기.

공동체의 문화를 알고 그 문화에 기여하는 리더

덴마크디자인센터는 사람들에게 디자인이 세상의 다양한 문제를 어떻게 해결할 수 있는지 보여준다. 이 사명은 그곳에서 9년간 몸담은 뒤 지금은 다른 길을 걷고 있는 크리스티안에게 여전히 중요한 동력으로 남아 있다.

변화 이후에도 크리스티안은 조직 곳곳에서 어떤 일이 벌어지는지 계속 파악해야 했다. 조직 내부 갈등에 대한 보고서가 그의 책상에 올라오기도 했다. 그때, 그는 중요한 사실을 깨달았다. 자신이 리더 자리에 있다는 것만으로도 직원들이 스스로 문제를 해결하는 법을 배워간다는 점이었다. 그래서 자신이 중재자라는 사실을 잘 알고 있음에도 가능한 한 많은 책임을 구성원들에게 넘기려고 했다.

그렇게 조직에 구축된 특별한 '디자인'을 유지하는 일이 그의 핵심 과업 중 하나가 되었다. 조직이 다시 옛 방식으로 돌아가지 않도록 인간관과 스스로 세운 리더십 원칙을 지켜내는 것 말이다. 앞에서 소개한 족장형 리더들처럼, 그 역시 결국은 구성원들에게 끊임없이 "당신들은 누구인가?"라고 말하는 역할이었다.

많은 족장형 리더는 외부의 기대 때문에 자신도 모르게 지시하는 리더로 되돌아가는 일을 경험한다. 크리스티안 바손과 안크리스티나 마트젠 역시 외부 세계가 자신들에게 결정권과 권위를 행사하기를 기대하고, 더 형식적인 위계 구조를 도입하기를 원한다고 여러 차례 언급했다. 크리스티안도 안크리스티나처럼 외부의 위계적인 조직 앞에서 마지못해 떠맡은 '조직의 얼굴' 역할을 자주 해야 했다. 상대 조직이 반드시 '수장'을 만나야 한다고 생각했기 때문이다. 그래서 이들은 끊임없이 스스로를 점검해야 한다. 세상이 요구하는 방식이 아닌, 자신이 추구하는 전혀 다른 방식의 리더십을 놓치지 않기 위해서다. 그리고 바로 이 점이 조직 구성원들이 이들을 진심으로 좋아하는 이유다.

크리스티안은 리더십에 어느 정도 자아가 개입된다는 사실을 인정한다. 그렇기 때문에 더욱 그 점을 의식하고, 자신이 발휘하는 리더십의 목적이 무엇인지 계속해서 자각해야 한다고 말했다.

"리더십에는 두 가지 기본 태도가 있다고 생각합니다. 하나는 권력이 주는 쾌감 때문에 리더가 되기를 원하는 경우고, 다른 하나는 공동체 안에서 변화를 만들 수 있다는 믿음에서 비롯되는 경우입니다."

여러분은 공동체에 어떤 기여를 할 수 있는가? 의미 있는 변화를 위해 리더가 되어야 할 이유가 있는가? 아니면 그저 '결정'이 주는 기분 좋은 감각 때문에 리더가 되려는 것인가?

크리스티안은 자신이 첫 번째 유형의 리더를 수도 없이 봐왔으며, 특히 공공 부문에 흔하다고 했다.

"중앙행정부에는 독성이 강한 문화가 자리 잡고 있습니다. 사람들이 거기 오래 머물지 않기 때문이에요. 2~3년이라는 시간은 조직에 꽤 많은 해를 끼칠 수 있지만, 그 피해가 드러나기에는 짧은 시간입니다. 하지만 안타깝게도 이제는 그런 식으로 몇 년마다 자리를 옮기는 게 오히려 경력을 쌓는 방식이 되어버렸어요."

크리스티안과 가장 가까이에서 함께 일했던 동료는 크리스티안에게는 분명 강한 자아가 있지만, 그것을 결코 자신을 위해 쓰지 않고 오직 공동체를 위해 사용했다고 말했다.

"크리스티안은 강렬한 카리스마를 지녔으면서도 정말로 겸손한 사람이에요. 이야기를 풀어내는 데에도 뛰어난 감각이 있어요. 그는 이야기할 때 완전히 몰입하고, 표현력도 대단해요. 연단에 서서 말할 때도 메시지를 어떻게 전달할지 고민하는 모습에서 그가 어떤 사람인지 고스란히 드러나요. 무엇보다 중요한 건, 그가 모든 일에 최선을 다해 함께할 줄 아는 사람이라는 거예요."

크리스티안 바손은 족장형 리더가 가진 또 하나의 특징을 보여준다. 바로 한자리에 오래 머무른다는 점이다. 이들에게는 자신이 하는 일을 통해 실현하고자 하는 사명과 목표가 있다. 그것은 시스템 속에서 더 높은 자리에 올라가는 것이 아니다. 무탈하게 2~3년이라는 시간을 보내는 것 또한 아니다. 이들의 목표는 바로 자신이 몸담은 공동체가 당면한 과제를 자신이 그 공동체의 일원으로 있는 시간 동안 해결하는 데 있다.

리더들이 한자리에 머무는 기간은 점점 더 짧아지고 있다. 한 설문 조사에서, 덴마크의 공공 부문에 근무자는 리더의 60퍼센트가 이미 다른 일자리를 찾고 있다고 답했다. 이런 상황에서 직원들이 무엇을 느끼게 될지는 분명하다. 그들에게 리더는 잠시 들른 방문객이나 마찬가지일 것이다. 조직에 진심으로 머무를 의지도, 공동체를 위해 최선을 다하려는 의지도 없다고 생각할 것이다. 실제로 많은 리더는 조직의 문화를 이해할 틈도, 그 문화를 대표할 만큼 신뢰를 얻을 기회도 갖지 못한다.

반면, 족장은 문화를 안다. 전통사회의 족장은 그 문화 속에서 자라났고, 현대 조직의 족장형 리더는 오랜 시간 그 안에 머물며 문화를 체화했거나 안더스처럼 긴 시간에 걸쳐 직접 만들어냈다. 따라서 이들은 부족 내의 씨족, 즉 조직 내 부서 간의 관계를 설명할 수 있다. 구성원들이 이들의 말에 귀를 기울이는 이유는 이들을 믿기 때문이다. 이들이 공동체를 위해 존재하고, 공동체를 섬기려고 한다는 것을 알고 있기 때문이다. 그 덕분에 공동체의 목적을 알고 있고, 그 배경이 되는 이야기를 이해하고 있는 족장은 모두를 대표해 말할 수 있다.

그래서 이상적인 경우, 족장형 리더는 상위 관리자에 의해 임명되는 것이 아니라 동료들이 선택한다. 덴마크디자인센터에서처럼 말이다. 신뢰와 지지를 얻기 위해서는 시간이 필요하다. 조직의 역사에 대한 겸손함, 구성원에 대한 존중 그리고 그들에게 귀 기울이고 배울 의지도 필요하다. 크리스티안 바손은 자신의 리더십을 이렇게 요약했다.

"겸손함이죠. 나 자신을 상대화할 수 있는 능력, 자기 자신을 웃어넘길 수 있는 여유, 권력은 곧 통제라는 환상을 걷어낼 수 있는 용기요."

어쩌다 보니 리더가 된 족장들

이 책에 소개한 여러 족장형 리더에게는 공통점이 있다. 애초부터 리더가 되겠다는 계획이나 운명이 정해져 있었던 것이 아니라는 점이다. 리더가 되기 위한 학문을 전공하거나 리더가 되는 길을 예정된 수순처럼 밟아온 사람들과는 달리, 이들 중 다수는 전형적이지 않은 이력의 소유자이며 우연한 계기로 리더가 되었다. 또 대부분 스스로 손을 든 것이 아니라 다른 사람들이 그들을 지목했다.

이러한 과정은 리더가 되기를 갈망하고 자신의 능력을 과신하는 사람들이 앞다투어 자리를 차지하는 자기 선택적 방식과는 전혀 다르다. 족장형 리더의 경우, 타인이 먼저 그의 자질을 알아본다. 안더스 토르고르는 자신이 스포츠 현장에서 특히 자주 리더로 지목되었다고 회상했다. 22살이 되던 해, 한 세탁소가 파산 위기에 있다는 이야기를 들은 그는 한번 해보라는 부모님의 권유에 그 세탁소를 인수했다. 그리고 얼마 지나지 않아 자신이 회사를 인수하고, 되살리고, 성장시키는 일에 뛰어난 재능이 있다는 것을 깨달았다.

그의 초기 목표는 빨리 부자가 되는 것이었다. 그는 그 목표를 달성하고 나서야 신정한 부름이 따로 있었음을 깨달았나고 말했다. 다른 사람들을 성장시키고, 더 나은 사람이 되도록 돕고, 그 과정을 지켜보는 것. 그가 40년 뒤에 밝힌 '부름'이다. 이는 리더십 교육과 VIP 라운지에서 만나 서로의 우월함을 확인하고, 다른 사람은 접근조차 할 수 없는 특권을 향유하는 이른바 엘리트형 리더와는 전혀 다른 관점이다.

거의 억지로 리더가 된 사람도 있다. 베스터브로^{Vesterbro}에 거주하는 52세의 타샤 베라 담$^{Tashia\ Vera\ Dam}$은 국제 교육 기술 소프트웨어 기업 아레아9^{Area9}에서 수석 교육 책임자$^{Chief\ Pedagogy\ Officer}$로 일하고 있다. 이 기업은 덴마크를 비롯해 미국, 이탈리아, 프랑스, 독일, 인도, 사우디아라비아, 우크라이나, 러시아 등 많은 나라에 지사를 두고 있다.

타샤는 단 한 번도 리더가 되고 싶다는 꿈을 꾼 적이 없다. 주변 사람들이 타샤의 성격, 지적 호기심, 추진력, 전염력 있는 에너지 등의 가능성을 알아본 덕분에 리더가 되었다. 그녀는 커리어보다 진실성을, 급여나 지위보다 정의를 우선하는 사람이다. 어릴 때부터 철학적인 기질을 지녔고, 세상을 구성하는 원리를 이해하고자 주변 모든 것에 끊임없이 질문을 던졌다. 작고 사소한 일이든 크고 구조적인 일이든, 불의를 보면 그냥 지나치지 못했다. 그것이 직장에서 벌어진 일이든, 개인적인 삶 속에서 마주친 일이든 마찬가지였다.

어느 날, 타샤는 코펜하겐의 한 놀이터에서 한 여성이 히잡을 쓴 소녀 3명을 괴롭히는 것을 목격했다. 그 여성은 아이들에게 인종차별적인 말을 퍼붓고 놀이터에서 쫓아냈다. 타샤는 그녀를 붙잡지 못했다. 대신 세 소녀에게 말을 걸며 아이들을 진정시켰고, 집까지 데려다준 후 그들의 부모에게 상황을 설명했다. 일주일 후, 그녀는 다시 그 가족을 찾아가 사건을 상기시키며 경찰에 신고할 것을 권했다.

타샤는 이런 사람이다. 약자가 짓밟히는 순간 개입하고, 한번 시작한 일은 끝까지 책임지고 마무리 짓는다. 직장에서도, 삶의 현장에서도 마찬가지다. 타샤는 확장된 도덕적 나침반을 지녔다. 누구에게나 공정하게 대하려고 애쓰며 구성원들의 일에 함부로 개입하지 않는다. 단, 그들이 힘들어하고 있다는 기색이 느껴질 때는 예외다.

앞서 소개한 족장형 리더의 평등주의적인 태도는 타샤의 일상에서도 분명히 드러난다. 타샤는 누구를 만나든, 만나는 장소가 오프라인이든 온라인이든 늘 흰색 티셔츠 1장이라는 옷차림을 유지한다. 상대가 IT 담당자든 미국 기업의 CEO든 마찬가지다. 이러한 방식으로 타샤는 자신에게 솔직해지고, 땅에 발을 딛고 있다는 현실 감각을 유지하려 한다. 그리고 단순한 옷차림에 더해 언제나 정직하고 솔직하며 예의를 갖추되, 강자에게 아부하지 않고 약자를 외면하지 않는다.

차이를 자원으로 삼는 리더

타샤는 전문성과 신뢰, 정직함을 바탕으로 행동하며 언제나 미소를 지은 채 사람들을 마주한다. 타인의 이야기에 귀 기울이고, 배우려는 자세와 이해하려는 태도를 잃지 않는다. 동시에 그녀는 좋은 리더가 되기 위해 가장 중요한 것은 직원들과의 상호 신뢰와 각자의 과업에 대한 명확한 책임이라고 말하는, 실행 중심적이며 실용적인 사람이다. 그리고 이를 위해 새로 들어온 직원들을 장기간에 걸쳐 직접 교육하며 서로에 대한 신뢰와 투명성을 쌓아간다. 그들을 단순한 인력이 아니라 한 사람의 동료이자 인간으로서 가까이 마주하는 것이다. 그 결과 그들의 강점과 약점, 가능성과 한계를 자연스럽게 파악하게 된다.

타샤는 리더는 언제나 몇 가지 핵심 가치와 공동의 목적에 집중해야 한다고 말했다. 아레아9에서는 그것이 전문성과 타샤가 '덕후 문화'라고 부르는 기술 중심의 집단 정체성을 통해 구현된다고 믿는다. 타샤는 커리어나 연봉, 지위를 기준으로 움직이지 않는다. 대신 배우고, 발견하고, 때로는 새로운 것을 만들어내는 데 몰두한다. 자기 이익을 위한 전략적 사고보다는 탐구와 실천에 기반한 태도다. 그런 면에서 그녀는 매우 진실한 사람으로 다가온다.

타샤를 만났을 때 우리는 이러한 점을 분명하게 느낄 수 있었다. 타샤는 있는 그대로의 모습으로 살아간다. 그렇다고 해서 단조롭거나 밋밋한 사람이라는 뜻은 아니다. 오히려 에너지가 넘치고 타인에게 영감을 주는 사람이다. 자신이 속한 분야, 기술과 학습, 그 과정에서 따라오는 인간적·철학적 통찰을 진심으로 사랑하는 사람이기도 하다.

타샤의 겸손함은 갈등 상황을 대하는 태도에서 잘 드러난다. 타샤는 그런 순간마다 회사의 운영 원칙을 끝까지 지키고, 언제나 공적인 맥락에 집중하려 한다. 사적인 감정이 개입되더라도 논의의 초점을 일의 본질과 전문성에 두려고 노력하는 것이다. 동시에 구성원의 취약함도 함께 품으려 한다. 누구든 의문이나 불안, 주저를 느낄 때 자신에게 편히 다가올 수 있도록 하기 위해서다. 타샤는 자신이 구성원을 이해하고 신뢰하고 있다는 것을 행동으로 보여주려고 애쓴다. 그리고 결코 섣불리 판단하지 않는다.

앞에서 이야기한 것처럼 타샤가 초기 교육과정부터 직원들을 깊이 있게 알아가기 때문에, 대부분은 회사에서 운영하는 코드 레드 시스템Code Red System만으로도 충분히 소통이 가능하다. 이 시스템은 직원이 독자적으로 결정을 내리기 어렵거나, 새로운 아이디어를 발전시키고 싶지만 타당성을 확신할 수 없을 때 문자나 전화로 타샤에게 도움을 요청하는 것이다. 타샤의 말에 따르면 고객과의 관계에서 권력이 개입될 때도 이 시스템을 활용한다. 즉, 타샤에게 중요한 일은 직원들에게 도움이 필요한 순간을 명확히 정의하고, 자신이 항상 곁에 있다는 확신을 주는 것이다. 이 시스템의 작동 여부는 궁극적으로 직원들이 자기 스스로 결정을 내릴 수 있다고 느끼는지에 달려 있으므로, 그 판단력을 키우는 것이 교육과정의 핵심 중 하나다.

또한 타샤는 고객이나 외부 파트너와의 관계에서 직원들이 불균형한 권력구조에 놓였을 때 그들을 보호하는 것을 매우 중요하게 여긴다. 외부나 상부의 불필요한 압박 때문에 잘못된 결정을 내리지 않도록 하기 위해서다. 만약 직원이 회사의 핵심 원칙이나 규범에서 벗어나면 타샤는 이를 분명하게 지적한다. 하지만 3~6개월에 걸친 초기 관계 형성 과정에서 신뢰가 구축된 덕분에 대부분은 타샤에게 자신의 어려움을 말하거나 새로운 아이디어를 제안하는 일을 두려워하지 않는다.

이러한 아레아9과 타샤의 평등주의 정신은 직원 채용 방식에서도 잘 드러난다. 지원자는 기본적으로 블라인드 테스트를 거친다. 나이·인종·성별·이름·학력·경력 등 개인정보는 일절 제공되지 않는다. 오직 지원자의 전문성과 직무 역량만이 평가의 중심이 되며, 이에 대한 검토는 각종 시험과 이력서를 통해 이루어진다. 최종 면접 때 타샤가 지원자를 직접 대면하기도 하지만, 그때도 역량과 전문성으로만 평가하려고 노력한다. 그렇게 함으로써 선입견에 휘둘리거나 지원자를 차별하는 일을 피하는 것이다.

겸손하고, 호기심 많고, 숨기는 것 없는 리더

앞서 말했듯이, 타샤가 지금의 일을 맡게 된 것은 어디까지나 우연이었다.

"제가 실수로 이력서를 잡인덱스Jobindex라는 구직 사이트에 올려두었더라고요. 그랬더니 어느 날 그쪽에서 연락이 온 거예요. 관심이 있다면서요. 그래서 답장했죠. '안녕하세요, 죄송하지만 제가 실수했어요. 지금 저는 대학 정규직으로 일하고 있고, 구직 중이 아닙니다. 시간 낭비하게 만들어 죄송합니다'라고요. 그런데 회사 대표가 곧바로 전화를 걸어왔어요. 그런 건 전혀 상관없다며, 제 이력서가 아주 특별하니 꼭 만나보고 싶다고 하더군요. 그 무렵 저는 코펜하겐대학교에서 쇼펜하우어나 헤겔 같은 철학자들에 대해 강의하고 있었고, 민간 기업에서 일한 경력은 겨우 1년 정도였어요. 사실상 이력서에 '쓸모없는 덕후'라고 아주 굵은 글씨로 쓰여 있는 셈이어서, 그 사람이 왜 저한테 관심을 보였는지 도무지 이해할 수가 없었죠. 물론 그때도 기술에 대한 관심은 굉장히 컸어요. 그래서 결국 면접을 보러 갔죠. 면접 시작한 지 5분 만에 알겠더라고요. 내 운명은 여기구나."

그 말을 들은 우리는 당신의 이야기가 일종의 특별한 겸손함을 보여주는 게 아니냐고 물어보았다.

"저는 겉보기에 그리 겸손한 사람은 아니에요. 그렇지만 제가 잘 못 하는 게 많다는 걸 스스로 잘 알고 있고, 그걸 그냥 솔직하게 말해요. 저는 그런 타입이에요. 숨김없는, 활짝 펼쳐진 책 같은 사람이죠. 상사든, 직원이든, 친구든 누구에게나 마찬가지예요. 저는 늘 열린 태도로 사람을 대하고, 저보다 더 많은 지식을 가진 이들과 교류하는 데 익숙해요. 미국 대학의 교수들은 물론 저와 전혀 다른 분야의 전문가들에게도 자연스럽게 질문할 수 있죠. 제 강점은 제 전공이 아니어도 금방 이해하고 파악할 수 있다는 거예요. 다른 사람들의 삶의 맥락도요. 순전히 호기심 덕분이죠."

전통사회의 족장들처럼 타샤 또한 누구를 대하든 일관된 태도를 유지한다는 특성을 지니고 있었다. 상사든 직원이든, 친구든 가족이든 관계없이 언제나 같은 원칙을 지켜온 것이다.

이처럼 타샤는 지식과 신뢰를 중시한다. 그래서 직원들의 초기 교육에 큰 공을 들인다.

"철저하고 개인적인 교육이 동반되지 않으면 직원들을 깊은 물에 그냥 밀어 넣는 것과 같아요. 제가 하려는 건 직원들에게 수영을 가르치는 거예요. 그리고 언제 혼자 수영하지 않아도 되는지 알려주는 거죠."

타샤는 모든 직원이 같은 조건에서 출발할 수 있는 환경을 조성했다. 누군가가 틀린 말을 했다고 쉽게 낙인찍히지 않도록, 자신이 부족하다고 느끼며 위축되지 않도록 세심하게 배려한다. 또 타샤는 분명한 믿음을 갖고 있다. 필요한 지원과 신뢰만 주어지면 직원들이 해야 할 일을 스스로 해낼 수 있다는 믿음이다. 그래서 타샤가 이끄는 초기 학습 과정은 직원들이 그녀의 감독 아래 다양한 도전을 하며 성장하는 시간이 되었다. 이는 전통적인 부족사회에서 족장이 새 구성원을 위해 마련하는 통과의례와 유사하다. 이 의례에서는 일시적으로 기존 위계가 해체되지만, 공동체는 신입이 무사히 그 과정을 통과해 구성원으로 편입될 수 있도록 끝까지 주의를 기울인다. 타샤의 리더십도 같은 맥락에서 이해할 수 있다.

타샤는 위계에서 벗어나 조직을 이끄는 방식을 선호한다. 물론 그러려면 자신이 더 많이 내어줘야 한다는 것도 잘 알고 있다.

"이 조직에 위계가 있다면, 제가 그들에게 무엇인가를 가르치고 만날 때마다 조금씩 더 나아지도록 돕는다는 점뿐이에요. 지시를 내리는 대신 그렇게 하거든요. 저는 직원들 사이에 경쟁이 없는 문화를 만들고 싶어요. 누가 더 빠른지, 누가 더 잘하는지, 누가 더 높은 성과를 냈는지만 중심으로 판단하면 사람이 망가져요. 스트레스로 무너지고, 거짓말을 하게 되고, 자기 이익만 챙기게 되죠."

타샤는 진정성과 원칙, 평등한 대우를 리더십의 핵심에 두는 흥미로운 족장형 리더다. 그녀는 직원들의 일상에 과도하게 개입하지 않으면서도 동료 간의 관계에서 동등함이라는 가치를 일관되게 유지하려 노력한다. 또한 신뢰받는 조직이 어떻게 작동하는지, 신뢰와 평등, 동기부여, 전문성, 존중이 유기적으로 작동하는 구조를 유지하기 위해 필요한 것이 무엇인지 정확히 파악하고 있고, 직접 실천한다.

타샤가 리더가 된 이유는 명확하다. 직원들이 수행하는 일 자체에 깊은 애정을 가지고 있기 때문이다. 지위나 명예를 좇지 않고 자신이 리더라는 사실을 권력이 아닌 책임으로 받아들이기 때문이다. 타샤는 만약 언젠가 자신의 자리를 지키기 위해 자신이 가진 원칙이나 회사의 핵심 원칙을 어겨야 하는 순간이 온다면, 기꺼이 회사를 그만둘 것이라고 단호하게 말했다. 그 순간 더는 리더가 될 수 없고, 무엇보다 자기 자신에게 충실할 수 없기 때문이라고 했다. 하지만 우리는 여전히 궁금했다. 어떻게 그 원칙을 끝까지 지켜낼 수 있을까? 어떻게 권력의 유혹에 흔들리지 않고, 권력이 자신을 바꾸지 못하게 막아낼 수 있을까?

"권력이 나를 지배하지 않도록 만드는 가장 쉬운 방법은 권력이 없던 시절을 떠올리는 거예요. 저는 리더가 된 지 아직 8년밖에 안 됐고, 그 이전을 또렷이 기억하니까요. 그 시절을 돌이켜보면 권력에 취하는 게 얼마나 어리석은 짓인지 금방 알 수 있죠. 저는 제가 가진 영향력과 책임을 얻은 과정이 정당했다고 믿어요. 그만큼 최선을 다했고, 배울 수 있는 기회를 늘 감사히 여겼고, 언제나 겸손하려고 노력했으니까요. 지금도 마찬가지예요. 늘 그래왔듯이 오늘도 제가 할 수 있는 최선을 다하고 싶어요. 운이 좋기도 했어요. 적절한 시기에 적절한 자리에 있었고, 저를 눈여겨봐준 사람들이 있었고, 그들이 저를 이끌어줬어요. 저는 특권 없는 평범한 환경에서 자랐지만, 따뜻함과 사랑만큼은 넘치도록 받았어요. 아무것도 이루지 못했더라도 그 사실 하나만으로도 충분히 감사했을 거예요. 이렇게 성장했는데 어떻게 권력을 당연히 누려야 할 권리라고 생각할 수 있겠어요? 권력은 누군가의 애정과 신뢰에서 비롯되는 것이지 소유할 자격이 있는 무언가는 아니잖아요."

경청하는 족장

용기를 나누는 리더

마리에 스토르크홀름 Marie Storkholm 은 원래 의사가 되고 싶었다. 마리에에게 의사가 하는 일은 언제나 '미스터리를 푸는 과정'이었다.

처음부터 리더십에 관심이 있었던 건 아니었다. 그런데 주변 사람들이 하나둘 다가와 전문 조직 활동에 참여해보지 않겠냐고 권하기 시작했다.

"아마 제가 말이 좀 많은 사람이기 때문이었을 거예요."

마리에는 웃으며 회상했다.

마리에는 호르센스Horsens 지역 병원에서 진료부장을 맡고 있다. 그리고 위계가 뚜렷한 대형 조직 안에서 '대안적 리더십'이라는 자신만의 작은 세계를 만들어냈다. 이 독특한 실천은 2023년에 덴마크의 전문직 노조가 마리에를 '올해의 리더' 후보로 지명하는 계기가 되었다.

마리에는 자신이 갖추고 있는 가장 중요한 자질로 '용기'를 꼽았다. 직원들이 더 많은 결정을 스스로 내릴 수 있도록 뒷받침하는 용기, 불필요한 규칙을 걷어내고 위계를 허무는 용기, 모두가 평등하다는 원칙을 끝까지 지켜내는 용기. 원래 마리에가 속한 조직에서는 무언가를 하기 전에 반드시 허락을 구하는 문화가 당연시되어 있었다.

"제가 처음 이곳에 온 후 2년 내내 끊임없이 이런 질문이 반복됐어요. '이거 해도 돼요?' '이건 괜찮은가요?'"

마리에는 지난 6년 동안 '그래도 된다'는 것을 직원들이 몸으로 익히도록 이끌어왔다. 그들에게 스스로 판단하고 결정할 수 있으며, 두려워하지 않아도 된다는 확신을 심어주었다. 자신이 기꺼이 책임을 지고 지지해줄 것이라는 신뢰감도 심어주었다. 마리에는 자신의 용기를 직원들에게 건넸고, 그것이 직원들을 움직이게 했다. 마리에가 먼저 나섰기에 직원들도 용기를 낼 수 있었다.

그녀의 부하 직원 중 한 명은 이렇게 말했다.

"보건의료 조직에서는 나서서 무언가를 말한다는 게 쉽지 않아요. 말하는 순간 공격받기 십상이거든요. 그런데 마리에는 달랐어요. 오히려 우리에게 큰 영감을 줬죠. 그 덕분에 깨닫게 됐어요. 아주 작은 부분만 바꿔도 우리가 스스로 할 수 있는 일이 정말 많다는 걸요."

마리에의 리더십은 바로 직원들이 이미 '작은 도구들'을 손에 쥐고 있음을 자각하게 만들고, 왜 그것을 사용하지 못하고 있었는지 함께 살펴보는 역할을 했다. 또 전통적인 족장처럼 자신의 권력을 이용해 타인도 권력을 가질 수 있도록 이끌어주었다. 명령과 통제가 아닌 용기의 실천을 통해 영향력을 발휘한 것이다. 마리에는 자신이 먼저 행동으로 용기를 보여줌으로써 그 용기가 어떻게 작동하는지 증명했고, 다른 이들도 그것을 따라 할 수 있도록 북돋워주었다.

앞서 소개한 족장형 리더들과 마찬가지로 마리에의 리더십 역시 '내가 누구를 이끌고 있는가'를 정확히 파악하는 데에서 출발한다. 마리에는 자신과 함께 일하는 사람들을 깊이 이해하고 있다. 직원들의 이야기에 귀를 기울이고 개인의 처지를 세심하게 살피며, 서로의 차이를 분명히 인식하고 있다는 의미다.

"저는 포용력이 큰 편이에요. 어쩌면 너무 많은 걸 받아들이는

지도 몰라요."

마리에는 리더의 공식적인 권한이나 지시 없이 협업이 자연스럽게 이루어지는 데에는 시간이 필요하다는 것을 몸소 체험했다.

"그런데 그때 제가 누군가를 지적하기 시작하면, 제 리더십의 기반이 무너져요. 심리적 안정감이 있는 조직을 만들자면서 사람을 몰아붙이고 윽박지를 순 없잖아요."

이와 관련해 마리에는 웹 매거진 『레더스토프Lederstof』와의 인터뷰에서 이렇게 말하기도 했다.

> 제가 생각하는 리더는 그저 직함을 가진 사람이 아니에요. 진짜 리더는 직원들에 대해 책임을 지는 사람이죠. 그리고 책임감은 지시가 아니라 방향을 제시하고, 영감을 주고, 틀을 마련해주는 방식으로 나타나야 한다고 생각해요. 그 안에는 평생이어지는 배움이 있죠. 리더십은 교육과 성찰, 실천적 경험이 요구되는 전문 분야예요. 하지만 그 모든 것보다 더 중요한 건 지금 이 순간 무슨 일이 벌어지고 있는지 알고 싶어 하는 호기심이라고 생각해요.
>
> 제 강점 중 하나는 어떤 상황에 놓였을 때 '지금 무슨 일이 벌어지고 있지?'라는 감각을 잃지 않는 거예요. 그냥 준비해온 안건을 줄줄 읽는 데 그치지 않고, 저쪽에 누군가가 심드렁한 표정으로 앉아 있다면 그걸 알아차리고 반응하는 사람이 되고 싶어요. 늘 사람들과 대화 나누는 걸 좋아하고, 대화를 잘 이끌

어내는 사람이 되고 싶어요. 저는 지금 이 자리에서 벌어지고 있는 것에 대해 항상 궁금해하는 사람이거든요.

마리에의 '부족'은 거대한 위계 구조 안에 자리한 작은 자치 구역이라고 할 수 있다. 그래서 마리에는 기존 질서와는 전혀 다른 방식의 리더십을 대표하는 인물로 여겨지곤 한다. 그녀의 리더십 방식은 때때로 주변의 의문을 불러일으키기도 한다. 어떻게 그런 방식으로 조직을 운영할 수 있는지, 왜 굳이 그렇게 해야 하는지 궁금해하는 시선이 적지 않다. 하지만 분명한 건, 마리에의 방식이 실제로 효과를 내고 있다는 점이다.

마리에가 이끄는 부인과 병동은 위계질서를 허무는 법을 배웠다. 그 결과 조직은 눈에 띄게 유연해졌고, 누구나 조직에 동등하게 기여하고, 누구의 의견도 다른 이의 의견보다 우위에 놓이지 않게 되었다. 중심은 항상 공동체에 놓여 있다. 한 직원은 이렇게 말했다.

"제가 과장이라고 해서 결정권을 가진 것은 아닙니다. 간호사나 요양보호사, 다른 누구의 의견도 제 의견만큼 중요하니까요."

이러한 변화는 리더가 자신을 타인과 동등한 존재로 여기는 태도를 보여주지 않으면 불가능하다. 실제로 마리에는 170명의 직원을 거느린 부서장으로서 환자와의 접촉을 다른 직원들에게 위임할 수 있지만, 그 권리를 행사하지 않는다. 오히려 자신이 임상 현장에 있어야 한다고 고집한다. 또 행정 업무 외에도 환자를 직접 만나거나 치료할 때 참여하며, 스스로를 고립시키지 않고 다른 이들이 하는 일을 함께한다. 이는 직원들 위에 군림하지 않겠다는 의미다. 또 마리에는 매일 아침 8시부터 15분간 열리는 회의에 빠지지 않고 참석하고, 이곳저곳에 최대한 얼굴을 자주 비친다.

"마리에의 존재감은 굉장히 크고, 실제로 그 존재감에서 나오는 효과도 있습니다. 언제든 마리에에게 말을 걸 수 있다는 걸 다들 알고 있거든요. 항상 우리 곁에 있다는 느낌을 주니까요."

경청, 지식을 수집하는 일

마리에는 자신의 판단만으로 결론을 내리지 않고 가능한 한 많은 이를 의사결정 과정에 참여시킨다. 그녀는 안정을 택할 수도 있었다. 기존 위계 구조와 정형화된 의사결정 절차를 그대로 유지할 수도 있었다는 뜻이다. 업무 품질관리를 전담 간호사의 책임으로 돌리고, 병목 현상이 생기더라도 그 방식을 고수할 수도 있었다. 구성원 모두가 자신의 업무 퀄리티를 스스로 평가할 충분한 역량을 갖추고 있음에도 말이다.

하지만 마리에는 가장 쉬운 길이 아니라 옳은 길을 택했다. 리더십을 진지하게 받아들였고, 의사로서의 전문성 외에 리더십이 조직 내에서 실제로 어떻게 작동하는지 이해하기 위해 경영학 박사과정을 이수했다. 300시간에 달하는 리더십 회의와 워크숍에 참여하며 현장 노트를 작성하기도 했다.

"제가 혼자서 결정을 내리는 일은 드뭅니다."

마리에는 단호하게 말했다. 마리에의 또 다른 동료는 이렇게 덧붙였다.

"마리에는 혼자 조직을 이끄는 사람이 아닙니다. 심리적 안정감이 핵심인 조직문화를 이끌어야 할 때 이는 큰 강점입니다. 그녀는 다른 리더들이나 직원들과 함께 조직을 이끄는 일을 아주 자연스럽게 해내고, 그렇게 함으로써 보건의료 체계 내에서 실질적인 변화를 만들어냅니다. 이 분야의 과제는 리더 1명이나 하나의 전문성만으로는 결코 해결할 수 없기 때문입니다. 마리에의 가장 큰 강점은 자신의 지식이 언제나 타인의 관점에 의해 보완되고 확장되어야 한다는 점을 분명히 인식하고 있다는 것입니다."

변화를 만들어내는 것은 쉽지 않았다. 그러나 마리에는 자신이 추진한 변화가 여러 연구에 근거하고 있음을 입증하는 자료를 꾸준히 제시해왔다. 근거와 사실이 중시되는 환경에서 그 기반은 경청과 수용을 이끌어냈다. 덕분에 마리에는 과중한 업무 속에서도 흔들림 없이 자신의 기준을 지켜낼 수 있었다. 매년 열리는 연례 캠프에서도 조직의 사명을 되새기고, 직원들은 직원들 자신이 생각하는 것보다 훨씬 더 많은 역량을 지니고 있다고 강조한다.

각 씨족의 이야기에 귀를 기울이고 이를 공동의 차원으로 통합했던 족장들처럼, 지금까지 소개한 현대의 족장형 리더들 또한 조직을 직접 순회하며 구성원 간의 차이를 관찰하고 그것을 자원으로 받아들인다. 이들은 조직 곳곳을 누비며 구성원들의 이야기에 귀를 기울이되, 결코 감시하거나 통제하려 들지 않는다. 그들에게 있어 조직의 진정한 자산은 바로 다양성과 그로부터 파생되는 여러 가지 관점이다. 이들은 직원들과 대화하며 언제나 무언가를 배우려고 하고, 그 과정에서 직원 개개인이 누구인지, 또 조직에 어떤 기여를 할 수 있는지 더 깊이 이해한다. 크리스티안 바손의 최측근 중 한 명은 이러한 통찰이 크리스티안의 리더십에서 가장 중요한 덕목이라고 말했다.

"크리스티안은 자원이 어디에 있는지와 그것을 어떻게 가장 잘 활용할 수 있을지 늘 고민했습니다. 사라는 무엇을 잘하는가? 줄리는 어떤 역량을 갖고 있는가? 그리고 구성원 개개인의 능력이 공동 과업에 어떻게 기여할 수 있을지도요. 그는 말하기를 즐기는 사람이지만, 결코 자기 말만 하는 사람은 아닙니다. 진심으로 상대의 말을 들을 줄 아는 사람이죠."

조직에 존재하는 다양한 역량과 기여를 최대한 살려내는 사람이 바로 리더다. 그런 리더는 획일성을 강요하거나 모든 일을 자신의 책상 위에서 조율하려고 들지 않는다. 흔히 조직을 강하게 만드는 것이 다양성이라고 하는데, 다양성에서 나오는 힘은 오직 호기심과 현장감, 다른 이들의 목소리에 귀를 기울일 때 비로소 체득할 수 있다.

동료의 눈높이에 맞추는 리더

대부분의 덴마크인은 노르말^{Normal} 매장을 알고 있다. 유통업계의 엉뚱한 신참이자 기묘한 이름과 아이러니한 장치로 무장한 브랜드다. 한때는 '지루한 상품을 흥미로운 가격에'라는 슬로건을 내걸기도 했다. 이런 문구를 내세우려면 자기 자신을 한껏 낮추는 유머가 필요하다. 노르말의 마스코트는 빼빼 마른 남성이 매장 이름을 조롱하는 듯한 표정으로 '나는 특별하니까'라는 문구를 배에 두른 모습이다. 이 캐릭터는 자신을 특별하다고 여기는 태도가 얼마나 우스운지를 풍자하는 방식으로 브랜드의 정체성을 대변한다. 바로 그 점을 떠올리게 만든 인물이 지난 10년간 이 브랜드를 이끌어 온 사람, 노르말 최고경영자 토르벤 모릿첸^{Torben Mouritsen}이다.

스칸데르보르그^{Skanderborg}에 위치한 노르말 본사에서 만난 그는 후드티 차림으로 우리를 맞았다. 모든 것이 정말 '노르말'했다. 그가 단 하나의 매장을 불과 몇 년 만에 유럽 전역에 600개 넘게 확장한 기업의 공동 창립자라는 사실을 짐작하기 어려울 정도였다. 한 직원은 그를 두고 이렇게 말했다.

"평소에도 늘 저렇게 다니세요. 얼마 전 로레알^{L'Oral} 고위 임원들과 미팅이 있었는데, 그때만큼은 정장을 입고 눈부실 정도로 잘 닦은 구두를 신기는 했죠. 하지만 사실은 그런 걸 정말 안 좋아하는 분이에요."

노르말이 '자기 자신을 특별하다고 여기는 태도는 우습다'라는 메시지를 선택한 것은 결코 우연이 아니다. 토르벤의 등 뒤, 회의실에서 유일하게 눈에 띄는 장식은 이 기업의 핵심 가치를 상징하는 조각상이었다. 마주 선 두 사람 중 한 사람이 몸을 숙여 상대방의 눈높이에 맞추고 있는 조형물 아래에는 이렇게 적혀 있었다.

동료와 눈높이를 맞춰라. 우리는 모두 똑같이 중요하다.

대리석 재질이 이 메시지가 지닌 무게를 강조했다. 이것이야말로 토르벤이 가장 중요하게 여기는 가치다. 공동체 안에서 모든 사람은 저마다의 역할을 지니고 있으며, 누구도 타인보다 더 중요하지 않다. CEO도 예외일 수 없다.

"어제 문득 링크드인을 떠올렸습니다."

우리가 대화 중 한 플랫폼을 언급하자 토르벤이 말했다.

"요즘 올라오는 게시물들을 보면, 사람들은 자신의 커리어 브랜드를 만들기에만 몰두하고 있는 것 같아요. 그걸 보노라면 자기가 유능하다는 걸 말하고 싶은 것 외에 도대체 무슨 이야기를 하려는 건지 잘 모르겠더라고요. 노르말은 그런 문화를 추구하지 않습니다. 물론 다른 사람을 칭찬하는 건 좋아하고, 축하하는 자리도 자주 마련하죠. 일이 잘못됐을 때도 마찬가지예요. 그럴 때야말로 뭔가를 배울 수 있으니까요."

사실 이 책에 토르벤을 등장시키기까지는 적지 않은 설득이 필요했다. 그는 조직에서 특정 개인이 부각되는 걸 꺼렸다. 특히 그 사람이 자기 자신일 때는 더더욱 그랬다.

토르벤은 뼛속까지 상인이라고 해도 과언이 아닌 사람이다. 그의 관심은 오직 고객에게만 집중되어 있고, 매장에서 고객에게 좋은 경험을 제공하는 것이 그가 하는 일의 전부다. 이 과업은 조직 전체에 확실하게 공유되어 있다. 이러한 토르벤의 태도는 전 덴마크 슈퍼마켓 Dansk Supermarked, 훗날의 살링 그룹 Salling Group에서 리더로 일하던 때부터 형성되었다.

"살링에서는 모든 것이 철저히 고객 중심이었습니다. 개인의 이익에 집착하는 분위기는 전혀 없었죠. 어떤 직책을 맡더라도 다음 커리어 단계는 뭔지, 연봉이 얼마인지, 내가 무엇을 얻을 수 있는지 따지지 않았습니다. 예컨대, 브뢴데르슬레브Brnderslev에 있는 매장의 점장을 맡으라는 연락이 오면 오르후스Aarhus에 살고 있어도 바로 알겠다고 하고 차를 몰고 올라갔습니다. 그러다가 외링Hjrring에 가서 부서장을 맡으라고 하면 알겠다고 응했죠. 그런데 요즘은 뭐든지 자신에게 어떤 이득이 있는지부터 따지는 것 같아요. 저는 그게 완전히 잘못된 방향이라고 생각합니다."

회의실 벽에는 수많은 사진 액자가 걸려 있었지만, 리더와 직원 들이 뒤섞여 있어 누가 누구인지 쉽게 구분되지 않았다.

"우리가 노르말을 시작한 건 모두가 서로의 눈높이에 맞추며 즐겁게 일할 수 있는 직장을 만들고 싶었기 때문이었습니다. 그것이 우리의 출발점이었기 때문에 지금도 새로 입사한 직원들에게 늘 이 이야기를 들려줍니다. 문제가 생길 거라는 건 처음부터 알고 있었어요. 하지만 그런 문제들은 외부에서 오는 것이어야 했고, 우리는 그 문제를 함께 해결하는 팀이어야 했습니다. 우리는 본질로 돌아가 이 회사를 가족처럼 운영하고 싶었습니다. 집에는, 그러니까 가족끼리는 서로를 평가하기 위한 규칙이나 매뉴얼 같은 게 없잖아요. 우리도 마찬가지입니다. 이곳에는 무엇을 해야 하고, 무엇을 해서는 안 되는지에 대한 명문화된 규칙이 없습니다. 대신 함께 살아가면서 그 방식을 스스로 만들어갑니다. 그리고 저는 이 방법이 꽤 성공적이라고 생각합니다."

족장형 리더가 있는 다른 조직과 마찬가지로 노르말의 성장 역시 처음부터 세밀한 계획에 따라 이루어진 것은 아니었다. 이들은 매번 한 걸음씩, 매장을 하나씩 늘려가며 나아갔다. 목표는 규모의 확장이 아니라 고객에게 늘 최고의 매장 경험을 제공하고, 그 과정이 직원들 자신도 즐겁고 의미 있다고 느끼는 환경을 만드는 데 있었다. 결과적으로 노르말은 크게 성장했고, 현재 전 세계의 노르말 매장에서 일하는 직원은 1만 3,000명을 넘어섰다. 토르벤은 이제 본사에 있지만, 여전히 직원들의 이름을 대부분 기억하고 있다. 물론 해외 지점으로 갈수록 어렵다는 건 안다며 웃었다.

"저는 직원들과 늘 눈높이를 맞추며 일합니다. 그리고 회사에서 마주치는 사람들에게 많은 호기심을 갖고 있습니다. 그가 간부인지, 본사 직원인지 아니면 매장에서 일하는 사람인지는 전혀 중요하지 않아요. 저는 그저 그를 알고 싶고, 이야기를 나누고 싶을 뿐이에요. 그래서 그가 무슨 일을 하는지, 어디서 왔는지 물어보는 건 아주 자연스러운 일입니다. 직원들의 이름을 기억하는 것도 제게 특별한 능력이 있어서가 아닙니다. 직접 대화를 나누고 관심을 가졌기 때문에 자연스럽게 기억에 남는 것이죠."

노르말의 한 직원도 비슷한 이야기를 했다.

"그는 여전히 본사에서 유일하게 모든 직원의 이름을 아는 사람이에요. 어떤 주에는 신입 사원이 6명이나 들어왔는데도 그들의 이름, 부서, 얼굴까지 전부 기억하더군요."

그를 지금까지 만난 상사 중 최고라고 말한 한 직원은 토르벤의 경영 핵심에 공감 능력이 있다고 했다.

"그는 정말로 제대로 된 사람이에요. 이 조직의 모두가 그렇게 느낍니다. 토르벤은 구성원 개개인을 존중하고, 깊이 공감하며, 실질적인 배려를 아끼지 않습니다. 그래서 누군가가 힘들어하거나, 일에 잘 적응하지 못하거나, 제 역할을 다하지 못하고 있다고 느껴질 때면 그도 마음 편히 지내지 못해요."

배려하는 민주주의

안네메테 프리스Anne-Mette Friis는 자신을 민주적인 리더라고 말한다. 직원들에게 손을 들라고 해 모든 것을 다수결로 결정하거나 선출직처럼 행동한다는 뜻이 아니다. 안네메테는 민주주의란 "수많은 욕구와 필요성, 꿈과 가치 사이에서 균형을 잡고 모두를 참여시키는 것"이라고 말했다.

안네메테의 철학에는 중요한 배경이 있다. 유니세프덴마크UNICEF Danmark 대표가 되기 전에 교사로 일한 적이 있는 안네메테는 그 시절의 경험이 자신의 리더십에 있어 큰 토대를 이루었다고 말했다. 그리고 어린 시절의 한 특별한 경험이 타인과 관계를 맺는 방식에 깊은 영향을 미쳤다고 했다. 안네메테는 불안정한 환경에서 자랐다. 부모는 갈등이 잦았고, 긴 시간 대화가 단절되기도 했다. 집안의 공기를 예측할 수 없었던 안네메테는 주변 상황에 조심스럽게 반응하고 분위기를 민감하게 감지하는 법을 일찍부터 익혀야 했다.

과거 교사로서의 경험이 안네메테를 좋은 리더로 만든 것일까? 아니면 불안정한 환경 속에서 타인의 정서에 예민해질 수밖에 없었던 경험이 민주적 감각을 길러주었을까? 단정할 수는 없지만, 안네메테의 말에 따르면 삶의 감각적 경험들이 리더십의 중요한 자양분이 되는 것만은 분명하다. 이것은 안네메테가 스스로 내린 결론은 아니다. 하지만 우리는 안네메테와 대화를 나누는 내내, 안네메테의 리더십이 삶의 궤적 속에서 형성되었다는 사실을 자연스럽게 느낄 수 있었다.

안네메테의 사례는 좋은 리더란 타인을 배려할 줄 알고, 사람에 대한 예민한 감수성을 지녔으며, 변덕스럽고 불안정할 수 있는 이들에 맞춰 섬세하게 반응하고 동시에 자기 자신도 조율할 수 있는 사람이라는 것을 말해준다. 다시 말해 일정치 않은 인간의 모습에 익숙하고, 그것을 존중할 줄 아는 이가 리더 자격을 갖춘 사람인 것이다.

안네메테는 전형적인 문화 매개자다. 스스로를 오케스트라의 지휘자 같은 리더라고 말하기도 한다. 유니세프덴마크의 대표로 일하기 전에도 그녀는 그녀가 흔히 '선한 조직'이라고 부르는 여러 공익단체에서 리더로 활동해왔다. 안네메테는 무엇이든 참고 넘기는 성격이 아니기 때문에 자신이 바라는 리더가 될 수 없다고 느끼거나, 조직의 목적이 흐려지거나, 상사가 부당하게 간섭하고 직원들을 일일이 통제하려고 들면 주저 없이 그 자리를 떠났다. 실제로 한때 폭군처럼 구는, 자제력을 잃어 거의 사이코패스에 가깝다고 표현할 수밖에 없는 상사 밑에서 일한 적이 있다고 한다. 안네메테는 그런 리더 아래에서 더는 일할 수 없다고 판단했고, 결국 사직했다. 그리고 자신은 직원들과 가까운 자리에 있어야겠다고 결심했다. 그래야만 자신처럼 불쾌한 리더 아래에서 누군가가 상처받는 일을 막을 수 있으리라 생각한 것이다. 현재 안네메테는 4명의 젊은 직원을 이끄는 리더이자 파트타임으로 일하며 독립 컨설턴트라는 자신의 오랜 꿈을 실현해가고 있다.

족장은 사테레-마웨족 족장처럼 언제나 자신이 몸담은 신화와 근본 서사에 충실해야 한다. 그리고 그 이야기가 더는 모두를 포괄하지 못하게 되면 큰 선택을 해야 한다. 안네메테 프리스는 대부분 그 자리에 남아 싸웠다. 자신이 속한 조직의 내부 서사가 외부에 내세운 인권 중심의 가치와 일치하게 만들려고 애썼다. 하지만 아무리 조직의 가치를 지키려고 노력해도, 위에서 가해지는 압력 때문에 그 자리에 머물 수 없는 순간이 찾아오기도 한다. 사람은 자신이 하는 모든 일에서 신뢰와 진정성을 지켜야 한다. 안네메테는 민주적인 태도가 위에서부터 무너지는 공동체의 일원이 되는 것을 결코 받아들일 수 없었다. 그런 상황에서는 마야 전사들의 침입을 피해 원주민들이 떠났듯 더 평화로운 곳으로 거처를 옮겨야 한다고 생각했다. 그래야 비로소 자신의 이상과 가치를 위해 숨 쉴 수 있는 공간을 마련할 수 있기 때문이었다.

유니세프덴마크에서 보냈던 시간은 안네메테에게 매우 중요한 의미를 지니고 있다. 안네메테의 가치관은 전 세계 아동의 삶의 조건을 개선하고, 아동을 하나의 주체이자 독립된 인격으로 존중한다는 유니세프의 사명과 정확히 일치한다.

안네메테는 어릴 때부터 어떤 공간에 들어섰을 때 그곳에서 어떤 일이 일어나고 있는지 빠르게 감지하는 능력을 키워왔다고 한다. 이는 성장과정에서 부모의 상태와 위치, 집에 돌아왔을 때의 기분에 따라 자기 자신의 모습을 조율해야 했던 경험에서 비롯된 것이다. 그 감각은 이후에도 계속 유지되었다. 회의 테이블에 둘러앉아 동료들과 아이디어를 나누거나 전략을 논의할 때, 안네메테는 그 자리에 있는 사람들이 무엇을 어떻게 느끼고 있는지 자연스럽게 읽어낼 수 있다. 이 덕에 리더로서 다양한 감정과 요구 사이를 조율하는 중재자 역할을 한층 자연스럽게 수행할 수 있다. 다른 유형의 리더라면 비전문적이라고 여길지도 모를 '배려'에 집중함으로써, 권력이 초래할 수 있는 냉소를 경계하고 타인에 대한 공감을 끝까지 놓지 않는 것이다.

물론 이는 해고와 같은 무거운 결정을 내려야 할 때 더 어렵게 작용할 수 있다. 바로 이것이 족장형 리더십의 핵심이다. 그런 결정은 애초에 쉬워서는 안 된다. 족장은 무언가를 해내기 위해 더 강해져야 한다고 자신을 몰아붙이지 않는다. 그래서 안네메테는 이다 순드보리처럼 자신을 소프티라고 부르고, 그것을 조금도 부끄러워하지 않는다. 고전적인 마키아벨리식 리더십이 약점으로 여겨온 이 특성은 족장형 리더에게는 오히려 강점으로 작용하기 때문이다.

안네메테는 포용력 또한 교사 시절에 얻은 자산이라고 말했다.

"그때는 정말 다양한 개개인을 포용하는 일이 무척 중요했어요. 학생마다 필요한 지원 방식이 달랐고, 그래서 더더욱 모두를 똑같이 대할 수 없었습니다. 하지만 동시에 누구도 차별받아서는 안 됐죠. 그 두 지점 사이에서 균형을 잡는 것이 핵심이었어요. 저는 성격검사를 아무리 많이 해도 소용없다고 생각해요. 그런 감각은 프로그램으로 길러지는 것이 아니거든요. 어떤 사람은 타인을 잘 감지하고, 어떤 사람은 그렇지 못해요. 인간은 세대, 성별, 민족 같은 기준으로 나눌 수 없습니다. 모두 저마다의 강점과 약점을 지닌 개별적인 존재니까요."

안네메테는 자신의 과거 경험을 통해 개인의 차이를 공동체 안으로 끌어들이되, 그것이 공통의 집중된, 의미 있는 목적과 연결되어야 한다는 중요한 통찰을 얻었다.

"어떤 사람은 새로운 회사를 시작할 때 에너지를 얻고, 어떤 사람은 기업 운영을 통해 동력을 얻어요. 어떤 이는 변화에 반응하고, 안정 속에서 힘을 얻는 사람도 있죠."

교사로 일했던 시절은 안네메테에게 이러한 차이를 다루는 법을 가르쳐주었다. 아이들의 반응은 언제나 즉각적이니 말이다. 정확히는, 아이들뿐만 아니라 대부분의 사람은 무언가가 제대로 작동하지 않으면 금세 표현하기 마련이다. 어린아이는 울음을 터뜨리고, 십대는 상징적인 방식으로 반항한다. 어떤 표현이든 그들이 지금 편안한지, 화가 났는지, 슬픈지, 기쁜지 바로 느낄 수 있다.

이때의 경험은 안네메테에게 또 하나의 중요한 사실을 일깨워주었다. Z세대든 X세대든 Y세대든, 하나의 틀에 가둘 수는 없다는 것이다. 그들은 고유한 취약성을 가진 개별적인 존재이며, 리더는 바로 그 감각을 바탕으로 그들과 관계를 맺고 반응해야 한다.

안네메테는 특정한 리더십 이론을 따르지 않는다. 하지만 안네메테에게 안정감 있는 리더가 되는 일은 매우 자연스러운 선택이었다. 끊임없이 비판받고 지금의 성과가 충분하지 않다는 말을 듣는 상황에서 그 누가 더 열심히 일할 수 있을까? 사람은 누구나 자신을 내보이고, 인정받고, 지도와 조언을 받으며 점차 성장해가는 과정 속에서 동기를 얻는다.

이런 생각을 가진 안네메테가 유일하게 깊이 공감하는 리더십 이론이 하나 있다. 바로 재생적 리더십이다.

"우리는 직원들이 공동 과업을 위해 쏟아붓는 에너지와 노력을 결코 당연하게 여겨서는 안 됩니다. 그에 대한 감사로 반드시 무언가를 돌려주어야 해요. 모든 사람이 하루 일을 마치고 집에 돌아갈 때, 지치고 소진된 상태가 아니라 오히려 에너지를 회복하고 새롭게 충전된 느낌으로 퇴근할 수 있어야 합니다."

안네메테는 직장에서 일어나는 모든 일이 하나의 유기적인 전체 속에 있다는 점을 항상 의식해야 한다고 말했다. 특정 집단을 몰아붙이거나, 자신과 동등하거나 자신보다 낮은 위치에 있는 사람을 무시하는 태도는 결국 어떤 식으로든 되돌아오기 마련이기 때문이다.

"우리는 모두 한 생태계에 속해 있습니다. 이 사실을 절대 잊어서는 안 됩니다. 사소한 변화 하나로도 공동체가 무너질 수 있으니까요. 어쩌면 이런 사고방식은 제가 생물학을 전공해서 그런 것일지도 모르겠습니다. 어쨌든, 이건 제 안에 깊이 자리한 본능 같은 감각이에요. 저는 연대감과 정의감이 함께하는 것, 그것이야말로 이상적인 모습의 공동체라고 생각합니다."

있는 그대로의 모습으로 기여할 용기

우리가 소개한 족장형 리더들은 마치 초인적인 수준의 감각과 집중력을 지닌 것처럼 보인다. 늘 조직 곳곳에서 존재감을 드러내고, 구성원들을 기억하고, 지금 무슨 일이 일어나고 있는지 주의 깊게 살핀다. 이들이 그렇게 할 수 있는 이유는 단 하나다. 진심으로 사람들에게 관심을 가지고, 자신의 한계를 정확히 이해하고 있으며, 구성원 각자가 지닌 자원과 통찰에 귀 기울일 가치가 있다고 믿기 때문이다. 이들은 가장 쉬운 방식이 아니라 가장 용기 있는 방식으로 리더십을 실천해나간다. 그리고 기꺼이 그 용기를 다른 이들과 나누려 한다.

마리에는 오랫동안 두려움과 무기력에 사로잡혀 있던 보건의료 종사자들에게 "당신은 생각보다 훨씬 많은 것을 할 수 있습니다"라고 말했다. 마리에와 함께 일하는 직원들 또한 마리에가 지닌 용기와 그 용기를 조직 전체에 퍼뜨리는 힘을 마리에의 가장 큰 장점으로 꼽는다.

토르벤과 안더스는 이렇게 말했다. 모든 사람은 실수를 하며, 어떤 통찰이나 혁신도 결국 실패를 통해 배우는 데에서 시작된다고. 안더스는 자신의 실수를 천장에 매달아 공개했고, 토르벤은 언론에 보도된 한 사건, 노르말 매장에서 안전 인증이 되지 않은 충전기를 판매해 고객이 위험해질 뻔했던 일을 직원들에게 공유했다. 다른 조직이었다면 책임자가 이 유감스러운 사건에 대해 직원을 공개적으로 질책하며 끝났을 수도 있었다. 하지만 노르말에서는 달랐다. 물론 실수는 있었지만, 해당 직원의 의도가 선하다는 것을 토르벤은 알고 있었다.

"그를 처벌한다면 그는 다시는 모험하려고 하지 않을 겁니다. 그러면 우리 경영방식의 핵심인 '용기'의 일부를 잃게 되죠. 그래서 저는 '당신은 할 수 있는 최선을 다했습니다. 앞으로도 계속 충전기를 구매하세요. 그리고 계속해서 과감한 결정을 내리세요. 다음엔 무엇을 주의해야 할지 스스로도 잘 알고 있겠지만, 절대 멈추지 마세요'라고 말했죠."

DR 방송국의 소비자 프로그램 〈콘탄트Kontant〉의 진행자가 노르말 현장에 찾아왔을 때, 그 상황을 전면에서 감당한 사람 또한 토르벤이었다. 토르벤은 그것이 자신의 역할이라고 생각했다. 직원과 조직문화를 지키고, 그에 따르는 책임과 타격을 기꺼이 감수하는 것. 그것이 바로 리더의 역할이라고 말이다.

"저도 제 실수에 대해 터놓고 이야기합니다. 한번은 폴란드에서 큰 곤경에 처한 적이 있어요. 제가 거기서 엘크를 총으로 쏘았거든요."

그의 말을 들은 우리는 둘 다 토르벤 쪽으로 몸을 쑥 내밀었다.

"맞아요, 그땐 조금 지나친 모험을 했던 것 같아요. 불법인 줄은 몰랐습니다. 그냥 사냥 중이었는데, 갑자기 그 녀석이 눈앞에 나타난 거예요. 그래서 쏘았죠. 그런데 그게 문제가 됐어요. 폴란드에서는 엘크가 보호종이거든요."

토르벤은 결국 처벌받았다. 그리고 그는 이 이야기를 통해 우리에게 중요한 메시지를 전하고자 했다. 누구나 실수할 수 있다는 것, 이때 중요한 건 어떤 모험을 택할 것인가를 스스로 더 잘 판단하는 법을 배워나가는 일이라는 것, 그래야만 서로를 불필요한 규율로 억누르지 않고 공동체 안의 신뢰와 존중을 유지할 수 있다는 것이었다.

족장은 공동체를 대표해 용기를 내보여야 하는 존재다. 전통사회에서는 전쟁이 벌어지면 가장 앞에 서서 첫 번째 총알을 맞는 사람이 바로 족장이었다. 마리에가 직원들에게 "당신들도 할 수 있다"라고 말한 뒤 병원 고위 경영진과의 마찰을 감수한 것도 용기를 실천한 것이었다. 그래야만 다른 직원들이 자신감을 얻어 일을 더 자유롭게 할 수 있다고 생각했기 때문이다. 리더의 용기를 믿지 못하는 이들은 더 많은 규칙과 절차를 요구하게 된다. 그리고 족장이 자신들의 뒤를 지켜주고 있다는 확신이 없다면, 직원들은 형식적인 기준 뒤에 숨어 자신의 진짜 역량을 드러내려 하지 않는다.

물론 구성원을 보호하는 방식으로만 족장이 용기를 보여주는 것은 아니다. 자기 자신의 약점을 기꺼이 드러내거나 과장된 권위를 내려놓기 위해 유쾌하게 자신을 낮추는 일 역시 용기다. 안더스 토르고르는 크리스마스 영화를 찍으며 일부러 자신을 웃음거리로 만들고, 안네메테 프리스는 다른 팀이 아직 오지 않은 아침 시간에 직속 직원들에게 감초 파이프를 나눠주며 농담을 건넨다. 자신의 모습을 있는 그대로 드러내는 용기, 내면의 장난기를 꺼내는 용기, 아침부터 직원들에게 웃음을 선물하는 용기. 이런 용기가 조직문화를 긍정적으로 물들인다.

족장, 문화의 전승자

우리가 많은 족장형 리더에게 던진 질문 중 하나는 이것이었다.

"당신은 공동체를 조직의 핵심으로 삼고 권력을 내려놓는 선택을 했는데, 결국 그 때문에 스스로를 불필요한 존재로 만들어버린 것은 아닌가요?"

형식적인 권한을 행사하지 않고 자신보다 공동체가 더 중요하다고 거듭 강조하는 리더가 정말로 필요한 까닭은 무엇일까? 앞서 언급했듯, 전통사회에서 족장의 역할은 말하고, 듣고, 문화를 전승하는 것이었다. 오늘날의 족장형 리더 역시 본질적으로 다르지 않다. 자고 있는 이들을 한밤중에 깨워서 물어봐도, 이들은 조직이 무엇을 위해 존재하는지와 자신이 왜 그런 방식으로 일하고 있는지 또렷하고 일관되게 설명할 수 있을 것이다. 크리스티안 바손의 한 직원은 이렇게 말했다.

"우리가 조직이라는 틀을 만들어 함께 일하는 이유는 혼자서는 아무것도 할 수 없기 때문입니다. 그리고 크리스티안 같은 리더는 우리의 공동 목표를 끊임없이 상기시켜주는 사람이 반드시 필요하기 때문에 꼭 있어야 하죠. 어떤 프로젝트에 깊이 몰두하다 보면 점점 회의감이 들기도 하고, 협업 파트너가 문제를 일으키기도 합니다. 그럴 때면 대체 왜 우리가 저 사람들과 계속 일해야 하는지 의문이 생기곤 해요. 크리스티안은 그럴 때마다 이렇게 말합니다. '우리는 저들과 함께 나아가야 합니다. 저 사람들이 가진 역량은 우리에게 없지만 우리가 공동 목표에 도달하기 위해 꼭 필요한 자산이니까요'라고요."

토르벤 모릿첸 역시 노르말에서 같은 역할을 맡고 있다. 그는 조직의 문화를 유지하고, 창립 초기부터 함께한 사람으로서 조직의 서사를 끊임없이 전하는 존재다. 토르벤은 자신은 이 역할을 정말 좋아한다고 잘라 말했고, 이 이야기를 아무리 반복해도 지겹지 않다고도 했다. 이야기를 전할 때마다 노르말이라는 조직이 어떤 존재이며 왜 지금 방식을 고수하는지 자기 자신도 다시 확인하게 되기 때문이다.

또한 토르벤은 가능한 한 규칙이 적은 조직을 고집한다. 수많은 컨설턴트가 이제는 그 방식이 더는 통하지 않을 거라고 말했지만, 지금까지는 문제없이 유지되어왔다. 토르벤이 유일하게 철저히 통제하는 것은 조직문화가 잘못된 방향으로 흐르지 않도록 하는 일이다. 구성원들이 핵심 가치를 따르지 않거나 조직을 지탱하는 근본 서사가 힘을 잃는 일은 결코 용납하지 않는다.

"제 역할은 최종 결과를 면밀히 살피는 것입니다. 고객이 실제로 마주하게 되는 것이 무엇인지 확인하고, 우리 조직의 문화와 가치가 제대로 유지되고 있는지 살피는 것이죠. 저는 우리가 소규모였을 때 가졌던 기민함을 지금도 유지하고 있는가, 예전에는 쉬웠던 일이 지금은 왜 더 어려워졌는가, 우리가 더 능숙해졌다면 당연히 더 쉬워져야 하지 않는가? 라는 질문을 항상 되새깁니다."

최근 토르벤은 매장에 스누스(입에 넣어 사용하는 스웨덴산 무연 담배) 사용을 금지하는 규정이 있다는 사실을 알게 되었고, 왜 그런 규정이 생겼는지 파악하기 위해 애썼다.

"알고 보니 어느 매장에서 누군가가 그것을 불쾌하게 여겼던 모양이에요. 그렇다면 대화를 나누면 돼요. 그리고 직원이 그 이유를 이해할 수 있도록 설득하면 되죠. 그건 규칙을 만든다고 해결되는 문제가 아니라고 생각해요."

토르벤이 생각하는 리더십의 본질은 모든 매장에 같은 규칙을 적용하는 것이 아니라 각 매장에서 실제로 어떤 일이 일어나고 있는지를 파악하는 데 있다. 그는 "관료제는 갈등을 회피하고 싶을 때 흔히 꺼내 드는 수단일 뿐"이라고 말했다. 족장형 리더는 조직문화를 위협하거나 공동체에 균열을 일으키는 사람과의 갈등을 두

러워하지 않는다. 그런 일이 생기면 그는 주저 없이 카누를 끌고 강가로 나가서 문제를 향해 노를 젓는다. 문제를 해결하고, 불평을 멈추게 하고, 오만한 자를 잠재우고, 분열의 근원을 찾아내기 전까지는 돌아오지 않는다. 그래야 다음 단계로 나아갈 수 있기 때문이다.

족장, 삶을 넘어선 존재

우리가 족장형 리더들에게서 발견한 가장 역설적인 점은 그들이 겸손해 보이지만 실제로는 전혀 평범하지 않다는 사실이다. 우리가 인터뷰한 직원들은 한결같이 상사의 업무 역량과 에너지에 깊은 인상을 받았다고 말했다. 아무리 자신이 평범하다고 강조해도, 족장은 확실히 남다르다. 사테레-마웨족의 족장 역시 놀라운 추진력을 지닌 성실한 사람이었다.

누구나 족장이 될 수 있는 것은 아니다. 그들에게는 타고난 권위가 있다. 그래서인지 단체 사진만 봐도 다들 족장이 누구인지 단번에 알아챈다. 앞서 소개한 것처럼 진 브릭스가 우트쿠 에스키모의 사진을 보여주었을 때, 사람들은 아무런 배경 지식 없이도 이누티아크를 정확히 짚어냈다. 안더스 토르고르 역시 학급 단체 사진을 본 사람들에게서 "저 아이가 반장이겠군"이라는 말을 자주 들었다.

앞에서 이야기했듯, 안크리스티나 마트젠은 JAC의 리더이자 수십 개의 사회적·전문적 네트워크에서 활발히 활동하며, 책을 집필하고 강연도 한다. 안크리스티나는 우리가 연락했을 때도 언제나 몇 시간 안에 답장을 보냈다. 이런 업무 역량은 안크리스티나만의 특징이 아니라 우리가 만난 다른 족장형 리더들에게도 공통적으로 나타나는 면모다. 이들은 자신이 이끄는 '부족'의 구석구석을 직접 찾아다니며 구성원들을 관찰하고, 그들의 말을 경청하는 데 많은 시간을 쏟는다. 능력에는 책임이 따른다고 믿기 때문이다.

아울러 자기 자신과 시간을 아낌없이 내어주는 이들의 관대함은 쉽게 흉내 낼 수 없는 자질이다. 이들은 고전적인 의미의 족장처럼 아이디어가 넘치며, 그것을 다른 사람들과 함께 나누는 데에서 기쁨을 느낀다. 안더스 토르고르의 사무실에는 책이 수북이 쌓여 있고, 그는 자신을 찾아오는 이들에게 그 책을 아무 대가 없이 나누어준다. "문은 항상 열려 있다"라는 말은 이들에게 있어 결코 형식적인 수사가 아니다. 이다 순드보리와 안네메테 프리스는 어린 시절부터 '어른을 위한 어른'이 되는 법을 배워야 했다. 그 때문에 다져진 섬세한 배려와 돌봄에 대한 감각이 그들과 만나는 순간 마치 부드러운 담요처럼 우리를 감쌌다. 몇 분 만에 신뢰할 수 있고 개방적인 분위기가 형성되었고, 그들에게 어떤 이야기든 털어놓을 수 있을 것 같은 느낌이 들었다.

이들이 특별한 자질을 지닌 탁월한 인물이라는 점은 그들이 모두 성공적인 조직의 리더라는 사실만으로도 분명히 드러난다. 족장형 리더십은 인간적인 차원에서만 효과적인 것이 아니라 상업적·조직적 측면에서도 뛰어난 성과를 낳는다. 족장은 대개 나른 조직보다 성과가 뛰어나고, 유능한 인재를 쉽게 끌어들이고, 전반적으로 높은 평가를 받는 조직의 중심에 서 있다. '거칠고 냉혹하지만 성과를 만들어내는 리더'라는 오래된 명제와 달리, 족장형 리더들은 인간적이고 배려 깊으며 공동체 중심적인 리더십이 탁월한 결과로 이어진다는 것을 보여준다. 다정함과 성공은 결코 모순되지 않는다. 마리에 스토르크홀름이 이끄는 병동이 지역 병원 내 다른 부서들과 전혀 다르다는 이유로 이곳에서 일하고 싶어 하는 사람이 몰려드는 것이 그 예다. 토르벤의 노르말이 경쟁사를 앞서는 이유, JAC가 덴마크에서 '최고의 직장' 상을 연이어 수상하는 이유도 같은 맥락에서 이해할 수 있다.

덴마크의 대표적인 기업 성공 사례를 살펴보면 족장형 리더십의 실질적인 예를 찾는 일은 그리 어렵지 않다. 제약회사 노보 노르디스크Novo Nordisk는 CEO 라스 프루에르고르Lars Fruergaard의 리더십 아래 유럽에서 가장 높은 기업 가치를 지닌 회사로 성장했다. 그는 매번 극도로 겸손한 리더라는 평가를 받아왔다. 프루에르고르가 2020년 '올해의 리더'로 선정되었을 때, 그는 "권력이란 단지 빌려 쓰는 특권이며, 나눈다고 줄어드는 것이 아니라 오히려 강해진다. 그럴 때 진정한 공동의 힘과 자발적인 동참이 생긴다. 누군가가 따라주어야 비로소 리더가 되는 것이며, 리더십은 결코 원맨쇼가 아니다"라고 말한 인물로 조명되었다. 그는 여러 국제 언론에서 잘난 체하지 않는 사람, 겸손하고 내성적이며 탁월한 경청자로 소개되었고, 언제나 자신을 중심에 세우지 않으려는 인물로 묘사된다.

프루에르고르의 리더십은 국제 금융 매체들이 흔히 이야기하는 자기 과시형 CEO와는 분명히 다르다. 특히 인상적인 것은 그가 모든 직원과 직접적으로 소통하는 방식을 수년간 꾸준히 유지해왔다는 사실이다.

"'라스 라이브Lars Live'라는 프로그램은 제가 5~10분 정도 간단히 이야기를 한 뒤 나머지 시간 동안 직원들의 질문에 즉각적이고 솔직하게 답하는 방식으로 진행됩니다. 이를 통해 직원들은 제 생각과 입장을 알 수 있고, 그들의 질문에 대한 제 답변이 일관성을 가진다면 그것이 곧 신뢰로 이어집니다."

이후에 다시 다루겠지만, 이제는 매르스크A.P. MøllerMaersk(덴마크 코펜하겐에 있는 세계 최대 해운물류 기업 중 하나)조차 족장형 리더십에서 영감을 받아 같은 방향으로 움직이기 시작했다. 겸손함을 배우기에 너무 거대한 조직이란 없다.

벤트 옌센Bent Jensen은 현재 덴마크에서 열네 번째로 부유한 인물로 꼽히지만, 겉모습만으로는 그런 사실을 알아채기 어렵다. 그는 자신의 전기 작가에게 그동안 더 많은 재산을 개인적으로 챙기지 않은 것이 좀 바보 같기는 하다고 인정하면서도, 스스로를 치장하는 데 아무런 의미를 느끼지 못한다고 털어놓았다. 대신 그는 고향이 쇠퇴하지 않기를 바라는 진심 어린 마음으로 지역사회에 극도의 관대함을 보여왔다. 리나크Linak(덴마크의 전동 직선 구동 장치 전문 제조업체)가 처음 문을 연 노르보르그^{Nordborg}와 노르달스^{Nordals} 지역에 환경 정비와 자선 활동을 위해 수백만 크로네를 아낌없이 쏟아부었다.

그가 즐기는 또 다른 소박한 기쁨은 바로 포크음악이다. 지역 장터나 마을 축제에서는 바이올린을 연주하는 그의 모습이 자주 목격된다. 유쾌함과 유머는 그의 삶에 있어 중심적인 가치다. 그는 종종 우스꽝스러운 가면을 쓰고 출근하고, 무엇이든 재미있어야 한다는 원칙을 고수한다.

벤트 옌센은 리니어 액추에이터$^{\text{liner aktuator}}$라는, 사명의 유래가 된 독창적인 승강 시스템의 발명자다. 이 기술은 여전히 리나크의 핵심 기술로 자리 잡고 있으며, 기술의 원리를 그 누구보다 잘 아는 사람은 바로 옌센 자신이다. 그러나 그는 언제나 그 외의 모든 분야에서는 자신보다 다른 사람들이 더 잘 안다고 이야기한다.

"리나크는 언제나 협업을 통해 성과를 이루어왔습니다. 저는 모든 일이 제대로 굴러가도록 책임을 진 사람일 뿐입니다. 그것 말고는 아무것도 하지 않았습니다."

옌센은 덴마크 저널리스트 톰 오케$^{\text{Tom Okke}}$가 쓴 자신의 전기 저서 『최고의 아이디어$^{\text{Den bedste idé}}$』(Politikens Forlag, 2023)에서 이처럼 겸손하게 말했다.

5장

이미 시작된 혁명

권력을 탐하지 않는 자야말로 권력을 쥘 자격이 가장 많다.
— 플라톤, 『국가』(B.C. 380년경)

1장에서 우리는 공포스러운 리더십 전시장이라고 불러도 좋을 만한 사례들을 살펴보았다. 자기중심적이고, 타인을 억압하고, 자기 홍보에만 몰두하고, 잘난 체하기 바쁜 리더들 말이다. 그리고 이들이 어떻게 리더십이라는 개념의 평판을 망가뜨려놓았는지 짚어보았다. 하지만 이어서 소개한 겸손하고, 직원들에게 존경받고, 인간적인 리더들의 사례는 리더십 자체를 폐기할 이유는 없다는 것을 분명히 보여준다. 우리가 버려야 할 것은 썩은 물이지, 그 안에 있는 사람이 아니다. 이제는 물을 갈아야 할 때다.

크리스티안 바손과 안크리스티나 마트젠은 모두 '리더 없는 조직'으로 알려진 기관을 이끌고 있다. 공식적인 리더십 구조가 폐지되고, 구성원들이 스스로를 관리하는 방식으로 운영되는 곳들 말이다. 그러나 JAC나 덴마크디자인센터는 정말로 리더가 없는 조직은 아니다. 『매니저가 필요한 이유 Why Managers Matter』 (PublicAffairs, 2022)의 저자 니콜라이 J. 포스 Nicolai J. Foss 와 피터 G. 클라인 Peter G. Klein 은 소위 리더 없는 조직은 그 수가 적고, 대부분은 리더가 존재한다고 지적했다. 밸브Valve(미국의 게임 개발사 및 유통사), 자포스Zappos(미국의 온라인 신발 유통기업), 오티콘Oticon(덴마크의 보청기 제조기업) 같은 잘 알려진 조직들조차 독특한 조직 모델을 설계한 리더나 창립자가 있었고, 그들은 전통적인 리더십 개념에서 벗어나 조직의 문화와 구조를 만들어낸 중심인물이었다.

리카르도 세믈러Ricardo Semler도 이들과 결을 같이한다. 그는 1980년에 권위주의적인 아버지로부터 브라질의 낙후된 기업 셈코Semco를 물려받은 뒤 직원들과 급진적이고 민주적인 실험을 시작했다. 직원들은 스스로 근무시간과 급여를 결정할 수 있었다. 직원들이 자신의 삶을 스스로 통제할 수 있는 성인으로서 존중받아야 한다는 것이 이 젊고 야심 찬 CEO의 신념이었다. 이는 극단적인 자유와 자율성을 실험한 사례로 기록되고 있다.

직원들의 존경을 한 몸에 받았던 그는 20년 만에 셈코의 매출을 50배 끌어올렸고, 셈코를 소규모 기업에서 3,000명 이상의 직원을 둔 대기업으로 탈바꿈시켰다. 셈코는 단 한 번도 공식 채용 공고를 낸 적이 없었다. 지원자들이 자발적으로 제출한 이력서들을 서랍에서 꺼내 살펴보기만 해도 됐다. 세믈러는 대부분의 관리자를 '조언자'로 재정의했다. 심지어 자기 자신까지도 말이다. CEO라는 직함은 외부와 공식적으로 접촉할 때만 사용했고, 현장에서는 그도 다른 조언자들과 다르지 않았다. 그는 이렇게 말했다.

"리더와 그들이 누리는 지위와 보상, 이른바 위계질서는 참여형 리더십을 가로막는 가장 큰 장애물입니다. 우리는 민주적인 의사

결정을 실현하기 위해 먼저 리더들을 그 길에서 치워야 했습니다."

셈코에서 리더십이 아예 사라진 것은 아니었다. 리더십은 족장처럼 구성원들을 촉진하고, 조율하고, 지원하는 역할을 했다. 그리고 리카르도 세믈러는 다른 훌륭한 족장들처럼 조직의 이야기를 전하고 구성원들에게 영감을 주는 데에도 능했다.

그가 20여 년 뒤 회사를 떠나 새로운 길을 간 후, 셈코의 직원 민주주의와 경제적인 성과는 서서히 내리막길을 걷기 시작했다. 오늘날의 셈코는 세믈러가 아버지에게 물려받았던 당시의 모습과 크게 다르지 않다. 따라서 셈코의 사례를 두고 '우리에게는 리더가 필요 없다'라고 결론 내리는 것은 타당하지 않다. 우리에게 진정으로 필요한 것은 지금과는 다른 리더, 다른 리더십의 가치다. 지속 가능한 리더십을 위해서는 조직 전체에 새로운 문화를 구축해야 한다. 그 문화는 이후 세대에까지 유지될 수 있을 만큼 장기적인 관점에서 만들어져야 하며, 과거의 유령 같은 마이크로매니지먼트와 권위적인 명령형 리더십이 다시 등장하더라도 쉽게 무너지지 않을 만큼 견고해야 한다.

리더 없는 조직은 존재하지 않는다

우리가 소개한 족장형 리더들이 (거의) 리더 없는 조직으로 알려진 기업에서 일하고 있다는 점은 리더십에 대한 문제 제기가 사실상 위계 구조와 그에 따르는 지배 권한에 관한 문제임을 보여준다. 피라미드형 구조를 평평하게 만들거나 거꾸로 뒤집는다고 해서 리더십이 사라지는 것은 아니다. 리더십은 여전히 다양한 방식으로 존재한다. 안크리스티나 마트젠이 JAC를 90퍼센트 리더 없는 조직이라고 부르고, 오덴세Odense에 있는 닥시오마틱Daxiomatic(자기조직화 기반의 덴마크 IT 기업)이 "우리 조직에는 리더십이 넘쳐난다"라고 강조하는 것도 같은 맥락이다. 조직에서 리더십이 분산되어 있거나 '공동 리더십'이 실천되고 있다는 의미인 것이다.

리더 없는 조직의 업무는 '자기조직화 팀' 단위로 진행된다. 직원들은 중앙의 '의사결정자' 없이 예산을 관리하고, 업무를 분담하고, 품질을 점검하고, 고객이나 시민과의 소통도 직접 한다. 이렇게 구성원 모두가 결정권을 갖지만, 그 시스템을 설계하고 유지하는 사람은 따로 있다. 조직이 왜 그렇게 운영되어야 하는지 설명하고 설득해 구조를 지탱하는 사람들 말이다. 어떤 이들은 크리스티안 바손과 수네 크눗젠처럼 권한을 해체하고, 상호 협의를 독려하고, 외부와 소통하고, 동료를 안내하고 돕는 역할도 한다.

결국 실질적인 의미에서의 리더 없는 조직을 운영하는 일은 불가능에 가깝다. 공동체를 우선시하고, 명령이 아니라 영감을 통해 방향을 제시하며 조직을 이끄는 리더, 즉 족장형 리더가 없다면 말이다. 이들은 위에서 '지시하는' 권력을 제거하고, '이끌고 변화시키는' 힘만 조직에 남겨둔다.

최근 들어 '틸 조직'에 대한 논의가 활발해지고 있다. 벨기에의 경영 이론가 프레데릭 랄루$^{Frédéric\ Laloux}$는 저서에서 이 개념을 다뤄 널리 주목받았다. 틸 조직은 자율적으로 운영되는 팀과 구성원들에게 최대한의 자유를 부여하는 구조가 가장 큰 특징이다. 랄루는 이러한 조직이 역사적인 진화의 일부라고 주장한다. 두려움에 기반하던 전통적인 리더십 문화가 자유롭고 신뢰가 바탕에 깔린 협업 의식으로 대체되고 있다는 것이다. 물론 그는 이 새로운 시대정신이 인간 의식의 각성 때문만이 아니라 일반 직원들이 느껴온 구조적 압력에서 비롯된 결과이기도 하다는 사실을 충분히 인식하지 못했을 수 있다. 그럼에도 이 방향성은 주목해볼 가치가 있다. 랄루는 미래의 조직을 '리더 없는 유기체'로 묘사하는데, 자세히 들여다보면 이런 조직, 즉 네덜란드의 뷔어초르흐^{Buurtzorg}나 이탈리아의 파비^{FAVI} 같은 조직의 최상부에는 대부분 족장형 리더의 특성을 지닌 인물이 존재한다.

뷔어초르흐는 1만 5,000명이 넘는 직원을 둔 방문 간호 서비스 기업으로, 공식적으로는 조직에 리더가 둘뿐이다. 파비는 자동차 부품을 생산하는 회사다. 이 조직들은 복잡한 위계 구조나 관료주의 대신 자율성을 핵심 원칙으로 삼았다. 하지만 리더십이 없는 것은 아니다. 그들에게도 외부에서 조직을 대표하고, 고유한 운영 모델의 비전을 제시하는 카리스마 있는 리더가 존재한다. 뷔어초르흐의 대표는 요스 드 블로크$^{Jos\ de\ Blok}$, 파비의 전 대표는 장프랑수아 조브리스트$^{Jean-Franois\ Zobrist}$다. 요스 드 블로크는 지금도 세계 곳곳을 다니며 자율적인 팀 기반의 구조를 통해 더 나은 간호 서비스를 낮은 비용으로 제공하는 방법을 전하고 있다. 이런 그에게 자연스러운 권위를 부여하는 것은 간호사 출신이라는 그의 배경이다. 거침없이 발언하기로 유명한 그는 경영 과정에서 배우는 것과 경영학 학위를 얻는 데 필요한 지식은 모두 쓸모없는 소리일 뿐이라고 단언한다.

"리더들은 대개 자기들끼리 뭉치는 경향이 있어요. 온갖 세미나와 콘퍼런스를 열어 서로가 옳은 방식으로 일하고 있다고 확인시켜주죠."

그는 리더들이 자기 자신을 영웅처럼 여기고, 자신이 누구를 위해 일하고 있는지 잊는 순간이야말로 가장 위험하다고 강조하며 수평적인 조직구조를 일관되게 유지해왔다.

파비 역시 리더 없는 조직으로 운영되지만, 장프랑수아 조브리스트는 예외적으로 대표로서 눈에 띄는 인물이다. 우리가 찾아본 모든 사진 속에서 그는 늘 직원들과 똑같이 낡은 파란색 작업 조끼를 입은 채 현장을 누비고 있었다.

이처럼 리더 없는 조직처럼 보이는 곳에도 실제로는 대부분 리더가 존재한다. 다만 그는 전통적인 리더라기보다는 족장에 가깝다. 족장형 리더는 우리가 익숙하게 봐온 리더처럼 행동하지 않기 때문에 조직이 리더 없이 운영되는 것처럼 보일 뿐이다. 그리고 바로 이 점 때문에 구성원들은 그를 더 깊이 신뢰하고 기꺼이 따르게 된다.

인간과 자유를 중심에 두는 조직

위계질서가 사라지면서 자유와 자기결정권이 다시 구성원들에게 돌아오고 있다. 최근 주목받는 조직 유형이 바로 이러한 방향성을 지닌 조직들이다. 프레데릭 랄루의 틸 조직 외에도 휴머노크라시 같은 개념이 경영철학에서 점차 자리를 잡아가고 있다.

휴머노크라시는 경영학자 게리 해멀$^{Gary\ Hamel}$과 미셸 자니니 $^{Michele\ Zanini}$가 공저 『휴머노크라시』(Harvard Business Review Press, 2020)에서 제안한 것으로, 통제와 규칙, 지루한 관료적 절차를 줄이고 직원 개개인의 판단력에 대한 신뢰를 기반으로 조직을 운영하는 것이다.

해멀과 자니니 역시 조직이 점점 비인간적으로 변해가는 원인은 자신이 마치 신의 선물이라도 되는 듯 착각하는 리더들 때문이라고 지적한다. 과도한 자기 확신에 빠진 리더들이 타인을 지배하려 들면서 결정권이 한쪽으로 집중된다는 것이다. 그 결과, 이런 조직에서는 리더들이 구성원을 이끌기보다는 자기 앞길을 닦는 데 더 많은 시간을 쓰느라 정작 직원들이 무슨 일을 하고 있는지는 거의 관심조차 두지 않게 된다. 또 허풍으로 위계의 꼭대기까지 올라가는 일도 가능하다. 그리고 직원들은 '상사의 부풀려진 자존심을 바늘로 찌르면 안 된다'라는 사실만 배운다.

해멀과 자니니는 직원들이 훨씬 더 큰 자유를 누리며 건강하게 일할 수 있는 예외적인 기업 사례도 제시한다. 이런 조직에서는 직원들이 모는 일을 통제하려는 상사에게 일일이 지시받을 필요가 없다. 분명한 방향을 제시해주는 상사와 함께 일하기 때문이다. 이 상사들은 구성원들에게 영감을 주고 비정통적인 방식으로 리더십을 발휘할 때도 있지만, 구체적인 일처리에는 개입하지 않는다. 즉, 해멀과 자니니가 꼽은 모범 사례 속에는 족장형 리더들이 존재한다.

가장 인상적인 사례 중 하나는 미국 항공사 사우스웨스트 항공Southwest Airlines의 CEO였던 허브 켈러허Herb Kelleher다. 켈러허는 한마디로 괴짜 삼촌 같은 인물이었다. 하와이안 셔츠 차림에 살짝 취한 채 담배를 물고 파티에 나타나는 사람을 떠올리면 된다. 그는 늘 유치한 농담을 했는데, 대부분 자기 자신을 웃음거리로 삼았다. 또 회사의 연례행사 때마다 기괴한 옷차림으로 등장했고, 심각한 골초인 것에 대해서는 이렇게 둘러대곤 했다.

"나는 혈관이완증이라는 희귀질환이 있어요. 의사 말로는 피가 뇌까지 잘 돌게 하려면 계속 담배를 피워서 혈관을 긴장 상태로 유지해야 한대요."

안더스 토르고르나 벤트 옌센처럼 켈러허 역시 직원들의 웃음을 두려워하지 않았다. 오히려 그것을 즐겼다. 그래서 직원들도 그에게 진심 어린 애정을 보였다. 어느 날 그는 새 고급 승용차를 샀는데, 회사의 조종사 몇 명과 술을 잔뜩 마신 끝에 네 직원이 자기 차바퀴에 소변을 보는 광경을 지켜보게 되었다. 훗날 그는 사람들에게 그 일화를 즐겨 들려주었다. 직원들이 켈러허에게 할리데이

비슨Harley-Davidson 오토바이를 선물했을 때도 그랬다. 증정식에서 켈러허는 곧바로 오토바이의 시동을 걸려고 했지만, 연료 탱크가 텅 빈 상태라 오토바이는 꼼짝도 하지 않았다. 그는 웃음거리가 되었고, 그 모습은 상사라고 해서 다른 사람보다 더 나은 존재는 아니라는 메시지를 직원들에게 분명히 전해주었다.

허브 켈러허가 익살맞은 광대 역할만 한 것은 아니었다. 그는 사우스웨스트 항공의 존재 이유를 끊임없이 상기시켜주는 이야기꾼이기도 했다. 그가 내세운 사명은 보통 사람도 감당할 수 있는 항공 요금을 제공하는 것이었다. 켈러허는 이 사명을 말로만 강조한 것이 아니라 실천으로 증명했다. 그 결과, 사우스웨스트는 미국 내에서 수익성과 효율성 면 모두에서 손꼽히는 항공사가 되었다. 착륙한 비행기가 다시 이륙하기까지 걸리는 시간을 눈에 띄는 수준으로 단축시켰다는 점이 경쟁사들을 특히 압도했다. 그 일이 가능했던 이유는 모든 직원이 강한 공동체 의식 속에서 책임을 함께 나누었기 때문이다. 사우스웨스트에서는 조종사조차 시간이 나면 청소를 돕는다. 그 누구도 다른 사람보다 우월하지 않다.

이렇게 특별한 방식으로 평범한 상사가 되려고 했던 켈러허의 태도는 사우스웨스트 항공의 정신 그 자체라고 할 수 있다. 이 항공사는 승무원들이 탑승객들을 웃기며 분위기를 즐겁게 이끄는 것으로 유명하다. 보통 흘려듣기 마련인 기내 안전 안내를 짧은 코미디처럼 연출해 모두의 시선을 끌고 안내한 내용이 실제로 기억에 남게 만든다. 유튜브에서 'Southwest Airlines safety briefing'을 검색해보면, 그들이 어떻게 웃음을 이끌어내는지 직접 확인할 수 있다.

켈러허는 누구나 자기다운 모습으로 살아갈 권리가 있다고 믿었다. 다양성을 존중했고, 당당하게 드러내라고 장려했다. 그가 가장 경계한 태도는 자신을 지나치게 진지하게 여기는 것이었다.

2019년에 세상을 떠난 켈러허에게 있어 조직의 핵심은 공동체와 사랑이었다. 실제로 사우스웨스트 항공의 로고는 하트 모양이며, 약 6만 명에 달하는 직원들은 서로를 가족이라고 부른다. 켈러허는 훌륭한 족장처럼 업계 최고 수준의 임금과 보상으로 직원들을 대우했고, 그 덕분에 단 한 차례의 파업도 일어난 적이 없다. 업계 평균보다 낮은 보수를 받는 사람들은 오직 경영진뿐이다. 직원들을 가족처럼 대하고, 사랑으로 이끌라. 이것이 바로 켈러허의 좌우명이었다. 그는 조직을 하나로 묶는 힘이 공동체에 대한 애정이라는 것과 그 힘이 자신이 들려주는 이야기 속에 깃들어 있다는 사실을 누구보다 잘 알고 있었다. 물론 그 이야기 중 많은 부분은 과장된 신화였고, 직원들도 그걸 알고 있었다. 그럼에도 불구하고 직원들은 그 이야기들을 진심으로 사랑했다.

1992년, 허브 켈러허는 기상천외한 퍼포먼스를 벌였다. 한 항공 관련 업체가 사우스웨스트 항공의 슬로건 'Just plane smart(plain 대신 plane비행기을 넣은 말장난으로, "그야말로 똑똑한 선택"이라는 뜻이다—옮긴이)'가 자신들의 것이라며 소송을 예고한 것이다. 긴 법적 공방 끝에 이득을 보는 건 결국 변호사뿐이라는 걸 잘 알고 있었던 켈러허는 상대 회사의 CEO에게 팔씨름으로 결판을 내자고 제안했다.

제안은 성사되었고, 사우스웨스트는 낡은 격납고에 간이 레슬링 경기장을 만들었다. 본사 직원들에게는 응원하라고 휴가를 주었고 언론도 초대했다. 이 행사는 유사 스포츠 이벤트처럼 연출과 흥행 요소를 모두 갖추고 있었다. 켈러허는 젊지 않았지만 상대 회사의 CEO는 전직 보디빌더였다. 모두가 켈러허가 질 것이라고 생각했다. 켈러허 자신도 그 생각을 숨기려 하지 않았다.

겉으로 보기에 이 행사는 두 CEO의 유치한 자존심 싸움 같았을 수도 있다. 하지만 그건 켈러허라는 인물을 모르는 사람의 시선이다. 그는 이날 엘비스 프레슬리Elvis Presley가 입었을 것 같은 커다란 망토에 촌스러운 머리띠, 뱃살이 삐져나온 빨간 반바지를 입고 등장했고, 팔씨름에 쓰지 않는 다른 쪽 손에는 여느 때와 마찬가지로 담배를 들고 있었다. 결과는 예상대로 그가 졌다. 하지만 그것 역시 켈러허가 의도한 것이었다.

이것은 힘과 과시를 향한 남성성의 풍자이자 과장되고 자기중심적인 리더십에 대한 패러디다. "리더십이란 '결국 누가 더 강한가'이다"라는 통념을 향한 조롱이기도 하다. 즉, 이 기괴한 이벤트를 통해 허브 켈러허가 보여준 것은 리더십이란 리더 개인의 자아가 아니라 공동체를 위해 자신을 기꺼이 희화화할 수 있는 태도라는 것이었다. 모두가 함께 웃을 수 있도록 리더 자신을 웃음거리로 내놓을 줄 아는 자세 말이다.

일론 머스크Elon Musk와 마크 저커버그Mark Zuckerberg가 MMA

시합을 하자고 서로를 도발하고, 둘 다 반드시 자신이 이길 것이라고 장담하던 모습을 떠올려보라. 그 유치한 힘겨루기에는 아이러니도, 자기 풍자도 없다. 그들은 지금이 어떤 시대인지 잊은 듯하다. 반대로 켈러허의 팔씨름은 앞서 3장에서 살펴본 전통적인 결투와 닮아 있다. 에스키모 사회의 노래 대결처럼, 물리적인 충돌 대신 리더가 상징적인 경쟁을 벌임으로써 갈등을 웃음으로 전환하는 방식인 것이다.

허브 켈러허는 그날 조직을 위해 지는 쪽을 택했다. 덕분에 사우스웨스트 항공은 지루하고 소모적인 소송을 피하고 천문학적인 비용을 아낄 수 있었다. 팔씨름 이벤트를 통해 켈러허는 다시 한번 사우스웨스트는 어떤 조직인가에 대한 이야기를 만들어냈다. 다소 우스꽝스럽지만 멋지고 자유로운 곳, 누구나 자기답게 있을 수 있는 곳, 가끔 한심한 광대처럼 보일지언정 분명히 직원 편인 사장이 있는 곳. 그래서 그는 절대 자신을 대단한 존재처럼 내세우지 않았다.

덴마크·스칸디나비아식 리더십과 족장형 리더십

사우스웨스트 항공의 기업 문화와 극명한 대조를 이루는 사례로는 대서양 건너편의 프랑스 항공사들이 있다. 이들은 잦은 파업과 경영진과 직원 간의 노골적인 적대 관계로 잘 알려져 있다. 에어프랑스Air France에서는 분노한 직원들이 회의 중이던 경영진을 습격해 고위 간부들이 찢어진 셔츠 차림으로 울타리를 넘어 도망치는 사건이 일어난 적도 있었다.

프랑스 항공업계의 위계적인 조직문화는 2004년 네덜란드의 KLM과 에어프랑스가 합병하면서 더욱 분명하게 드러났다. 네덜란드 직원들은 경영진과 자유롭게 의견을 주고받는 수평적이고 직설적인 조직문화에 익숙했지만, 프랑스식 위계는 전혀 달랐다. KLM 내부 인터뷰에 따르면, 네덜란드 직원들이 프랑스인 상사에게 평소처럼 솔직하게 말했을 때 프랑스 측은 그것을 "개인적인 공격으로 받아들였"다고 한다. 프랑스 경영 문화에서 중요한 것은 체면, 자존심, 자기 이미지 그리고 권위 유지다.

이런 특성은 '권력거리power distance' 지수에서도 뚜렷하게 나타난다. 이 지수는 사람들이 타인의 권위에 얼마나 순응하는지 보여주는 지표인데, 프랑스는 높은 순위에, 네덜란드는 낮은 순위에 위치한다. 참고로 덴마크 역시 네덜란드와 함께 권력거리 지수가 낮은 국가에 속한다.

뇌르마르크는 덴마크인과 프랑스인이 함께 근무하는 팀의 문화적 충돌을 해결하기 위해 여러 차례 컨설턴트로 나선 적이 있다. 덴마크 직원들은 프랑스식 리더십을 '공포 기반 리더십' '독재적' '업무에 대한 과도한 개입' 등으로 표현했다. 뇌르마르크는 중립적인 문화 중재자로서 덴마크와 프랑스의 리더십은 다를 뿐이며 어느 쪽이 우월하다고 할 수는 없다고 거듭 설명했지만, 그의 말을 귀 기울여 듣는 사람은 아무도 없었다.

적어도 심리적 안정감, 인간적인 분위기, 높은 업무 만족도라는 기준에서 보면 덴마크식 리더십이 더 낫다. 이 리더십 아래에서 느끼는 만족감은 생산성에도 긍정적인 영향을 미친다. 프랑스식 리더십은 족장형 리더십과 정반대다. 쉽게 말해, 프랑스의 상사는 가끔 나타나 지시를 내리고, 실수한 사람을 질책하고, 회의에서 창피를 주는 고립된 우상 같은 존재다. 이런 리더들은 직원들이 자신만큼 또는 자신보다 업무에 대해 더 많이 알고 있을 수 있다는 겸손한 가정에서 출발하지 않는다. 오히려 모든 해답을 쥔 전지전능한 존재로 행동할 것을 요구받는다. 프랑스 노동시장은 본질적으로 고용주와 피고용인의 뿌리 깊은 적대를 전제로 한다. 거의 전쟁 상태에 가깝다고 해도 과언이 아니다. 프랑스인 직원의 절반 가까이가 상사를 강제로 사무실에 가두는 것을 정당하다고 여긴다는 조사 결과가 있을 정도다. 이런 문화 속에서 프랑스가 끊임없이 파업에 시달리는 것은 결코 이상한 일이 아니다.

반면 덴마크의 노동시장은 이해와 협상을 통해 공통점을 찾아가는 공존 문화에 가깝다. 물론 덴마크에도 여전히 형편없는 상사가 많지만, 근본적으로는 회복 가능한 리더십 전통 위에 서 있다. 약해진 부분은 다시 세워야 하고, 강한 부분은 더 단단하게 다져야 한다. 덴마크와 스칸디나비아식 리더십은 족장형 리더십의 여러 특성을 지니고 있으며, 이는 충분히 자부심을 가질 만하다. 하지만

2장에서 살펴보았듯 많은 덴마크 조직이 점점 더 앵글로색슨식 리더십의 영향을 크게 받고 있다. 그 방식은 참여와 겸손을 중시하는 덴마크 고유의 리더십 문화와는 거리가 멀다.

과도한 국수주의로 비칠 의도는 없지만, 우리는 덴마크의 관리자와 직원, 기업이 족장형 리더십의 유산을 다시 인식하기를 바란다. 앞서 이야기했듯 얀테의 법칙이나 권위에 대한 회의적인 태도가 반드시 나쁘지만은 않다. 미국이나 영국의 세련된 리더십 이론에 쉽게 매혹되지 말고, 그들의 용어가 덴마크의 조직 언어에 스며들었다는 이유만으로 그들의 방식이 더 낫다고 착각하지 말아야 한다. 현실적으로 보자면 앵글로색슨식 리더십의 전통은 신뢰, 존중, 겸손이라는 가치를 오랜 시간 축적해온 스칸디나비아식 리더십에 비해 썩 인상적이지 않다. 그러니 만약 권력거리 지수가 높은 문화권 출신의 리더와 함께 일하게 되었다면, 그들이 덴마크·스칸디나비아식 리더십을 긍정적으로 평가하는지 아니면 무질서하고 비전문적인 체계로 보는지 잘 살펴야 한다. 후자라면 가능한 한 빨리 그 자리에서 벗어나자.

리더가 직원을 섬기는 리더십

최근 몇 년간 리더십 담론에서 위계에 대한 반감이 뚜렷해졌다. 그 흐름 속에서 서번트리더십이 특히 주목을 받고 있다. 서번톨로지

servantologi, 배려의 리더십, 섬기는 리더십 등으로도 불리는 이 접근법은 직원들을 단순한 업무 수행자가 아니라 하나의 온전한 인간으로 바라보는 철학에 뿌리를 두고 있다. 이 관점에서 업무란 고립된 작업이 아니라 공동체 속 인간의 삶과 이어진 더 큰 순환의 일부다.

서번트리더십은 1970년대에 오랜 기간 주류를 이루어왔던 위계 중심의 성장 지향적 리더십 모델의 대안으로 등장했다. 그 전까지 리더십은 리더를 모든 것을 결정하고 성과를 독점하는 지배자이자 전면에 나서는 인물로 설정했고, 상사는 직원들에게 더 높은 성과를 요구하며 채찍을 들거나 자기 뜻에 순응했을 때만 보상을 제공하는 존재였다. 이처럼 직원이 상사를 섬기는 구조에서는 기업의 경쟁력을 끌어올리는 것이 유일한 목표였다.

서번트리더십은 이 틀을 완전히 뒤집었다. 리더가 직원을 섬기는 것이 리더십의 핵심이 되었다. 이는 기계적인 역할 전환이 아니라 리더십 패러다임을 전복시킨 것에 가까웠다. 이 관점은 리더란 수익과 성과를 절대적인 기준으로 삼아 냉정하고 비타협적인 방식으로 조직을 이끌던 고전적인 자본주의형 CEO와는 전혀 다른 모습이어야 한다고 주장했다. 직원의 필요를 우선하고 직원들이 한 인간으로 성장할 수 있도록 지원하는 리더상은 명령과 통제를 당연하게 여겨온 전통적인 관리자들에게 충격 그 자체였다.

그래서 처음에는 많은 기업과 조직이 서번트리더십에 회의적이었다. 순진하기만 하며 경쟁력을 저하시킬 수 있다는 인식이 강했다. 그러나 2000년대 들어 스타벅스Starbucks나 메리어트 호텔 Marriott Hotel 같은 대기업들이 이 개념을 도입하면서 분위기가 달라지기 시작했고, 이후 여러 주요 기업이 그들을 뒤따르면서 관심이 확산됐다. 우려와 달리 서번트리더십은 직원들에게만 좋은 것이 아니라 직원들이 더 나은 성과를 내는 결과로 이어졌다. 오늘날 스포츠클럽, NGO, 매르스크 같은 대기업에서도 서번트리더십의 지지자를 찾아볼 수 있다.

이 방식은 장기적으로 보았을 때 직원들의 생산성과 조직·동료에 대한 충성도를 높이고 창의성과 자율성을 강화시키는 효과가 있는 것으로 나타났다. 동시에 직원들은 개인적인 삶에서도 더 큰 만족과 안정감을 얻는다. 서번트리더십을 지지하는 사상가들과 실천가들이 공통적으로 강조하는 핵심은 리더는 무엇보다도 직원들을 섬겨야 하며, 타인의 필요를 가장 우선에 두고 그들의 성장과 공동체의 결속에서 자신의 성공을 얻어야 한다는 것이다. '나는 리더이기에 타인을 섬기며, 타인을 섬기기 때문에 리더'라는 한 문장으로 요약할 수 있겠다. 즉, 리더는 타인을 섬기지 않는다면 스스로를 리더라고 부를 자격이 없다. 그리고 리더에게 있어 봉사는 언제나 자신의 개인적인 필요보다 앞서야 한다.

서번트리더십에 대한 대표적인 비판 중 하나는 이 접근이 실제로 효과가 있다는 경험적인 근거가 부족하다는 연구자들의 주장이다. 또 다른 비판은 이 접근이 지나치게 이상적이고, 갈등 상황에서 쉽게 무너진다는 것이다. 소프트한 리더십은 결국 직원들의 무기력, 불복종, 낮은 업무 몰입도와 충성도로 이어질 수 있다는 우려도 뒤따른다.

이 비판에 정면으로 반박한 인물이 바로 컨설턴트이자 전직 최고경영자인 제임스 A. 오트리James A. Autry다. 그는 스타벅스가 서번트리더십을 성공적으로 도입하는 데 핵심적인 영감을 제공했고, 전 과정을 함께했다. 그리고 스타벅스와 다른 대기업들의 실제 경험에서 배운 것을 바탕으로 『서번트리더십The Servant Leader』(Crown Currency, 2004)라는 책을 집필했다. 이 책은 조직과 기업의 일상적 현실에 대한 깊은 이해를 기반 삼아 서번트리더십이 실제 현장에서 어떻게 구현될 수 있는지를 상사와 직원 양측의 관점에서 풀어낸 것이다.

스타벅스의 전 CEO 하워드 베하Howard P. Behar는 오트리가 자신의 삶에 끼친 영향을 이렇게 표현했다.

"제가 그에게서 배운 가장 중요한 것은 결혼 생활에서든, 친구 관계든, 직장이든, 동료와의 관계든 누구에게나 같은 도덕적 원칙을 가지고 똑같이 겸손하게 대하는 것입니다."

이제 이 사유가 실제 조직에서 어떻게 실천될 수 있는지, 이 방식이 족장형 리더십처럼 일상의 권력 피라미드를 어떻게 뒤집는지에 대해 구체적으로 살펴보자.

스테엔이 이상해졌어요

덴마크 코펜하겐의 오페라하우스를 내려다보는 에스플라나덴

Esplanaden 50번지의 거대한 사옥들. 우리는 지금 덴마크에서 가장 큰 전통과 권위를 가진 기업 중 하나를 이야기하고 있다. A.P. 묄러매르스크는 덴마크 사람들에게 신비롭고 위엄 있는 이미지이자 일종의 경외심마저 불러일으키는 이름이다. 이 기업의 상징적인 창립자인 A.P. 묄러의 좌우명 "적시에 신중하라"는 거의 덴마크의 국민 격언처럼 자리 잡았고, 개인이든 조직이든 이를 따라야 할 모범처럼 여긴다. 이 말은 위기가 닥치기 전에 방향을 바꾸고, 재난이 오기 전에 미리 대비하라는 뜻이다. 그리고 이 세계적인 산업 거인이자 국가적인 상징이기도 한 매르스크는 최근 실제로 조직 내부에서 매우 이례적인 방향 전환을 시도하고 있다.

물론 매르스크는 그동안에도 줄곧 사회적 책임과 지속 가능한 가치를 강조하며 기업의 정체성을 구축해왔다. 그러나 지금 벌어지고 있는 변화는 기업 이미지나 표어 차원의 변화로 설명할 수 있는 범위와 크기가 아니다. 수천 명의 직원을 거느린 채 전 세계에서 수조 원의 막대한 수익을 올리는 거대 기업이 보여주고 있는 이 전환은 쉽게 예상하기 어려운 것이다.

몇 해 전 사이버 공격으로 조직 전체가 마비되는 심각한 위기를 겪은 이후, 매르스크 경영진은 기존의 위계적인 톱다운 방식의 리더십 체계가 더는 유효하지 않다는 사실을 인정하고 방향을 틀어야 할 때가 왔음을 분명히 인식했다. 사회는 이미 변하고 있었고, 매르스크는 그 변화를 따라가는 것이 아니라 앞장서서 이끌어야 했다.

우리는 매르스크의 옴부즈만ombudsman(외부에서 정부나 공공기관, 기업의 행정을 감시하는 제도 혹은 사람)이자 이전에 다양한 리더 자리에 있었던 스테엔 에리크 라르센Steen Erik Larsen을 만나기 위해 현장을 찾았다. 스테엔은 일부 조직 부문에서 서번트리더십을 받아들이게 된 데에는 세 가지 핵심적인 이유가 있다고 말했다. 더 나은 성과, 더 행복한 직원, 다양성과 포용이라는 시대적 요구에 잘 부합함이 그것이다. 그는 오늘날의 조직에 필요한 리더는 인간의 복합성과 취약함을 이해하고, 창의성은 안전하고 평등한 환경에서 가장 잘 발휘된다는 사실을 잘 아는 사람이라고 말했다.

스테엔 역시 같은 세대의 많은 리더와 마찬가지로 단호하고 명령적인 태도와 강한 권위를 갖추는 것이 리더십의 본질이라고 배웠다. 하지만 어느 순간 자신이 그렇게 행동하는 것이 권한과 통제를 놓칠지도 모른다는 두려움 때문이라는 사실을 깨달았다.

그때부터 그는 회사 내의 다른 리더들과 함께 점차 리더십 방식을 바꾸어가기 시작했다. 직원들의 말을 더 많이 듣고, 그들에게 적극적으로 제안이나 아이디어를 내달라고 요청했다. 동시에 직원들의 업무적인 역할 너머에 있는 '사람' 그 자체에 관심을 가졌다. 그래서 휴가는 어땠는지, 집에서는 어떻게 지내는지, 직장뿐 아니라 삶 전반에서 만족과 기쁨을 느끼고 있는지 물어보며 직원들에게 진심 어린 관심을 보였다. 그의 이런 변화에 당황한 직원들도 있었다. 한 직원은 "스테엔이 이상해졌다"라고 말했을 정도였다. 하지만 스테엔은 리더십 스타일을 바꾼 덕분에 직원들이 더 행복하게, 더 창의적으로 일에 몰입하게 되었을 뿐 아니라 자신 또한 리더로서 더 편안해졌고, 스스로에게 더욱 솔직할 수 있게 되었다고 말했다.

"스타일을 바꾸고 권한을 내려놓는 데에는 용기가 필요합니다. 하지만 장기적으로 보면 그 일이 자기 자신은 물론 직원들과 공동체 그리고 회사 전체에 이롭다는 걸 알게 될 것입니다."

그렇다면 구시대적 방식(KPI 중심의 사고, 강압적인 태도, 거친 남성성, 날카로운 경쟁의식 등)으로 훈련받으며 리더로 성장해온 사람들은 어떻게 해야 할까? 스테엔이 본보기로 삼은 인물 중 한 명은 한때 냉혹한 상사로 소문이 났던 전직 관리자였다. 그는 두려움과 존경을 동시에 불러일으키는 인물이었는데, 어느 날부터 뚜렷한 변화를 보이기 시작했다. 이전까지 그를 떠올리면 생각나던 거친 말투나 명령과 통제를 앞세운 태도는 사라졌고, 느긋하고 포용적인 말투와 행동, 무엇보다 새로운 형태의 자기 절제가 그 자리를 서서히 차지해갔다. 예전에는 주먹을 불끈 쥔 채 긴장된 자세로 서 있던 사람이 손을 가만히 내리고 스스로를 다스리려고 애쓰고 있었다. 그는 자신 안에 있는 지배적인 성향에 맞서기 시작했고, 오랫동안 몸에 밴 습관적인 리더십 패턴을 하나씩 지워가고 있었다. 그 모습은 스테엔이 자신의 방식을 바꾼 결정적인 계기가 되었다.

개인의 성향이나 성장 배경에 타인을 섬기는 일이 자연스럽게 깃들어 있지 않은 경우, 섬기는 리더가 되는 것은 훨씬 더 어려울 수밖에 없다. 하지만 스테엔의 경험은 이런 교훈을 준다. 삶과 교육, 일과 경력에서 서번트리더십과 전혀 반대되는 방식만 배웠다고 하더라도, 리더십 스타일을 바꾸는 데 결코 늦은 때는 없다. 마음속 깊숙이 각인된 지배적이고 학습된 태도를 거스른다는 것은 말 그대로 자기희생이며, 인격적인 전환이자 엄청나게 큰 용기를 표현하는 것이다. 스테엔은 특히 기업 CEO라는 자리에서는 그런 용기가 거의 불가능에 가까울 만큼 보기 드물다고 말했다.

그는 자신에게 깊은 영향을 준 또 다른 인물로 미국 오논다가 Onondaga족의 장어씨족 출신인 닐 파우레스Neal Powless를 꼽았다. 파우레스는 현재 시러큐스대학교Syracuse University에서 옴부즈만으로 일하고 있으며, 원주민 공동체와 학계, 학생, 교직원 간의 포용적인 공간을 만드는 역할을 하고 있다. 스테엔은 한 회의에서 그를 만나 그의 차분하면서도 신뢰를 자아내는 태도에 깊은 인상을 받았다. 파우레스가 보여준 품성과 태도는 스테엔이 일상에서 지향하고 훈련하려는 리더십의 한 모델이 되었다.

앞서 언급한 스타벅스 리더십 전환의 핵심 멘토 중 한 명인 오트리는 서번트리더십을 다음과 같은 명제로 정리했다.

- 리더십은 사람을 통제하는 것이 아니라 타인에게 지지와 배려를 제공하고 유용한 자원이 되어주는 것이다.
- 리더십은 상사가 되는 것이 아니라 직원들을 위해 존재하고 조직 내에 공동체를 구축하는 것이다.
- 리더십은 자신의 영역을 방어하는 일이 아니라 자아를 내려

놓고 에너지를 나누며 가장 정직하고 진실한 자신만의 모습으로 존재하는 것이다.
- 리더십은 단순히 격려의 말만 건네는 것이 아니라 사람들이 각자의 일을 가장 잘해낼 수 있도록 돕는 환경을 만들고, 그 일이 의미 있게 느껴지고, 리더에게 자연스럽게 의견을 전하고 싶어지는 구조를 만드는 것이다.

이 명제 외에 오트리가 제시한 '리더십에는 사랑이 필요하다'라는 명제는 논쟁을 불러일으켰다. 그가 말하는 사랑이란 직원들이 자신이 원하는 방식으로 일할 수 있도록 신뢰하고 자율을 보장해주는 것, 감시하거나 통제하지 않는 것, 아무런 대가 없이 공동체를 돌보는 태도를 의미한다. 오트리는 이러한 가치가 리더십에만 국한되는 것이 아니라 우정이나 결혼 같은 인간관계 전반에도 동일하게 작용된다고 말했다. 지지와 인도, 여유와 신뢰를 많이 줄수록 내게 결국 더 크게 돌아온다는 것이다.

이미 시작된 혁명

서번트·스칸디나비아식 리더십의 가치와 탈脫 리더 조직들은 오늘날 리더십의 패러다임을 뒤흔드는 혁명적인 변화의 일부다. 앞에서도 이야기했듯, 이 흐름이 지향하는 궁극적인 형태가 바로 족장형 리더십이다.

족장형 리더는 자신을 공동체를 위한 도구이자 촉진자로 인식할 뿐, 결코 천재나 영웅을 자처하지 않는다. 그는 동기가 외부에서 주어지는 것이 아니라 내면에서 비롯된다는 사실을 알고 있고, 사람들이 자신을 신뢰하고 있다고 느낄 때 자발적으로 일할 수 있으며 그 안에서 놀라운 성과가 나온다는 점을 이해한다. 족장형 리더는 스칸디나비아식 리더십이 지닌 가치를 신뢰한다. 또 다른 나라의 경영 이론이 언뜻 보기에 세련되고 그럴듯해 보여도 실제로는 그리 대단하지 않다는 점을 꿰뚫고 있다. 무엇보다 리더십이란 특정 직책에 있는 사람만 행사하는 것이 아니라 조직의 모든 부분에서 함께 실천하고 축적하는 공동 활동임을 잘 이해하고 있다.

새로운 세대는 더는 위계질서를 기꺼이 받아들이려고 하지 않는다. 조직에 겹겹이 쌓인 수많은 관리자 계층을 봐도 감탄하지 않는다. 우리는 지금 노동시장 전반에서 일어나고 있는 근본적인 전환의 문턱에 서 있다. 그리고 이 그 흐름을 이끄는 데 가장 적합한 존재는 바로 족장형 리더다. 이들은 겸손과 관대함, 수평적 태도와 호기심, 능동적 참여와 분명한 비전, 공동체에 대한 애정을 바탕으로 일한다.

사람들이 리더에게 기대하는 덕목과 우리가 마땅히 누려야 할 리더십의 조건은 더 나은 미래로 향하는 길과 정확히 맞닿아 있다. 그 길은 더 포용적이고, 더 생산적이고, 더 인간적인 조직으로 우리를 이끈다. 억지로 견디는 곳이 아닌, 말 그대로 머물고 싶은 곳으로서의 조직으로 말이다. 이제 우리가 해야 할 일은 분명하다. 족장형 리더를 선택하고, 그렇지 않은 리더를 선별해내는 감각을 키워야 한다. 이는 그저 한 사람의 리더만 바꾸는 것이 아니라 그런 리더를 만들어낸 조직의 문화와 구조까지 함께 바꾸는 일이다.

6장

다양성과 민주주의로 함께 만들어내는 신화

나는 내 주변의 모든 이가 자유로울 때만 진정으로 자유롭다.
―미하일 바쿠닌Mikhail Bakunin, 『신과 국가God and the State』(Mother Earth Publishing Association, 1882)

오늘날의 시대적 요구와 다양한 업종의 직원들이 상사에게 기대하는 바를 충족하는 직장을 만들기 위해서는 조직의 여러 층위가 함께 움직여야 한다. 리더 개인이 족장형 리더십의 원칙을 일상에서 실천하는 것만으로는 충분하지 않다는 의미다. 조직 전체의 문화가 달라져야 한다.

그런데 이렇게 직장의 문화 변화를 이야기하는 경우는 많지만, 그것이 실제로 무엇을 의미하는지는 좀처럼 구체적으로 제시되지 않는다. 그래서 이번 장에서는 조직문화가 어떻게 달라져야 하는지 보다 구체적으로 파고들어보고자 한다.

함께 신화를 만들어라

우리는 3장에서 족장이 부족의 기원 신화를 바탕으로 한 메시지를 공동체에 반복적으로 전하는 일이 얼마나 중요한지 살펴보았다.

기원 신화는 많은 면에서 족장보다 더 큰 권위를 지닌다. 여러 세대를 거쳐 형성된 것이자 지금의 족장이나 공동체보다 앞서 존재했고, 앞으로도 그들을 이을 다음 세대와 미래를 향해 나아가기 때문이다. 어떤 조직도 특정 인물의 역량이나 카리스마에 의존해서는 안 된다. 리카르도 세믈러가 떠난 뒤, 셈코의 문화는 그의 그림자조차 남기지 못한 채 사라져버렸다. 즉, 조직문화가 충분히 튼튼하지 않다면 카리스마적 리더의 부재는 곧 조직의 해체로 이어질 수 있다. 부족보다 위에 있는 개인은 없다.

오늘날 많은 조직이 조직 가치, 비전, 미션, 목적 등을 명시해두고 있다. 일종의 현대식 기원 신화이자 조직의 기초 서사라고 할 수 있겠다. 그러나 이는 대개 진지하게 다루어지지 않으며, 그저 보여주기식으로 만들어지는 경우가 많다. 구성원들은 그 안에서 자신을 발견하지 못하고, 이런 것들이 실제 경영진의 행동이나 직원들의 역할에 어떤 의미를 부여하는지도 알 수 없다. 전형적인 기업의 회의 장면을 살펴보자.

"경쟁사 X는 비전 선언문을 만들었다고 하고, Y사는 기업의 철학을 발표했다고 들었습니다. 우리는 왜 그런 게 없죠?"

이 말을 들은 상사는 컨설팅 회사에 의뢰해 자사의 기업 선언문을 만들기로 결정한다. 하지만 정작 경영진은 그 내용에 깊이 관여하지 않거나 고민할 시간조차 내지 않는다. 결과는 예상대로다. 컨설턴트들은 익숙한 미사여구와 형식적 선언으로 채운 문서를 제출한다. 경영진은 그 문서를 다시 들여다보지도 않고, 공식적인 발언을 할 때도 거의 언급하지 않는다. 이유는 분명하다. 문서에 조직 고유의 공동체적인 맥락, 구성원의 다양성, 내부의 결속력, 다른 조직과 구별되는 특성이 전혀 담겨 있지 않기 때문이다. 직원들은 원한다면 인트라넷에서 문서를 찾아 읽을 수 있겠지만, 그 문서는 어디까지나 형식적이고 상징적인 수준에 불과하며 실질적인 의미나 연관성을 지니지 않는다. 누구도 그것에 주목하지 않고, 따라야 할 이유도 느끼지 않는다. 또한 누구도 참고하지 않고, 따를 필요도 느끼지 않는다. 당연히 그 내용에 대해 주인의식을 갖는 이도 없다.

경영진은 경쟁사들도 비슷한 문서를 갖고 있고, 단지 브랜딩에 좋다는 이유로 그것을 갖고 싶어 한 것이다. 그러나 그런 방식으로 작성된 문서는 처음부터 의미가 결여되어 있기 때문에 조직에서 실질적 역할이나 존재 가치를 갖지 못한 채 잊히고 만다.

원시사회의 족장이 연설하거나 분쟁을 조정하고 중대한 결정을 내릴 때마다 기원 신화나 근본 서사에 기대듯, 오늘날의 조직 역시 공동체를 하나의 의미 있는 목적 아래 엮어줄 근본 서사를 가져야 한다. 이는 조직의 헌법이라고 불러도 무방하다.

이처럼 조직에 의미가 있는 기반을 구축하는 일은 리더의 책임이다. 이 책임을 외부 컨설턴트에게 넘기는 해결 방식은 도움이 되지 않는다. 직원들은 조직의 가치, 미션, 비전이라고 불리는 것 속에서 자신을 발견할 수 있어야 하며, 그것에 주인의식을 느낄 수 있어야 한다. 리더 역시 서사가 가진 메시지를 스스로 실천할 수 있어야 한다.

새로운 전략을 수립할 때도 마찬가지다. 물론 전략의 최종 버전을 전 직원이 함께 완성할 수는 없다. 모든 이가 하나의 문장에 완전히 동의하는 일은 드무니 말이다. 그러나 직원들은 자신이 그에 실질적인 영향력을 갖고 있다는 것을 체감해야 하며, 그 안에서 자신의 모습을 발견할 수 있어야 하고, 조직의 헌법에 반영될 만한 아이디어를 제안할 수 있어야 한다. 그래서 하향식을 가장한 '가짜 상향식 pseudo-bottom-up' 절차여서는 안 된다. 모든 이의 목소리가 존중받는 가운데 충분히 시간을 들여 진행되는, 신중하고 준비된 과정이어야 한다.

크리스티안 바손이 덴마크디자인센터에서 새로운 인간관을 도입했을 때, 조직은 자신들이 누구인지 다시 정립하는 서사를 만들어냈다. 그로 인해 자신들이 내건 말에 실제로 책임지는 방향으로 나아갔고, 최종적으로는 리더십 방식 자체를 재정의하게 되었다. 이처럼 공통 서사가 일상적인 실천의 기준이자 조직문화의 기준선으로 작동하려면 무엇보다도 단기적인 이익이나 성장, 고객 만족, 브랜드 이미지 개선 같은 표면적인 목적을 넘어서는 힘을 가져야 한다. 그 서사는 매일 조직의 지침을 받아야 하는 모든 이에게 실질적인 울림을 줄 수 있어야 한다. 이사진이든 재무 부서든 HR 부서든 관계없이 말이다. 또 부서나 위계를 막론하고 누구에게나 의미 있고 유효하게 작동해야 한다.

족장형 리더가
위계적인 조직문화를 바꾸는 법

새로운 리더가 되어 조직에 들어섰을 때, 모든 것을 지시하고 명령을 내리는 상사나 일방적으로 따르기만 하면 되는 구루형 리더에게 익숙해져 있던 조직이라면 정반대의 방식으로 다가오는 리더를 낯설고 혼란스럽다고 느낄 수 있다. 몇몇 직원은 이렇게 생각할지도 모른다. 이제 어떻게 하지? 누가 지시를 내려주지 않으면 나는 뭘 해야 할지 모르는데…….

그들은 당황하고 불안해할 수 있으며, 발밑의 단단한 기반이 사라진 것 같은 불안감을 느낄 수도 있다. 그런 상황에서 리더가 "저는 새로 온 사람입니다. 여러분에게 배우고 싶고, 어떻게 하면 여러분을 가장 잘 도울 수 있을지 알고 싶습니다"라고 말하면, 일부는 그 모습을 미숙하다거나 자신감 부족으로 받아들일 수도 있다. 즉, 초반에는 오히려 직원들에게 신뢰나 존중을 얻지 못할 가능성도 있다.

그러므로 여러분은 이러한 리더십 전환이 장기적으로 효과를 발휘할 것이라는 믿음, 구성원의 신뢰를 얻고 유지하면서 동시에 조직의 중심을 그들에게 이양해나가는 균형 감각을 필수로 갖추고 있어야 한다. 직원들이 여러분이 유능하며 필요할 때는 스스로 결정을 내릴 수 있는 사람이라는 점을 분명히 인식하도록 말이다. 동시에 직원들에게 여러분이 과거처럼 모든 것을 리더가 결정하는 방식을 따르지 않아도 여전히 일관되고 흔들림 없는 태도를 유지한다는 사실을 경험할 시간을 주어야 한다.

시간이 흐르면 직원 대부분은 변화의 의미를 이해하고, 그 방식이 자신들에게 실질적으로 이익이 된다는 것을 체감할 것이다. 자율성과 평등이 자신들의 일과 삶에 긍정적인 영향을 미친다는 것을 점차 깨닫고, 스스로 해낼 수 있다는 자신감을 얻게 될 것이다. 무엇보다 당신이 항상 곁에서 뒷받침해주고 있다는 사실에 안도하며 리더란 공동체를 지배하는 존재가 아니라 공동체를 섬기는 존재라는 점을 받아들이게 될 것이다. 그것이야말로 진정한 변화의 핵심이다.

평등한 리더십 모델의 효과를 직원들에게 보여주는 가장 쉬운 방법은 그들을 가능한 한 자주 의사결정 과정에 참여시키고, 리더가 지위 고하를 막론하고 모든 목소리에 진심으로 귀 기울인다는 것을 행동으로 드러내는 것이다. 오트리는 자신이 리더로 일하던 시절에 주기적으로 소규모 커피 미팅을 열었다고 한다. 다양한 계층에서 무작위로 선정된 직원들이 초대된 그 자리에서 구성원들은 회사 현황에 대한 자신의 견해를 자유롭게 나누고 질문할 수 있었다. 어떤 질문이나 아이디어도 어리석거나 무의미하다고 치부되지 않았다. 그 자리에서 즉답할 수 없는 이야기가 나온 경우, 오트리는 자신에게 숙고할 시간을 주면 다음에 꼭 답해주겠다고 솔직하게 밝혔다. 중요한 것은 그 자리에 참석한 모든 이가 한마디씩 꼭 하도록 요청받았다는 점이다. 그들은 각자의 일상과 업무에서 겪는 어려움과 잘된 점을 공유했다. 그 결과는 기대 이상으로 긍정적이었다.

현장 직원들, 즉 조직의 하위 계층에 있는 이들은 다른 팀이나 리더, HR 부서, 다양한 전문 부서 사람들과 함께 앉아 대화를 나누는 그 경험을 통해 자신이 조직의 일원으로 존중받고 있다고 느꼈다. 리더들은 평소 거의 마주칠 기회가 없었던 직원들을 직접 만나고 그들로부터 배우는 것을 기쁘게 받아들였으며, 각자의 일상 속에 자리한 고유한 시각과 고민을 들을 수 있었다. HR 부서 사람들과 최고경영자 역시 다양한 집단의 경험과 요구를 어떻게 연결하고 반영할 수 있을지에 대한 실질적인 통찰을 얻었다. 이 책에서 소개한 모든 족장형 리더들 역시, 이와 유사한 실천을 꾸준히 해오고 있다.

어느 날, 오트리에게 전화가 왔다. 최근 서번트리더십 원칙을 도입한 CEO였다. 그는 변화 과정에서 쏟아지는 직원들의 의심과 불안, 끝없이 이어지는 "우리는 언제, 어디서, 무엇을 해야 합니까? 지금은 도대체 누가 결정권을 갖고 있는 거죠?"라는 질문에 압박감을 느끼고 있었다.

오트리는 직원들의 반응이 전혀 이상하지 않다고 답했다. 그들 스스로가 다른 사람과 함께 결정을 내려도 된다는 사실을 이해하고 받아들일 시간이 필요해서 그러는 것이라고 말이다. 그리고 이렇게 덧붙였다.

"당신은 그들을 불안하게 만든 셈이에요."

자유롭고 수평적인 의사결정은 그것을 경험해본 적이 없는 조직에서는 결코 간단한 과제가 아니다. 하지만 여러 연구가 보여주듯, 대부분은 시간이 지나면 공유된 의사결정, 정직하고 개방적인 소통, 리더의 신뢰, 유해한 경쟁 요소 제거, 상호 존중하는 문화를 진심으로 환영하게 된다.

물론 결코 하루아침에 기적처럼 변화가 일어나지는 않는다. 오트리에게 전화를 한 CEO는 자신이 통제의 고삐를 내려놓기만 하면 직원들이 자율적으로 움직이며 문제를 스스로 해결할 것이라고 기대했다. 그러나 직원들은 방향을 잃고 제자리에서 맴돌기 시작했다. 왜 그런 일이 벌어졌을까? 모두가 위계에 순응하도록 교육받고 사회화되어왔기 때문이다. 우리는 어릴 적부터 부모, 교사, 혹은 신과 같은 절대적 권위에 복종해야 하며, 그 지시에 따를 때 보상을 받고 그렇지 않으면 처벌을 받는다고 배웠다. 대부분의 조직 역시 이 구조를 그대로 따르고 있다. 그래서 오늘날의 조직도는 여전히 크리스마스트리처럼 생겼다. 이것은 과거 교회가 채택했던 피라미드형 위계 구조와 같으며, 이후 군대와 국가 체계를 거쳐 마침내 서구 사회 전체를 조직하는 기본 틀로 자리 잡았다.

따라서 족장형 리더는 급작스러운 변화를 기대하기보다 구성원들과 꾸준히 의사결정권을 어떻게 나눌지 논의해야 한다. 구성원들이 선호하는 조직문화와 리더십 방식이 어떤 것인지 함께 이야기하는 것도 중요하다. 과거의 톱다운식 리더십 모델과 여러분이 지향하는 새로운 방식을 구체적으로 비교해보는 것도 도움이 될 것이다. 예를 들어 직원들에게 좋은 리더십과 나쁜 리더십, 바람직한 근무 환경과 그렇지 못한 환경을 직접 묘사해보게 하면, 대부분은 자연스럽게 포용, 참여, 구성원을 위한 리더 같은 요소를 언급할 것이다. 몇몇 직원은 새로운 리더십 방식에 담긴 배경과 철학을 더 깊이 이해할 필요가 있을 수도 있다. 그런 경우에는 변화가 일상에 실질적으로 어떤 영향을 미치는지 직관적으로 보여줄 수 있는 강연자나 실습을 중심으로 강연을 하는 외부 강사를 초청하는 것이 효과적이다.

의견을 말하거나 요구하는 것은
불충이 아니다!

충성이란 상사의 명령에 무조건 복종하거나 불만이 있어도 다른 직장을 알아보지 말아야 한다는 의미가 아니다. 마찬가지로 상사의 태도나 요구에 의문을 제기하거나 자신의 의견을 밝히지 말아야 한다는 생각도 오해다. 충성이란 자기 자신에 대한 것일 뿐 아니라 존엄, 평등, 자유와 같은 보편적인 원칙에 대한 충실함도 포함하는 말이다. 그러니 어떤 상사가 자신에 대한 충성을 가장 중요한 덕목으로 내세운다면, 이는 그가 진정한 족장형 리더가 아니라는 경고다.

 상사에 대한 충성은 상사의 자기 PR 전략의 일부가 되기 쉽고,

모든 비판적인 질문은 자주 불충으로 비추어진다. 그러나 진정한 리더는 공동체 안에서 불평이나 의견 차이가 발생하는 것은 자연스러운 일이라고 생각한다. 오히려 아무 이견이 없으면 권력이 과도하게 집중되고 획일적으로 작동하고 있다는 증거라고 볼 수도 있다.

이처럼 충성의 방향은 특정 개인이 아니라 공동의 목표를 향해야 한다. 한 사람에게 모든 충성을 집중시키는 방식은 독재자의 통치법이다. 모든 리더는 자신을 따를 만한 자격이 있음을 스스로 증명해야 한다. 충성심은 상사가 먼저 신뢰를 보이고, 구성원의 요구를 이해하고 수용할 수 있음을 보여줄 때만 생긴다. 충성이란 조직 내 구성원들과 좋은 동료가 되는 것이며, 대외적으로나 공동체 내에서 조직이 도덕적으로 올바른 방향으로 나아가도록 힘쓰는 일이다. 만약 어떤 직원이 조직의 리더십이 조직이 가진 핵심 서사를 외면하거나 망각하고 있다는 것을 포착한다면, 이를 지적하고 바로잡으려 시도하는 것이 충성심을 보이는 태도라고 할 수 있다. 반대로 상사가 조금이라도 두려우면 이러한 자발적인 조정은 일어나지 않으며, 조직은 서서히 파국을 향하게 된다.

원시공동체에서는 족장이 폭군으로 변하지 않도록 끊임없이 감시하는 데 많은 에너지를 쏟는다. 누구나 자유롭게 의견을 말하고 조언을 구할 수 있는 이유는 족장에게 구성원을 제재할 수단 자체가 없기 때문이다. 공동체는 족장의 폭군적인 지배를 받아들이지 않는다. 족장이 위협하거나 겁을 주는 등의 행동을 하는 순간, 공동체는 곧바로 그를 자리에서 끌어내린다. 공동체는 공동체를 지키기 위해 폭군의 징후를 감지하고, 족장에게 존중받고 의견이 받아들여질 권리를 적극적으로 요구한다. 이때 족장은 모두가 자신의 의견을 기꺼이, 안전하게 표현할 수 있도록 보장하는 역할을 한다.

다양성은 어떻게 보장되고 다루어지는가

앞서 족장이 집단 내 다양성을 다루는 능력에 대해 여러 차례 이야기했다. 이 능력의 핵심은 갈등을 미리 예방하거나 이미 발생한 갈등을 중재하는 것으로, 앞서 다룬 섬기는 리더십의 맥락과도 맞닿아 있다. 구성원들이 성별, 인종, 나이, 성적 지향, 사회적 배경을 넘어 서로에게서 공통의 무언가를 인식하고, 그것을 기반으로 연대할 수 있도록 돕는 일이 제일 큰 중점이라는 의미다. 공통된 인간성에 대한 인식 또는 경계를 가로지르는 횡단 연대 의식이라고 부를 만한 것 말이다.

다양성에 대한 인식을 확장하고 리더가 조직의 이익을 위해 그 인식을 어떻게 실질적으로 활용할 수 있는지 설명한 사례로 크리스티나 룬즈고르 오트센Christina Lundsgaard Ottsen과 사라 루이즈 뮈어Sara Louise Muhr가 쓴 『편향을 인식하는 리더십Biasbevidst ledelse』(Djøf Forlag, 2021)을 들 수 있다. 이 책에서 저자들은 리더가 자신의 성별, 배경, 인종 등에서 비롯된 고정관념이나 사고방식에 이끌리지 않고 문제를 어떻게 다룰지, 공동체를 어떻게 이끌지, 비전을 어떻게 제시할지 스스로 훈련해야 한다고 강조한다. 예를 들어 중년 남성은 여성의 입장에서 사고해보고, 젊은 세대의 욕구를 이해하려는 노력이 필요하다. 이성애자이거나 백인이라면 무심코 편향된 광고를 만들거나 특정한 언어와 표현, 메시지를 사용해 다양성을 배제하는 방향으로 인재 채용 전략을 세울 위험이 있다.

반대로 자신의 편향성을 자각하는 리더는 자신이 가진 권력과 지위도 인식하게 되며, 그만큼 다양성과 취약성, 고유한 정체성을 지닌 이들과 권력을 나누는 데에도 능숙해진다. 그래서 역사적으로 배제되어온 집단에 속한 인물을 리더로 임명하는 일은 유익할 수 있다. 그런 사람은 권력과 영향력의 바깥에 놓인다는 것이 어떤 것인지 경험을 바탕으로 더 쉽게 이해할 수 있기 때문이다. 여성, 소수자, 장애인, 평균적인 규범에서 벗어난 태도나 성향을 지닌 인재를 더 많이 채용하면 조직은 기존의 구태의연한 함정에 빠지는 일을 피할 수 있고, 새로운 시각을 도입하면서 외부 사회를 더 충실하게 반영할 수 있다. 다시 말해, 조직이 보다 민주적인 방향으로 나아갈 수 있다. 이처럼 다양성과 편향에 대한 인식은 권력에 대한 자각과 밀접하게 연결되어 있다. 앞서 살펴본 사테레-마웨족의 사례처럼 족장이 공동체 내 다양성에 대해 세심한 감각을 지니고 있을수록 권력 분배가 더 공정해질 수 있다. 그 반대 또한 마찬가지다.

그리고 이러한 감수성이 높아질수록 ESG 공시(기업이 환경

Environmental, 사회Social, 지배구조Governance에 관한 비재무적 성과와 위험 요소를 외부에 공시하는 제도)나 DEI 전략(다양성Diversity, 형평성Equity, 포용성Inclusion을 조직 전반에 걸쳐 구현하기 위한 정책과 실천 방안)이 주로 여성, 소수자, 젊은 세대에 집중되는 경향이 있는 만큼, 남성이나 고령층 역시 배제되지 않도록 고려해야 한다는 지적 역시 되새겨볼 필요가 있다. 이 지점에서도 누구도 배제되어서는 안 된다는 인간 공동체의 기본 원칙이 유지되어야 하기 때문이다. 전사든, 정원사든, 어부든, 마을의 괴짜든 모두 포함되어야 한다. 개인 간의 차이뿐 아니라 공통점 역시 존중받고, 그 모두가 조직 안에서 의미 있게 작동해야 한다. 여성이 포함되었다는 이유로 남성이 배제되어야 할 이유는 없다. 다양성은 제로섬게임이 아니다. 앞서 이야기했듯, 모든 사람은 조직의 핵심 서사와 리더십 안에서 자기 자신을 발견할 수 있어야 한다. 원시공동체처럼 말이다.

그뢰스는 덴마크의 한 다국적 기업이 주최한 전문 행사에서 포용, 다양성, 차별 없는 조직문화를 위한 남성의 역할에 대해 강연했다. 참석자 대부분은 오랫동안 거친 언어와 타인의 사적 경계를 넘나드는 유머가 당연시되던 문화에 익숙한, 이른바 중장년 백인 남성들이었다. 즉, 이들에게는 강연 내용이 다양성이 주제인 동시에 자신들의 정체성과 행동 양식을 겨냥한 비판으로 느껴질 수 있었다. 그래서 그뢰스가 강연을 시작했을 때부터 분위기가 냉랭했다. 한 남성이 직설적으로 물었다.

"다름을 존중하자든가 다양성을 이야기하는 건 그냥 요즘 사람들이 예민해진 탓 아닙니까? 우리 같은 사람들한테는 상관없는 이야기 아닌가요?"

그뢰스는 남성과 고령층 역시 개인적 취약성을 경험하며, 그것이야말로 인간이라면 누구나 공유하는 보편적 조건임을 상기시켰다. 그리고 질문을 던졌다.

"여기 계신 분들 가운데 불안, 우울, 스트레스를 경험하셨거나 ADHD, 자폐 스펙트럼과 같은 정신적인 어려움을 겪어보신 분이 계신가요?"

그러자 모두의 예상을 깨고 상당수가 손을 들었다. 누군가가 물었다.

"그런데 그게 다양성과 무슨 상관이죠? 정신적인 것도 다양성에 포함되나요?"

그에 대한 대답은 명확했다. 그렇다. 정신적 다양성 역시 분명한 다양성이다. '신경다양성 neurodiversity'이라고 불리는 이 개념은 개인이 저마다의 고유한 방식으로 뇌의 기능을 작동하며 살아간다는 사실을 뜻하며, 타인의 차이를 존중하는 한 개인 자신도 마땅히 존중받아야 한다는 인식이다. 그러므로 ADHD거나 스트레스를 겪는 것 역시 다양성의 한 형태이며, 특정한 취약성과 강점을 함께 지닌 인간 존재의 한 양태다. 그것 또한 인간다움의 일부인 것이다.

이 대목을 기점으로 강연장의 분위기가 급격히 바뀌었다. 남성과 여성, 젊은이와 노인 모두가 참여하기 시작했고, 다들 타인에게 받아들여지고, 이해받고, 배려받고 싶다는 욕구를 털어놓았다. 마침내 한 남성이 이렇게 말했다.

"솔직히 처음엔 이 얘기가 좀 허황하게 들렸어요. 그런데 지금은 조금 이해할 수 있을 것 같습니다. 내가 다른 사람의 입장을 생각해야 하고, 동시에 그들도 내 입장을 헤아려야 하는 거죠. 내가 성적인 농담을 던졌을 때 어떤 여성이 불쾌함을 느꼈다면, 그건 내가 ADHD 때문에 말을 너무 많이 하거나 스트레스 때문에 혼란스럽고 건망증이 심해졌을 때 비난받는 느낌과 비슷할 수도 있겠다는 생각이 들었습니다."

그의 말은 옳다. 다름에 대한 갈등이나 포용에 대한 반감과 편견은 양쪽 모두가 가지고 있는 기반을 발견할 때 해소되곤 한다. 족장의 역할은 팔짱을 끼고 거부감을 드러내는 이들의 고유한 취약성을 이해하고, 그들 또한 조직이 지향하는 공동 과업에서 중요한 자리를 차지하고 있음을 일깨우는 것이다. 포용적인 공동체는 모두의 기여 없이는 존립할 수 없으며, 족장형 리더는 그 기여의 방식이 무엇인지 보여줄 수 있어야 한다.

타인을 자유롭게 하고
마음으로 이끄는 법

종교사회학자이자 작가인 셰린 칸칸Sherin Khankan은 심리적 폭력에서 벗어나는 길을 제시하는 덴마크 전국 단위 조직 '엑시트서클

Exitcirklen'의 설립자이자 대표이기도 하다. 엑시트서클은 성별이나 배경과 관계없이 정신적인 폭력 및 다른 형태의 폭력을 겪은 이들에게 치료를 지원한다.

셰린은 직원들이 직장 안팎에서 각자의 방식으로 삶을 설계하고 길을 찾을 수 있도록 도와주는, 열린 조직문화를 지지하는 리더의 대표적 사례다. 셰린이 2014년에 설립한 엑시트서클에는 현재 14명의 상근 직원과 100여 명의 자원봉사자가 함께 활동하고 있다. 그녀는 마리암Mariam 모스크의 이맘으로도 활동하고 있으며 네 아이의 어머니이기도 하다. 셰린은 시리아에서 정치적 망명을 온 아버지와 핀란드 출신의 어머니 사이에서 태어나 아마게르Amager 지역에서 성장했다. 아버지는 여섯 남매와 다마스쿠스라는 대도시에서, 어머니는 한 시골 마을에서 여덟 남매와 자랐다. 이렇게 서로 다른 문화, 생활 방식, 종교가 뒤섞인 모자이크 같은 환경에서의 성장 경험은 셰린의 리더십에 깊은 영향을 미쳤다. 이런 리더십은 무엇을 의미할까?

"어떤 의미에서는 우리 모두 리더라고 할 수 있어요. 배경이 무엇이든, 누구나 자신의 삶 속에서 리더가 될 수 있다는 말이죠."

셰린 역시 사람들 사이의 연대가 필요할 때 서로의 차이를 넘어서는 공통 기반을 찾아야 한다고 말했다. 그래서 유연하고 열린 마음과 정신을 바탕으로 하는 리더십을 강조한다. 누구나 같은 교육을 받을 수 있고 같은 수준의 지식에 도달할 수 있으므로, 모두 리더가 될 수 있다고 믿는 것이다. 또 진정한 리더십의 핵심은 대학에서 배우는 지식이 아니라 우리가 어떤 인간인지에 대한 자각, 타고난 감수성과 인간다움을 통해 조직에 어떻게 기여하는가에 달려 있다고 했다.

"우리는 모두 마음을 여는 법을 배울 수 있어요."

셰린은 마치 족장처럼 사람들 사이에 흐르는 영적인 차원에 주목한다. 셰린이 폭력 피해자들과 나누었던 신뢰와 친밀감, 열린 마음이 그녀가 생각하는 포용적인 일터를 만드는 데에도 핵심적인 요소가 된 것이다.

개인의 통제하는 태도와 부정적인 사회적 통제를 끊어내는 일은 특정 문화권에만 필요한 것이 아니다. 그것은 노동 현장, 곧 일터에서도 마찬가지로 적용되어야 한다. 즉, 회사의 그 누구도 통제나 심리적으로 조작당해서는 안 된다. 셰린이 내담자들과 함께할 때 사용하는 방식은 내담자들이 억압 없이 안전하게 성장할 수 있도록 돕는다. 그리고 이 방식은 동료들과의 협업에도 일관되게 적용된다. 이는 셰린이 과거의 관계에서 심리적인 폭력을 겪으며 얻은 통찰에서 비롯된 것이다. 피해자로서 겪어야 했던 수치심은 셰린이 강하고 독립적인 여성임에도 불구하고 셰린에게 지울 수 없는 상흔을 남겼다. 그래서 특히 젊은 세계를 포함한 모든 이에게 폭력에서 벗어나는 길은 분명히 존재하며, 일터는 억압의 공간이 아니라 그와 정반대의 공간이 되어야 한다는 것을 보여주고자 한다.

셰린은 도제식 학습을 유용한 방법으로 꼽는다. 족장이 모범을 보여 공동체에게 길을 제시하듯, 셰린이 말하는 '여성 족장' 또한 전적인 신뢰와 개방성을 바탕으로 타인의 손을 잡고 함께 나아가며, 그들이 언젠가는 스스로 설 수 있으리라는 믿음을 가져야 한다. 실제로 셰린은 사람들이 자신을 억누르던 것에서 벗어나 자신이 잘하고 열정을 가지고 있는 일을 꽃피우는 모습을 지켜볼 때 큰 기쁨을 느낀다. 내담자뿐 아니라 동료 직원이 그럴 때도 마찬가지다.

이처럼 리더는 구성원들과 눈높이를 맞추고, 결정 과정을 공유하고, 그들 또한 리더십을 배워갈 수 있으리라는 신뢰를 가져야 한다. 구성원 모두를 함께 데려가야 한다는 말이다. 이렇게 구성원을 최대한 자유롭게 이끌기 위한 내면의 여유를 확보하려면 자신이 진심으로 열정을 느끼는 일과 방향을 선택해야 한다. 셰린은 이렇게 말했다.

"제가 만난 가장 훌륭한 리더들은 가슴과 지성을 모두 사용해 조직을 이끌었어요."

족장이 공동체를 이끄는 방식과 마찬가지로, 오늘날의 리더도 모든 이에게 같은 원칙을 적용해야 하며, 사적인 삶과 직장 생활을 일관되게 아우를 수 있는 도덕적 기준을 세워야 한다.

구성원들의 실질적인 참여

위계적인 조직에서는 구성원들의 영향력 자체가 불필요하거나 비효율적인 것으로 취급되곤 한다. 의사결정은 결국 경영진이 가장 잘 알고 있으며, 중요한 결정은 전문적으로 훈련받은 리더가 내려야 한다는 전제 때문이다. 일부 직장에는 구성원들을 대변하는 '신뢰직'이 있거나 직원들을 대표하는 사람이 이사회에 참여하기도 한다. 하지만 대다수 구성원의 영향력은 여전히 제한적이며, 조직의 집단적인 의사결정 구조와 분리되어 있다. 조직 차원에서 리더가 구성원의 요구나 아이디어에 귀 기울이도록 하거나 이를 적극적으로 살피게 만드는 공식적인 장치 또한 존재하지 않는 경우가 많다. 이러한 조직에서 열리는 직원 세미나 전체 회의는 새로운 전략, 목표, 수익 현황 등을 구성원에게 전달하는 데에만 초점이 맞추어져 있다. 구성원들이 어떤 전략과 방법에 동의하는지, 어떤 제안을 직접 내놓을 수 있을지는 부차적인 문제다.

물론 질문하거나 발표 내용을 가지고 토론하는 자리가 마련되어 있다고 해서 그것이 곧 포용이나 경청을 의미하는 것은 아니다. 실제로는 이미 위에서 대부분의 결정이 끝났고, 그것이 하향식으로 전달되는 구조에 불과하다. 이러한 방식은 결국 의사소통의 비대칭성만 드러낸다. 리더는 구성원들에게 결정 사항을 일방적으로 통보할 뿐이다. 반대로 구성원들이 해결책과 비전을 논의하고 결정한 뒤 이를 경영진에 전달하는 것은 대부분의 조직에서 여전히 낯선 방식이다.

일방적인 의사결정 구조의 대안으로 리더와 구성원 모두가 각자의 입장을 제시하고, 리더가 구성원들의 제안을 폭넓게 경청한 후 이를 실제로 반영하거나 다수의 판단에 따라 결정을 내리는 실질적인 공동 결정 구조를 생각해볼 수 있다. 이러한 방식의 장점은 구성원들이 조직의 방향에 대해 더 큰 주인의식을 느끼게 되고, 그만큼 실행 과정에서도 더욱 능동적이고 효과적으로 참여하게 된다는 데 있다. 동시에 심리적인 안정감과 일터에서의 만족도를 높이며, 구성원들과 리더 사이에 연대감을 강화하고, 조직과 일상 업무에 대한 소외감을 줄이는 데에도 도움이 된다.

기업의 사회적 책임을 실천한 스페인 협동조합

현대 조직에서 직접민주주의가 실제로 구현되는 사례는 여전히 드물다. 철학자 로버트 달Robert Dahl은 민주주의가 국가의 정당성을 보장하는 원리라면 기업이나 그 밖의 다른 조직 역시 민주주의로서 정당화되어야 한다고 주장했다. 그가 제시한 이상적인 조직 모델은 다수결과 합의제를 결합한 민주적 방식으로 운영되는 모델로, 비전과 전략은 물론 임금체계, 이익 배분, 외부 사회에 대한 경제적·사회적 기여 등 모든 영역에 구성원들이 직접적이고 실질적인 영향력을 행사할 수 있어야 한다.

이러한 접근을 바탕으로 실질적인 성공을 거둔 대표적 사례로 몬드라곤Mondragon이 있다. 몬드라곤은 1956년, 스페인 바스크Basque 지역에서 성직자 호세 마리아 아리스멘디아리에타Jos Mara

Arizmendiarrieta와 그의 기술학교 제자들이 설립한 노동자 협동조합 연합체다. 초기에는 주로 등유 난방기를 생산했고, 이후 냉동고 부품과 각종 가전제품, 전기 변압기, 포장기계, 설계 프로세스 등으로 사업 영역을 점차 확장시켰다. 몬드라곤이라는 기업 이름은 설립 당시 기업이 자리 잡았던 도시에서 따온 것이다.

당시 도시 몬드라곤은 스페인 내전의 여파로 굶주림과 빈곤, 공동체 분열에 시달리던 인구 7,000여 명 규모의 작은 지역사회였다. 아리스멘디아리에타는 이곳에 기업 하나를 세우는 것에서 그치지 않았다. 내전 전후 스페인 아나키스트들이 실천한 소규모 농업 협동조합의 가치와 경험에서 영감을 받아, 하나의 사회적 공동체를 함께 구축하고자 했다.

오늘날 몬드라곤은 스페인을 비롯해 세계 여러 지역에 약 8만 1,000명의 직원을 두고 있다. 앞서 살펴보았던 타샤의 사례처럼 몬드라곤 역시 창립 초기부터 모든 구성원을 조직의 일원으로 통합하는 데 중점을 두었고, 구성원 모두가 조직의 다양한 기능을 폭넓게 이해할 수 있도록 리더와 직원을 함께 아우르는 '인서비스 트레이닝 in-service training'을 실시해왔다. 이때 리더와 직원은 엄격히 구분되지 않는다. 구성원 대다수가 공동 소유 원칙 아래 서로에게 일정한 리더십 기능을 수행하고 있기 때문이다. 이러한 공동 소유는 실제로 제도화되어, 많은 직원이 몬드라곤의 공동 소유자이자 주주로 참여하고 있다. 또한 오늘날에도 '오탈로라 Otalora'라는 아카데미에서 협동조합의 운영 방식과 리더십 관련 토론, 교육이 이루어지며, 직원과 리더가 같은 교육과정을 함께 수료한다. 구성원 전체가 조직의 핵심 가치에 공감하고, 그것을 공유할 수 있도록 말이다.

구성원들이 조직에 영향력을 행사할 수 있는 영역은 기업의 전략과 목표, 안전 수칙이나 공동의 권리에만 국한되지 않는다. 임금 체계와 직원 간 소득 격차에 관해서도 의견을 나눌 수 있다. 몬드라곤에서는 매년 열리는 대규모 총회를 통해 임금 수준이 결정되며, 이 회의에는 다양한 부서와 하위 조직에서 선출된 대표들이 참여한다.

이렇게만 보면 언뜻 복잡하게 느껴질 수도 있다. 실제로도 간단한 절차는 아니다. 하지만 이 구조 덕분에 구성원들은 누구도 자신의 업무 범위와 책임 수준을 넘는 과도한 보수를 받아서는 안 된다는 원칙을 직접 정할 수 있었다. 예를 들어 몬드라곤의 경영진은 가장 낮은 임금을 받는 직원보다 평균적으로 최대 5배를 넘지 않는 수준의 보수를 받는다. 이보다 더 낮은 경우도 많다. 다른 글로벌기업의 최고경영자들은 최저임금 근로자보다 100배 이상 많은 연봉을 받는 사례가 흔하다. 하지만 몬드라곤에서는 연봉을 최저임금 수준으로 받는 직원 자체가 거의 없으며, 가장 낮은 급여조차도 동일 업종 내 다른 기업과 비교했을 때 평균 13퍼센트 이상 높은 수준을 유지하고 있다.

또한 직원들은 회사 주식을 무상 또는 저렴한 조건으로 취득할 수 있으며, 선출된 대표는 모든 주요 총회에서 발언권과 의견 제출권을 보장받는다. 이는 덴마크에서 노동조합을 통해 구성원이 행사할 수 있는 참여 범위를 훨씬 넘어선다. 덴마크에서는 고액 연봉을 받는 소수의 노조 간부가 조합원 수만 명, 수십만 명을 대표해 목소리를 내는 구조가 일반적이다. 이에 반해 몬드라곤은 바스크 지역의 아나키즘적이고 협동조합적인 전통에서 영감을 받아 보다 직접적이고 참여적인 조직 구조를 실현해왔다. 이러한 정신에 공감한 미국의 기업 '오하이오 직원소유센터Ohio Employee Ownership Center, OEOC'는 2012년에 몬드라곤과 공식 협력관계를 맺었다. 직접민주주의, 경제적 민주주의, 수평적인 조직구조, 공동체 중심 운영이라는 원칙을 함께 구현하고자 하는 데 그 목적이 있었다.

몬드라곤을 비롯한 수많은 협동조합과 그 대표의 공통된 특징은 기업의 사회적 책임Corporate Social Responsibility, CSR을 그저 말이나 상징적 제스처로 생각하지 않고 실질적으로 실천해왔다는 점이다. 이들은 사람들이 이 개념을 일반화하기 훨씬 이전부터 사회적으로 소외되거나 배제된 집단에게 수익을 직접 재분배하고, 교육과 훈련 기회를 제공하는 방식으로 책임을 수행해왔다.

모두가 함께 미래를 결정한
덴마크 장인 조합

앞서 언급했듯, 우리 사회에도 과거에는 수평적인 구조와 공동 결정, 민주적인 영향력을 기반으로 한 전통이 존재했다. 협동조합 운동은 그 대표적인 사례이며 덴마크의 민중교육 전통인 고등학교 운동과 장인 조합 역시 여기에 포함된다. 특히 장인 조합에 주목한 덴마크 역사학자 토마스 블로크 라븐Thomas Bloch Ravn은 덴마크 장인 조합의 역사를 분석해 이들이 강한 평등주의적 구조를 갖추고 있었고, 절대왕정 시기의 권력 기구나 국가, 공식 사법제도로부터 상당히 독립적으로 운영되었음을 밝혀냈다. 이러한 조합의 모습은 15세기부터 17세기까지 중세 도시의 정치적·사회적 질서에 점점 더 큰 영향을 미쳤다.

장인 조합은 장인, 숙련공, 견습생이라는 세 집단으로 구성되어 있었다. 이들 사이에는 분명한 위계가 존재했지만, 모두 같은 직업 공동체의 일원이자 구성원으로 존중받았다. 조합은 직업교육을 전담하고, 견습과 업무 수행을 감독하고, 작업물과 자재 가격을 책정하고, 숙련공과 견습생을 장인들 밑에 적절히 배분하는 역할을 했다. 장인들 사이에서 경쟁이 과하게 일어나지 않도록 조율했고, 일부 장인이 다른 구성원을 희생시켜 과도하게 성장하는 것을 막기 위해 광범위한 권한을 행사할 수도 있었다.

장인 조합의 중심에는 조합장이 있었고, 조합장의 거점은 조합의 품위와 공동체 정신을 상징하는 장소였다. 매주 정해진 날에 조합장과 그의 조력자들이 이곳에 모여 조합 내 갈등과 분쟁을 조정했다. 하지만 조합장은 독단적으로 결정을 내릴 수 있는 집행 권한을 갖고 있지 않았다. 공동체 전체 회의에서 내려진 결정에 따라야만 했다. 이러한 구조는 권력을 독점하지 않고 공동체의 뜻에 따라 움직이는 고대 족장의 역할과 매우 흡사하다.

　토마스 블로크가 보여주듯, 절대왕정이라는 강고한 권력구조의 이면에는 지역 장인 조합들이 자신들과 지역사회의 문제를 자율적으로 결정하고 운영해왔다는 복잡하고 뿌리 깊은 네트워크가 존재했다. 덴마크의 장인 조합의 오랜 전통과 협동조합 운동은 인류가 역사적으로 역피라미드 구조와 실질적인 공동 결정을 통해 조직 내 문제에 대한 효과적인 해결책을 실현해왔음을 잘 드러낸다. 이러한 구조는 사회적 연대와 평등, 정의를 실질적으로 보장해왔다. 덴마크 농민들은 이 덕분에 대형 독점 자본, 부유한 지주, 국제 상인과의 경쟁에서 밀리지 않았고, 소비자들에게 합리적인 가격으로 우수한 품질의 상품을 제공하는 데에도 성공했다.

　민주주의적인 기업 운영을 지향하는 조직 '민주적 사업체 Demokratisk Erhverv'의 부대표 안드레아스 핀스트룹 외르겐센 Andreas Pinstrup Jørgensen은 그의 저서 『공동 소유자 Medejer』(Gyldendal, 2020)에서 이렇게 지적했다. 한때 우리가 직접 고안해낸 보다 평등주의적인 소유 형태를 정작 우리 자신은 상당 부분 포기해왔고, 오히려 그것이 이웃 나라들에서 더 활발히 꽃피우고 있다고 말이다. 비드 Hvid, 묄러 Møller, 아이슬레브 Ajslev와 함께 쓴 그의 또 다른 저서인 『노동의 민주화 Demokratisering af arbejdet』(Frydenlund, 2020)에서는 1970년대에만 해도 많은 기업이 지금보다 훨씬 더 대화 중심의 민주주의와 참여민주주의에 기반을 두고 있었다고 말했다. 경제민주주의, 공동 소유, 구성원들의 직접적인 참여에 관한 아이디어 또한 정치권, 기업, 노동조합 안팎에서 활발히 논의되었으나 아쉽게도 많은 경우 실현되지 못했다고 덧붙였다.

몇몇 사상가는 지금이야말로 민주주의적 모델들을 다시 진지하게 검토해야 할 시점이라고 말한다. 이는 직장에서의 소외와 불만을 줄이고, 일에 대한 주인의식을 높이며, 오랫동안 우리의 조직문화를 침식시켜온 '뉴 퍼블릭 매니지먼트 New Public Management, NPM' 식 사고를 과감히 벗어던지기 위한 실질적인 대안이다. 앞서 언급했듯 스칸디나비아 문화 안에는 충분히 되살릴 수 있는 자산이 분명히 존재한다. 민족주의적인 자부심에서 나온 결론이 아니다. 이 지역의 문화가 본래 낮은 권력거리 지수와 높은 상호 신뢰를 기반으로 존재해왔기 때문이다. 과거에 성공과 인간 중심의 리더십을 가능하게 한 이러한 전통은 오늘날에도 여전히 유효한 대안이 될 수 있다.

족장형 리더십을 정착시키는 용기 있는 결정들

어떤 리더도 혼자 힘으로 조직문화를 바꿀 수는 없다. 우리가 지금까지 소개한 원칙들이 실제로 조직의 운영 방식이 되려면 리더를 어떻게 선출하고 채용할지, 구성원들이 리더에게 어떤 방식으로 영향력을 행사할지, 조직이 어떤 사람을 구성원으로 받아들이고 이들을 어떻게 통합할지 등 모든 면에서 변화가 뒤따라야 한다. 리더십에 영향을 미치는 모든 주체, 리더를 결정하고 그에 영향을 주는 모든 행위자가 각자의 책임을 자각해야 한다는 뜻이다. 따라서 리더를 고용하는 이사회나 인사 부서는 왜 족장형 리더를 찾는 것이 바람직한지 제일 먼저 이해하고 납득해야 한다. 이 과정에서 기업 소유주와 주주, 채용 대행사, 신뢰직, 노동조합이나 사내 직원 대표들도 책임 있는 참여자가 되어야 한다. 더 나아가 기업의 고객이나 이용자 들 또한 리더 선정에 어느 정도 영향을 미칠 수 있다.

이처럼 우리가 리더십 원칙의 지속적인 혁신을 바란다면, 그 원칙이 조직 내부뿐 아니라 외부와의 관계 속에서도 일관되게 작동하도록 만들어야 한다. 이를 실천으로 옮기고 역피라미드 구조 안에서 족장형 리더십을 조직문화의 일부로 정착시키기 위한 구체적인 실행 방안들을 살펴보자.

조직의 권력 균형 강화하기

민주주의 국가에 사는 우리는 '리더를 직접 선택한다'라는 사실에 자부심을 갖는다. 그런데도 정작 직장 안에서는 이것이 거의 실현되지 않는다. 민주주의는 근본적으로 '누가 자신을 이끌어야 하는지 가장 잘 아는 건 당사자 자신'이라는 전제 위에 세워져 있다. 그럼에도 불구하고 조직 내에서는 이 논리가 별다른 의심 없이 배제되어 온 것이다. 그 이면에는 관리자와 구성원들이 반대편에 서 있다는 구시대의 낡은 전제가 깔려 있다. 직원들은 자신들에게 일을 시키지 않는 사람만 리더로 선택할 것이라는 식의 암묵적인 편견이 바로 그것이다.

하지만 역사적으로 볼 때 '프리무스 인터 파레스' 원칙은 공동체가 스스로 리더를 선출하는 방식을 정당화해왔다. 사람들은 언제나 자신들을 가장 잘 이끌 수 있는 이들을 뽑았다. 구성원들이 함께 공동의 성과를 이루고자 했기 때문이다. 덴마크에서도 수 세기에 걸쳐 가장 유능한 간호사를 수간호사로, 가장 뛰어난 의사를 주치의로, 가장 탁월한 연구자를 교수로 선출해왔다.

이러한 방식은 오랫동안 잘 작동했다. 그런데 뉴 퍼블릭 매니지먼트식 사고가 도입되면서 상황이 달라졌다. 경영을 보다 전문화하겠다는 명분 아래, 구성원들과 아무런 관계도 맺지 않은 비전문 일반 관리자, 즉 현장과 동떨어진 리더십 체제가 도입된 것이다. 이는 리더십을 직무의 전문성과 분리시키는 조치였다. 또 구성원은 이기적 개인으로, 리더는 이들을 통제하는 '채찍을 드는 관리자'로 설정한 앵글로색슨식 경영 전통과 정확하게 일치한다.

덴마크디자인센터에서는 직원들이 직접 자신의 리더를 선출했다. 그 결과 일부 직원은 전혀 리더가 될 것이라고 예상하지 못했던 동료를 지목했고, 어떤 리더들은 새로운 권력구조에 불편함을 느껴 더는 그 자리에 나서지 않기도 했다. 여러분은 덴마크디자인센터처럼 급진적인 방식을 선택할 수도 있지만, 보다 점진적이고 온건한 모델을 도입할 수도 있다. 새 리더를 채용할 때 더 많은 직원을 면접에 참여시키고, 그들에게 더 강력한 발언권 또는 거부

권까지 부여하는 식으로 말이다.

  뇌르마르크는 오랫동안 민중 고등학교 체제에서 일했다. 그는 이사장으로 재직할 때 구성원 중심의 강력한 민주주의 전통이 실제로는 복잡하고 시간이 오래 걸리는 채용 과정을 수반한다는 사실을 경험했다. 많은 이가 참여하고 모든 의견을 조율해야 했기 때문이다. 하지만 동시에 그렇게 정리된 합의가 훨씬 더 안정적이고 지속 가능한 결과를 가져온다는 점도 확인할 수 있었다. 마지막 교장을 선출할 때는 교장이 거의 직원들에 의해 추천되었고, 실제로 내부 구성원 중 한 사람이 그 자리에 올랐다. 이는 수년을 통틀어 가장 성공적인 임명으로 평가되었다. 이사회가 한걸음 물러서고, 직원들이 주도적으로 의견을 낼 수 있었기 때문이다. 모두 학교가 잘 운영되기를 바랐고, 그 누구도 새로 선출된 교장이 직원들에게 일을 시키지 않을 거라고 기대하지 않았다. 이렇듯 공동체는 스스로 조절하는 힘을 지니고 있다.

  조직의 권력 균형을 강화할 수 있는 또 다른 방법은 구성원들이 리더를 정기적으로 평가하고, 리더가 어떤 기준으로 고용되고 어떤 지표에 따라 평가받을지 함께 결정하는 것이다. 만약 조직이 수치 기반의 목표 설정과 성과 평가를 중심으로 운영된다면 목표와 측정 기준을 구성원들이 함께 정하는 것은 지극히 당연한 일이다. 다시 말해, 어떤 항목에서 어떤 방식으로 상사를 평가할지 구성원들이 직접 정하는 것은 정당한 참여 행위이며, 민주적인 조직 운영의 핵심이기도 하다.

리더와 구성원을 대립 구도에 놓지 않기

리더와 구성원을 대립 구도로 설정하는 관행은 지난 수십 년간, 특히 노동조합 활동과 수사에서 비롯된 바람직하지 않은 결과 중 하나다. 물론 노동조합이 강경한 태도를 취해야 할 정당한 이유가 있을 때도 있다. 그러나 자유와 자율성을 보장하려는 족장형 리더조차 노동조합이나 신뢰직 대표로부터 신뢰를 얻지 못하고 의심과 경계의 시선을 받는 일이 적지 않다. 그러면 선의보다는 인사 규정집의 조항을 늘리고, 근무시간과 업무 내용에 대한 더 많은 형식적인 합의를 요구하는 방식으로 대응하려고 하게 된다. 또 이러한 상황에서는 '악덕 상사'라는 고정관념이 공동체에 대한 책임을 회피하는 구실로 작동하기도 한다.

그러나 권력을 함께 나누고자 한다면 그에 따르는 책임 또한 함께 져야 한다. 즉, 어떤 조직에서 노조 대표가 된 사람이 자신의 상사가 실제로 족장형 리더가 되기를 바라는 사람이라면, 그는 상사를 더 신뢰하는 태도를 보여야 한다. 모든 것을 문서화할 수 없다는 점도 받아들여야 하고, 책임 또한 더 연대적인 방식으로 나눠야 한다.

공동체가 하나의 유기체처럼 작동하기 위해서는 직종 간 경계를 허물 필요도 있다. 사우스웨스트 항공에서는 조종사가 쓰레기 수거를 돕기도 한다. 도움의 손길이 필요할 때면 누구나 힘을 보태어 돕는 것이다. 이는 형식적인 직무 구분이나 권리보다 공동체에 대한 책임감을 바탕으로 한 태도다. 그래서 이러한 방식은 '모든 상사는 내 편이 아니다'라는 전제에 기반한 일률적인 노조 모델과 맞지 않는다. 각종 협의체나 정책, 역할 규정 같은 장치를 통해 상사를 요구와 제약의 틀 속에 가두려고 하는 모델 말이다.

이러한 상황에서는 오히려 유연하고 평등한 방식이 더 효과적일 수 있다. 앞에서 여러분은 그러한 방식이 원주민 사회, 장인 조합, 협동조합, 수평적인 구조의 기업 안에서 이미 실현되고 있다는 것을 보았다. 그런 구조야말로 구성원 모두의 참여와 공동 결정을 가능하게 하는 토대가 된다. 오늘날 많은 노동조합이 조합원의 지지를 잃는 것은 평범한 노동자가 자신이 존중받거나 목소리를 낼 수 있다고 느끼지 못하고, 조합이 실질적인 영향력을 행사하지도 못한다고 생각하기 때문일 수도 있다. 노동조합이 다시 활력을 되찾으려면 구성원들이 더 큰 영향력을 가질 수 있도록 민주적 절차와 리더 선출 과정에 직접 참여할 수 있게 해야 한다. 동시에 리더 또한 자신이 노동자들이 원하는 자질을 갖출 수 있도록 노력해야 한다.

리더의 현장 참여 요구하기

족장형 리더의 가장 중요한 자질은 듣는 능력이다. 이를 키우기 위해서는 무엇보다 리더가 현장에 실제로 있어야 한다. 회의실에서 다른 관리자들과 회의만 하거나 직원들을 멀리서 감시하는 것이 아니라 구체적인 업무에 참여해야 하는 것이다. 물론 항상 그럴 수는 없다. 그러면 리더의 역할 자체가 무의미해지니 말이다. 하지만 때로는 그래야 한다. 직접 환자를 돌보는 의사 마리에 스토르크홀름처럼 현장 최전선에서 일하는 리더까지는 되지 않더라도, 가끔은 현장을 찾아야 한다.

학교나 어린이집처럼 규모가 작은 조직에서는 교장이나 원장이 수업을 하거나 아이들을 함께 돌보는 것이 충분히 가능하다. 덴마크에서 가장 인기 있는 시장 가운데 한 명으로 꼽히는 홀베크 Holbk 시의 크리스티나 크쥐로시아크 한센 Christina Krzyrosiak Hansen은 사회민주당 소속임에도 불구하고 보수 성향 유권자들 사이에서도 깊은 존경을 받는다. 크리스티나가 취임 직후 직접 청소 노동자와 유치원 교사로 일하며 현장 경험을 쌓았기 때문이다. 즉, 자신이 책임지는 일터를 몸소 경험한 것이다.

크리스티나의 실질적인 노동 참여와 현장 감각은 크리스티나가 리더로서의 신뢰를 쌓는 기반이 되었다. 이례적으로 현실적이고 개방적이며 깊은 공감 능력을 보여준 크리스티나의 태도는 시민들의 존경을 불러일으켰고, 그 결과 크리스티나는 2021년 지방 선거에서 거의 절반에 달하는 유권자의 지지를 얻었다. 이는 덴마크의 시장 선거에서 극히 이례적인 수치이며, 족장형 리더십이 정치 부문에서도 통한다는 사실을 보여준다. 그러니 리더는 고립되지 않으려면 부서들을 직접 찾아가 얼굴을 비추고 실제 업무에 참여하는 등 어느 정도의 시간을 반드시 현장에서 보내야 한다. 이는 이사회나 최고경영진뿐 아니라 조직 구성원 누구나 리더에게 요구할 수 있는 권리이기도 하다.

모든 사람이 처음부터 족장형 리더로 태어나는 것은 아니다. 그러나 자신이 이끄는 공동체에 직접 몸을 담고 구성원들의 현실을 이해하며 귀 기울이기 시작할 때, 족장형 리더가 될 가능성은 훨씬 높아진다. 만약 그런 방식이 자신의 성향에 맞지 않더라도 매르스크의 스테엔 에리크 라르센처럼 얼마든지 배우고 습득할 수 있다.

흥미로운 점은 크리스티나 한센이 보여주는 정치적인 태도가 바로 정치평론가들이 수년간 주장해온 방식, 즉 정치에서 성공하려면 절대 그렇게 해서는 안 된다고 이야기한 방식과 정확히 일치한다는 것이다. 오랫동안 정치란 유권자와의 직접적인 접촉을 통한 일종의 격투기 스포츠이며, 권력은 주어지는 것이 아니라 쟁취하는 것이라는 인식이 정설처럼 받아들여져왔다. 야콥 엘레만옌센 Jacob Ellemann-Jensen(전 덴마크 자유당 대표이자 부총리)은 너무나 온화하고 착해서 덴마크 정치에 어울리지 않는다는 평가를 받는 반면, 강경하고 때로는 거칠다는 말까지 듣는 트뢸스 룬드 포울센 Troels Lund Poulsen(현 덴마크 자유당 대표 겸 부총리, 국방부 장관)은 오히려 정치권에서 더 잘 버틸 수 있을 것이라는 평을 듣는 이유가 바로 이 때문이다. 하지만 만약 정치인들이 마키아벨리식 전략을 따라야 한다고 생각한다면, 유권자들이 그런 정치인을 신뢰하지 않게 되는 건 당연한 일이다.

이 지점에서 여러분에게 건넬 수 있는 가장 실질적인 조언은 앞으로는 정치평론가들의 말에 신경 쓰지 말고, 그저 여러분이 봤을 때 가장 다정하고, 겸손하고, 국민의 말에 귀 기울일 줄 아는 정치인을 선택하라는 것이다. 지런 사람이 나라를 이끌면 좋겠다고 생각되는, 진심과 품격이 드러나는 인물을 택하면 된다.

리더 후보군에 진정한 다양성 반영하기

한 조직의 고위급 리더를 선발하는 과정에 참여했을 때 뇌르마르크는 대형 리크루팅 업체들이 종종 지원자들 사이에 '와일드 카드'를 한두 명씩 끼워 넣는다는 사실을 발견했다. 보통 다소 비정형적인 이력을 지닌 인물들이었다. 공식적인 리더십 경험은 다른 후보들에 비해 부족하고 이력서에는 공백기처럼 보이는 시기가 있었다. 배우자를 따라 외국에 체류한 기간이 있거나, 집에서 아이를 돌보며 시간을 보냈거나, 황금기 덴마크 회화에 대한 열정 때문에 반년간 미술사 수업을 들었거나.

리크루팅 업체들이 소위 비정형적인 후보자를 명단에 넣는 이유는 겉보기에 비슷한 양복 차림의 후보자 군에 약간의 다양성을 곁들였다고 과시하는 것이다. 하지만 그러한 프로필을 가진 사람이 최종적으로 채용되는 경우는 드물다. 누구도 그런 사람이 진심으로 선택될 것이라고 기대하지 않기 때문이다.

이는 리더란 어떤 사람이어야 하는가에 대해 채용 업계가 여전히 고정관념에 사로잡혀 있다는 사실을 드러낸다. 그 결과, 조직은 리더 집단을 좀처럼 새롭게 구성하지 못하고 결국에는 유능하지만 이기적인 인물들, 즉 사이코패스, 출세 지상주의자들로 윗자리를 채우고 만다. 결국 리크루팅 회사들이 계속 지금처럼 일하면 조직 내에서 나쁜 리더십이 되풀이되는 데 일조하는 셈이다. 비정형적인 후보자들이 여전히 진지하지 못한 인물로 취급된다는 것 또한 문제다.

주로 리더를 선발하는 고위 경영진과 이사회는 대체로 자신을 닮은 사람을 뽑는 경향이 있다. 여기서 우리가 제안할 수 있는 것은 명확하다. 리크루팅 업체를 계속 이용하겠다면 후보자군에 진정한 다양성이 반영되도록 요구해야 한다. 또 무엇보다 더 많은 비정형적 인물이 포함될 수 있도록 지속적으로 요구해야만 한다.

조직 내 남성 중심 규범 깨뜨리기

조종사가 갑자기 의식을 잃었을 때, 여러분은 여러분이 비행기를 착륙시킬 수 있다고 생각하는가? 놀랍게도 상당수의 남성은 자신이 그 일을 해낼 수 있다고 믿는다. 덴마크의 여론조사 기관 '유고브YouGov'가 실시한 조사에 따르면 실제로 남성 응답자의 약 절반이 어느 정도 자신 있다고 대답했다. 반면 여성 응답자 가운데 그렇게 답한 비율은 7퍼센트에 불과했다. 남성은 20퍼센트가 심지어 "꽤 자신 있다"라고까지 했지만, 여성은 훨씬 더 신중한 태도를 보였던 것이다. 이 수치는 두 성별 간 겸손함의 차이를 단적으로 보여준다. 특히 남성이 자신의 능력을 과대평가하는 경향이 있다는 점을 시사하는 흥미로운 단서로 읽을 수 있다.

앞서 언급했듯 사이코패스 성향 통계에서 남성의 비율은 과도하게 높다. 그러나 남성이 여성보다 조직에서 더 뛰어난 성과를 내거나 더 많은 호감을 얻는다는 근거는 어디에도 없다. 실제로 2022년에 덴마크와 미국에서 실시된 여론조사에 따르면 여성 리더가 남성 리더보다 조금이나마 더 긍정적인 평가를 받는 것으로 나타났다.

여성이 일반적으로 더 공감적이고, 경청에 능하고, 타인을 포용하는 데 익숙하고, 무책임한 위험을 감수하는 일이 적은 등 전반적으로 족장형 리더가 지녀야 할 특성을 남성보다 더 많이 갖추고 있다는 점이 문화적 요인 때문인지, 생물학적 요인 때문인지 파악하려면 아주 복잡한 논의를 해야 한다. 하지만 이러한 경향이 실제로 존재하는 것은 분명해 보인다. 이는 조직에서 리더를 뽑을 때 부드러운 남성형 리더가 배제되고 강한 남성상이 강조되는 경향과 연결되어 있다. 다시 말해, 리더십에 대한 고정된 기대와 편견이 여전히 작동하고 있다는 것이다. 여성 리더를 더 많이 등용하는 일은 아직도 많은 조직에서 자연스럽게 받아들여지지 않는다. 이런 모습은 배려, 공감, 참여와 같은 이른바 '여성적'이라고 여겨지는 자질의 가치가 제대로 인정받지 못하는 현실과도 맞닿아 있다. 여러분도 여성 리더, 특히 최고위직에 있는 여성이 여전히 그다지 많지 않다는 통계를 본 적이 있을 것이다.

그렇기에 더 많은 족장형 리더를 키우기 위한 마지막 제안은 조직 내부에 어떤 편향이 존재하는지 면밀하게 점검하라는 것이다. 여성들에게 리더 자리에 도전하라고 충분히 권유하고 있는지, 경쟁이나 지배력처럼 전통적인 남성적 가치를 리더의 자질로 더 진지하게 요구하고 있는 것은 아닌지 묻는 일에서부터 시작해야 한다.

많은 여성이 조직에서 전통적으로 남성이 해온 것처럼 행동해야만 리더로서 진지하게 받아들여진다고 느낀다. 하지만 어쩌면 여성들이 오히려 '여성적인' 방식으로 행동할 때 더 큰 호감을 얻을 수도 있지 않을까? 이 책에 소개한 여러 남성 족장형 리더들은 자신이 다른 남성들보다 더 여성적인 사람이라고 말했다. 이제는 리더십 가치 체계에서 남성 중심의 규범을 깨뜨릴 때가 되었는지도 모른다. 그래야 성별을 불문하고 더 많은 족장형 리더가 등장할 수 있을 것이다.

우리가 사람들에게 아는 리더 중 족장형 리더의 특성을 지닌 리더를 떠올려보라고 요청했을 때, 대부분이 여성의 이름을 언급했다. 물론 우연일 수도 있다. 하지만 여러분은 지금 이 시대가 요구하는 리더십을 여성들이 더 잘 구현해내는 경우가 많은 것은 아닌지 곱씹어볼 필요가 있다. 여성의 배려심이나 공감 능력이 선천적으로 우월하다거나 여성이 생물학적으로 더 포용적이고 평등지향적이라는 뜻은 아니다. 다만 여성들이 오랜 시간 조직과 권력의 중심에서 배제되어왔다는 사실은 오히려 이들이 타인의 입장에서 사고하고, 자신이 이끄는 사람들과 정서적으로 연결되는 데 더 익숙해지는 배경이 되었을지도 모른다. 위계 구조의 가장 아래에서 배제와 차별을 직접 겪으며 남성 중심의 권력구조가 어떻게 작동해왔는지를 체감하며 살아왔기 때문이다. 이런 맥락에서 보면 '페

미니스트 리더십'이라고 불리는 방식이 서번트리더십이나 포용적이고 심리적인 안정감을 제공하며 현장에 깊이 참여하는 리더십과 많은 점을 공유한다는 사실 역시 결코 우연은 아닐 것이다.

7장

앞으로 던져야 할
또 다른 질문들

권력을 쥔 이들이 듣기를 멈출 때가 바로 그들을 끌어내려야 할 때다.
— 아스트리드 린드그렌 Astrid Lindgren

지금까지 좋은 리더란 어떤 사람인지 살펴보는 동시에 나쁜 상사의 모습도 함께 짚어보았다. 이제 남은 질문은 하나다. 어떻게 해야 족장형 리더를 만날 수 있을까?

가장 쉬운 방법은 성격테스트를 해보는 것이다. 실제로 많은 조직이 사용하는 방식이다. 하지만 나르시시스트형 상사들은 면접 자리에서 능숙하게 허세를 부리고 교묘하게 자신을 포장해 결국 리더 자리에 오르곤 한다. 사실은 리더로 부적합한 성향을 지니고 있음에도 말이다. 이 문제에 앞에서 이야기했던 조직 구조상의 문제를 함께 고려해보면 조직이 족장형 리더를 뽑지 못하는 근본적인 원인을 발견할 수 있다. 바로 상사가 함께 일할 직원이 아니라 다른 상사들에 의해 선택된다는 점이다. 이 구조가 바뀌지 않는 한, 채용위원회는 족장형 리더의 특성과 그 반대편에 있는 리더의 결함을 식별할 수 있는 안목을 길러야 한다. 그것이 면접 자리에서든, 수습 기간이든, 리더 후보자를 아는 사람들의 평가를 통해서든 말이다.

이제 족장형 리더를 찾고자 할 때 주목할 수 있는 몇 가지 징후를 살펴볼 것이다. 그 전에 반드시 기억해야 할 점이 있다. 지금 우리는 리더십의 전환기를 지나고 있으며, 이 변화 속에서 족장형 리더는 점점 더 중심적인 위치의 역할을 차지하고 있다. 그래서 진짜 족장형 리더가 아닌 사람들이 족장형 리더를 흉내 내는 경우도 많아질 수밖에 없다. 이들은 올바르게 들리는 그럴듯한 말을 구사하지만, 행동은 정반대로 한다. 특히 나르시시스트형 인물일수록 자신이 훌륭한 리더처럼 보이도록 말하는 데 능하다. 따라서 이들에게 속지 않으려면 그들이 사용하는 포용적(으로 들리는) 리더십 언어를 '더블 클릭'해보아야 한다. 다시 말해, 이 유형의 상사들이 사용하는 상투적인 표현과 개념이 실제로 무엇을 의미하는지 끝까지 묻고, 구체적으로 설명하게 만들어야 한다.

공동체 vs. 커리어

족장형 리더와 반대 유형의 리더를 구분 짓는 가장 본질적인 차이는 그가 공동체와 커리어 중 무엇을 우선시하느냐에 있다. 족장형 리더는 언제나 공동체를 우선한다. 다음은 진짜 족장형 리더를 식별하기 위해 특히 주목해야 할 징후들이다.

- 그는 이전 직책에 얼마나 오래 머물렀는가?
  ↳ 족장형 리더는 대개 한자리에 오래 머문다. 맡은 일을 끝까지 해내야 한다는 책임감을 느끼고, 시간이 걸리더라도 약속

한 목표를 달성하기 전에는 자리를 떠나지 않는다. 그는 자신을 공동체의 일원으로 여기며 공동체를 가족처럼 대하기도 한다. 이런 관계는 쉽게 끊고 떠날 수 있는 것이 아니다.

- 그가 직장의 문화, 의례, 역사에 관심을 기울이는가? 그리고 그것을 구성원들의 바람에 따라 함께 가꾸고 발전시키는 사람인가, 아니면 자신의 꿈과 이상에 따라 일방적으로 이끄는 사람인가? 그가 바라는 변화는 결국 이력서에 쓸 만한 성과와 지위 상승을 위한 것인가, 현장 구성원들만 알아볼 수 있는 작지만 실질적인 변화인가?

- 그가 대화를 시작할 때 구성원들에게 관심을 보이는가? 자기 이야기부터 꺼내는가? SNS에서 자신의 성과를 과시하고 자기 자신을 드러내기 위해 애쓰는가, 아니면 자신보다 훨씬 더 큰 공동체를 대표하는 겸손한 리더로 행동하는가?

- 그는 과거 직책에서의 화려한 경험이나 특별한 경력, 고급 인맥과 연수 이력을 과시하는가, 아니면 마트 계산원에게서 배운 점을 이야기하거나 출근길에 청소 담당 직원에게 들은 소소하지만 인상 깊은 이야기를 전하는가?

- 그는 지금까지 어디에 있었고, 앞으로 어디로 가고 싶은지 이야기하는가?
  ↳ 만약 리더가 대화 중 "제 커리어에 있어 제가 지금 이 자리에 있는 것이 적절한 시점이라고 생각합니다"라는 말을 꺼낸다면, 그 순간 그가 족장형 리더가 아니라는 것을 알아채야 한

다. 이 한마디만으로도 그가 생각하는 중심축이 공동체가 아닌 자기 자신인 것이 드러나기 때문이다. 진짜 족장형 리더는 공동체를 자신의 커리어에 활용하지 않는다. 그는 공동체가 왜 지금 자신을 필요로 하는지를 먼저 말한다.

- 그는 주로 자기 이야기를 하는가, 아니면 타인에 대해 이야기하는가? 여러분에게 진실한 관심을 보이는가, 자기 생각과 성취에 대해서만 말하는가? 직장과 직장의 환경을 이야기할 때 자신이 좋아하는 부분을 강조하는가, 아니면 다른 사람들이 편안하게 느끼고 존중받는 공간이 되도록 만들려고 하는가?

다양성 vs. 획일성

족장형 리더는 조직의 힘이 구성원 전체의 합의에서 나온다는 사실을 잘 알고 있다. 그리고 구성원들이 서로 다른 존재이고, 저마다의 방식으로 조직에 기여할 수 있어야 공동의 성공이 가능하다는 점도 이해한다. 반면 통제를 중시하는 리더에게 다양성은 마치 위협처럼 느껴지는 불편한 요소다. 이들은 예측 불가능성과 '정렬되지 않은 상태'를 두려워한다. 모든 것이 계획대로 흘러가지 않으면 불안해한다. 그래서 구성원이 자기답게 존재하며 자신이 할 수 있는 방식으로 조직에 기여할 가능성을 차단한다.

획일성은 관료주의와 수치 중심 관리, 체크리스트 기반 리더십으로 이어진다. 하지만 족장형 리더십은 자율성과 심리적 안정감을 만들어낸다. 구성원 누구도 자신을 숨기지 않아도 되고, 있는 그대로의 모습으로 존재해도 괜찮다고 느낄 수 있기 때문이다.

누구나 실수를 받아들여야 한다고 말하지만, 이제는 이 말조차 상투적인 수사에 지나지 않는다. 나쁜 리더들도 그렇게 말한다. 하지만 그 말에 진심이 담겨 있는 경우는 드물다. 그러므로, 여러분은 생각해보아야 한다. 그가 최근에 저지른 실수는 무엇인가? 그 실수는 실제로 '실수'라고 부를 만한 것인가? 자기 자신을 드러내며 취약함을 인정하는가, 아니면 자존심을 지키기 위한 방어적인 표현일 뿐인가?

만약 그들이 말하는 '실수'가 "직원들을 너무 믿었다"라거나 "작년 전략 목표를 모두 달성하지 못했다" 같은 것이라면, 그는 진정한 리더가 아니다. 좋은 리더라면 그런 말을 해야 한다고 생각해 좋은 리더의 모습을 흉내 내고 있을 뿐이다. 진짜 족장형 리더는 자신의 실수를 타인에게 전가하지 않는다. 회피하거나 가공하지도 않는다. "저는 너무 야망이 큰 게 문제예요" 같이 자기 칭찬처럼 포장하지도 않는다. 그들은 실수를 있는 그대로 인정하고, 온전히 자신의 것으로 받아들인다.

또한 진짜 족장형 리더에게 다양성이란 단순한 유행어나 정치적 올바름Political Correctness, PC의 수사가 아니다. 족장형 리더는 다양성을 그 이상의 가치로 끌어올릴 줄 안다. 다양성을 보여주는 것에만 집착하면 결국 체크리스트 항목 중 하나로 전락하고 말기 때문이다.

이에 관해 이런 질문들을 던져볼 수 있을 것이다. 다양성은 어떤 가능성을 만들어내는가? 리더는 어떻게 그 가능성이 실현될 수 있도록 뒷받침하는가? 선언적인 구호 몇 마디만으로 충분하다고 생각하는가, 구성원들이 원하는 옷을 입고 말하고 싶은 것을 자유롭게 말하며 각자의 방식과 리듬에 맞춰 일하도록 허용하는가? 여러분의 조직은 현대사회를 얼마나 반영하고 있는가? 소수자들도 조직에서 정당하게 대표되고 있는가? 구성원 개개인의 차이가 조직에서 실제로 존중받고 있는가?

이런 질문들도 생각해봐야 한다. 리더가 구성원들에게 자유를 허용하는가? 인사 규정집이 매년 두꺼워지고 있지는 않은가? 문제가 발생했을 때 리더는 새로운 규정을 추가하는 것으로 대응하는가, 아니면 대화를 시도하거나 갈등을 감수하더라도 문제를 직접 마주하려 하는가?

'자유' 또한 실수를 받아들여야 한다는 소리처럼 누구나 쉽게 입에 올릴 수 있는 말이다. 하지만 실제로 구성원들에게 자유를 준다는 것은 무엇을 의미하는가? 그것을 어디에서 확인할 수 있는가? 사무실 곳곳에 해도 되는 일과 하면 안 되는 일을 일일이 지시하는 안내문이 붙어 있지는 않는가? 만약 화장실에조차 변기 솔 사용법이 붙어 있다면, 그 조직에는 족장형 리더가 없다고 봐도 무방하다.

관대함과 따뜻한 관심

족장형 리더는 관대하다. 그가 여러분이 읽어보면 좋겠다고 생각했다며 어떤 책을 권한다면, 그 책을 읽을지 말지는 전적으로 여러분의 선택에 달려 있다. 그는 구성원들에게 안부를 묻고, 그 대답에 진심으로 귀 기울인다. 그리고 자신의 이야기도 함께 나눈다. 그는 '개인적인' 리더이지만 '사적인' 리더는 아니다. 즉, 감정을 이야기하되 그것을 굳이 드러내보이지는 않는다. 또한 정당한 보상을 당연하게 제공하지만, 여러분과 함께 어울리는 시간을 그보다 더 중요하게 여긴다. 직원들의 성취를 함께 기뻐하고, 때로는 축하 자리를 마련하기도 한다. 무엇보다, 자신의 시간을 기꺼이 구성원들과 함께 나눈다. 특히 조직의 중심과 멀리 떨어져 있는 이들, 아무것도 요구하지 않는 이들과 함께하려고 애쓴다.

여러분의 리더는 자신의 가장 중요한 역할이 무엇이라고 생각하는가? 직원들과 멀리 떨어진 회의실에서 결정을 내리는 일인가, 구성원들 곁에 머무르는 일인가? 여러분이 보기에 그는 실제로 어디에서 가장 크게 기여하고 있는가?

족장형 리더는 구성원들과 함께함으로써 자신이 공동체에 기여할 수 있다는 사실을 알고 있다. 반면 족장형 리더가 아닌 리더는 의사결정이 가장 중요하다고 믿는다. 회의실 끝자리에 앉아 결정권을 행사하는 것, 그것이 곧 리더십이라고 생각한다는 뜻이다.

"제 방문은 언제나 열려 있습니다"라는 말은 족장형 리더가 아닌 이들이 자주 흉내 내는 상투적인 표현 중 하나다. 그 문 안에 그가 실제로 앉아 있는가? 그 대신 문 앞에 앉아 있는 개인 비서가 약속 없이 찾아오는 사람들에게 날카로운 시선을 보내고 있지는 않은가? 그의 일정표는 회의로 빽빽하게 채워져 있는가, 누군가가 우연히 들렀을 때 사용할 여유나 예기치 않은 만남이 생길 수 있는 시간을 확보해두고 있는가?

　마지막으로, 족장형 리더는 진심으로 궁금하기 때문에 질문한다. 반면, 나쁜 리더는 질문 속에 불신이 깔려 있다. 그래서 그가 던지는 말 한마디 한마디에 의심이 먼저 드러난다. 여러분의 리더는 현장에서 어떤 질문을 던지는가? 통제하기 위해 묻는가, 이해하고 배우기 위해 묻는가? 실적, KPI, 성과판, 오류 수정 같은 것에만 관심을 두는가, 아니면 그 일이 정확히 어떤 일이고 구성원들이 무엇을 하고 있는지 알고 싶어 하는가? 여러분은 의문이나 걱정, 과감한 아이디어, 비정형적인 해결책을 리더에게 말하고 싶은 마음이 드는가? 실수나 취약점을 솔직하게 털어놓을 수 있는가? 그리고 그런 말을 했을 때, 리더가 그것을 진지하게 받아들이고 성실하게 반응해준다고 느끼는가?

겸손 vs. 허영

족장형 리더는 때로 자기 소멸에 가까울 만큼 겸손하게 굴기도 한다. 그는 조직이 얻은 성과를 자랑스럽게 여기지만, 그 공로를 자신에게 돌리는 일은 절대 하지 않는다. 자신은 어디까지나 돕는 사람일 뿐이며 조직의 성공은 온전히 구성원들의 몫이라고 강조한다. 그가 구성원들의 노력에 보내는 애정은 분명하게 드러난다. 자신의 이미지를 가꾸기 위해 링크드인에 올릴 글에 시간을 들이거나 다른 리더들과의 인맥을 구축하는 데 열을 올리지 않는다. 그것이 공동체에 긍정적인 영향을 미치거나 구성원들의 자부심을 높이는 데 기여하지 않는 한 말이다.

여러분의 상사가 될 사람의 SNS를 살펴보자. 그가 공유하는 이야기의 초점은 '나'인가, '우리'인가? 그는 자신을 스타처럼 포장하며 대중을 가르치려 드는가, 아니면 자기 자신이 아닌 타인에게 애정을 보이는가? 자신의 지위와 성취만 강조하려 하는가, 함께한 사람들에 대한 존중과 연대를 드러내려 하는가? 그리고 조직의 성공에 대해 물었을 때 그는 충분히 겸손하게 행동하는가, 아니면 자신의 탁월한 판단과 결정 능력에만 초점을 맞추고 이야기를 이어가는가?

상사의 겉모습을 관찰하는 것도 중요하다. 물론 외모는 인간의 본질이 아니다. 하지만 여러분의 리더가 지나치게 브랜드를 과시하거나 지나치게 몸에 꽉 끼는 정장 차림을 하고 번쩍이는 액세서리를 잔뜩 하는 사람이라면, 그의 마음속에 자기 자신을 과하게 연출하려는 욕망이 숨어 있을 수 있다. 그런 사람에게는 경계심을 갖는 편이 좋다.

그리고 그에게 유머와 자기 풍자가 있는지 살펴봐야 할 필요도 있다. 리더가 농담을 던졌을 때 어색한 침묵이 흐르는 것이 아니라 자연스럽게 웃음이 이어지는가? 유머는 족장형 리더의 특징 중 하나다. 유머란 위계를 낮춤과 동시에 자기 자신을 드러내는 방식이기도 하므로, 웃음이 많은 조직은 곧 두려움이 적은 조직이다. 우트쿠 에스키모들이 "농담하는 사람은 위험하지 않다"라고 말한 것처럼 말이다.

경청과 발언 사이의 균형

좋은 족장형 리더는 타인의 말을 경청하는 일과 자신의 언어로 사람들을 결집하는 일 사이의 균형을 적절하게 잡을 줄 안다. 이 균형이 무너지면 두 가지 유형의 리더가 나타난다. 자기 생각이 전혀 없는 리더와 자기 말에 도취되어 끊임없이 자신의 목소리만 내려 하는 리더다. 특히 후자는 자신을 과시하고 스스로를 떠받드는 데 익숙하다. 하지만 좋은 족장형 리더는 언제 들어야 할지, 언제 말해야 할지 안다. 그리고 지금 이 순간에 사람들이 무엇을 필요로 하는지 감각적으로 읽어낼 줄 안다. 그러니 새로운 상사를 만나 자신을 소개해야 하는 자리라면 말을 하는 쪽은 당연히 여러분이어야 한다. 그런데 면접 내내 상사만 말하고 정작 여러분은 자기소개조차 다 하지 못했다면, 그것은 분명히 부정적인 신호다.

또한 사람은 진심으로 타인에게 귀를 기울일 때만 그의 이야기를 기억할 수 있다. 즉, 여러분이 상사에게 같은 이야기를 반복하고 사소한 정보조차 매번 다시 설명해야 한다면 그건 상사가 여러분에게 주의를 기울이지 않고 있다는 증거다. 그는 어쩌면 마음속으로는 전혀 다른 생각을 하면서도 경청하는 사람처럼 보이는 기술만 익힌 사람일지도 모른다.

이런 질문들도 던져보아야 한다. 여러분의 상사가 하는 말에 설득력이 있는가? 그는 정말로 정성을 들여 말하는가? 표현은 정확한가? 자신이 하고 싶은 말만 일방적으로 쏟아내는 것이 아니라 여러분이 진짜 듣고 싶은 말을 하는가? 그의 말은 여러분 안의 무언가를 움직이는가, 아니면 공허한 상투어와 뻔한 이야기뿐인가? 그는 조직의 목적을 명확하고 구체적으로 설명할 수 있는가?

우리는 무엇을 위해 아침마다 일어나 직장으로 향할까? 그 목적이 반드시 '세상을 더 나은 곳으로 만들겠다' 같은 거창한 선언일 필요는 없다. 하지만 최소한 여러분이 자부심을 느끼고 기꺼이 기여하고 싶다고 느낄 만한 것이기는 해야 한다. 그리고 리더는 자신이 말하는 목적을 듣는 이가 진심과 자부심을 함께 느낄 수 있을 정도로 명료하게 말할 수 있어야 한다.

상사가 될 사람에게 던져야 할 또 다른 질문들

보통 면접이 끝날 즈음이면 지원자가 예비 상사에게 질문을 던질 기회가 주어진다. 대부분은 업무 성격이나 조건에 관한 질문을 하겠지만, 범위를 더 넓혀도 좋겠다. 상사가 자기 자신을 어떤 리더로 인식하는지, 왜 리더가 되었는지 물어보자.

조금 더 과감하게 접근해도 괜찮다. 가족에 대해, 가족이 그의 삶에 있어 어떤 의미인지 같은 것 말이다. 자녀가 있으면 족장형 리더일 가능성이 더 커진다. 취미나 여름휴가 계획도 물어보자. 주말마다 마라톤을 하거나 자전거로 200킬로미터를 달리는 리더와 일하고 싶은지 한번쯤 되짚어볼 필요가 있다는 말이다. 반대로 책을 읽거나, 다소 특이한 취미를 갖고 있거나, 주말을 가족과 보내는 사람에게서는 호기심, 개방성, 배려심 같은 족장형 리더다운 자질이 더 자주 보인다. 그가 포크 음악을 즐기거나 바이올린 연주나 즉흥극 같은 취미를 가지고 있다면, 평범함을 두려워하지 않고 자신이 누구인지 이미 알고 있는 사람일 가능성이 크다. 면접 자리에서 상사에 대한 정보를 충분히 얻지 못했다면 앞에서 이야기했듯 SNS를 살펴보자.

그리고 그가 여러분에게 요구하는 것을 그에게도 요구해야 한다. 여러분이 성격테스트를 받아야 한다면 여러분도 그의 테스트 결과를 볼 수 있어야 한다. 그가 여러분의 추천인을 확인했다면 여러분도 그의 추천인을 확인해봐도 된다. 상사보다 여러분이 적게 알아야 할 이유는 없다. 만약 그가 정보를 내어주길 꺼리거나, 질문 자체에 불쾌해하거나, 대답을 피하고 얼버무린다면 그는 족장형 리더가 아니다.

직원들이 상사에 대해
뭐라고 말하는지 들어보기

이 책에서 우리는 족장형 리더가 좋은 리더라는 전제를 무비판적으로 받아들이지 않기 위해 그들의 실제 모습을 조사했고, 필요한 경우 그들과 함께 일한 직원들에게서도 이야기를 들었다. 여러분도 그렇게 해야 한다. 면접을 본 조직에서 일하는 사람이나 예비 상사를 아는 사람을 찾아보자.

여러분이 마주할 상사가 꼭 조직의 최상단에 있는 족장형 리더일 필요는 없다. 하지만 리더는 대부분 자신과 비슷한 리더를 선택한다. 사람들은 보통 자신과 비슷한 성향을 가진 사람을 곁에 두고 싶어 하기 때문이다. 따라서 그 조직에 족장형 리더가 1명 있다면 그의 주변에도 비슷한 성향의 리더들이 있을 가능성이 크다. 반대로 조직 윗자리에 나쁜 상사가 있다면 그 밑에도 비슷한 상사가 자리를 차지하고 있을 확률이 높다. 절대적인 것은 아니지만, 충분한 가능성이 있는 전제다. 그래서 그 조직의 직원들이 자신의 상사에 대해 어떻게 말하는지 반드시 들어봐야 한다.

그는 어떤 점에서 좋은 리더인가? 갈등 상황에서 어떻게 행동하는가? 직원들에게 어떤 식으로 동기를 부여하고, 어느 정도의 규칙을 만들고, 형식적 권한을 어느 선까지 사용하는가? 만약 직원들이 사용하는 표현들이 이번 장의 서두에서 언급한 족장형 리더의 특성과 비슷하다면, 여러분은 올바른 방향으로 가고 있다. 그런데 만약 2장에서 다룬 나쁜 상사의 이미지와 유사하다면, 그 조직은 피하는 것이 낫다.

족장형 리더를
뽑기 위한 질문들

지금까지 소개한 질문들은 새로운 상사가 족장형 리더인지 확인하려는 직원들에게 유용하다. 물론 여러분이 리더고 새로운 상급자를 채용해야 하는 위치에 있어도 활용할 수 있다.

그런데 그런 경우에는 일반 직원이라면 꺼릴 만한 질문도 훨씬 자유롭게 던질 수 있다. 그렇다면 어떤 질문을 통해 새로 채용할 리더가 족장형 리더인지 판단할 수 있을까?

제임스 오트리는 족장형 리더의 특징을 확인할 수 있는 간단한 질문지를 만들어 『서번트리더십』에서 소개했다. 이 질문지는 그가 오랜 시간 동안 족장형 리더를 채용해온 경험을 바탕으로 구성되었다. 그리고 족장형 리더에 부합하지 않는 사람들, 예를 들어 자기중심적이거나, 출세나 지위에 집착하거나, 권위적이거나, 신뢰나 공감과는 거리가 먼 사람들을 걸러낼 수도 있다. 다음은 그가 새로 들어올 리더들에게 던졌던 질문 중 일부다.

- 당신의 직업적 삶에 있어 개인적인 목적은 무엇인가?
- 대부분의 사람이 좋은 일을 하고 싶어 한다고 생각하는가?
- 당신은 리더이자 상사로 인식되기를 원하는가, 팀의 일원으로 받아들여지기를 원하는가?
- 직원들의 삶과 복지에 대해 어떤 책임감을 느끼는가? 그들이

직장 안팎에서 건강하고, 기쁘고, 안전하길 바라는가?
- 당신이 리더로서 가장 중요하게 여기는 자질 혹은 가장 존경하는 성품은 무엇인가?
- 좋은 직장이란 어떤 조건을 갖춘 곳이라고 생각하는가?
- 당신이 이상적인 조직을 만든다면 그것은 어떤 모습인가?

조금 더 과감해질 수 있다면 위기 상황에서 그가 어떻게 조종간을 잡을 수 있을지, 즉 조직의 '파일럿'으로서의 역량이 얼마나 있는지 물어봐도 좋겠다.

족장형 리더십을 유지하는 방법

족장으로서의 역할을 감당하는 것은 결코 쉬운 일이 아니다. 앞서 살펴보았듯, 원시공동체에서 족장은 부러움의 대상이라기보다는 종종 연민의 대상이 되기도 한다. 공동체의 지지를 얻기 위해 끊임없이 애써야 하고, 자만에 빠지지 않도록 수시로 견제와 비판을 감내해야 한다. 그래서 누군가는 리더를 돌볼 필요가 있다. 만약 여러분이 리더와의 관계를 위계나 지배로 인식하는 것이 아니라 기능적인 협력과 상호 이익 관계라고 받아들이면, 자연스럽게 리더의 방식에 힘을 실어주고 그의 리더십을 보호하고 싶어질 것이다. 반면 폭군을 지켜주고 싶어 하는 사람은 없다. 다들 그에게서 벗어날 순간만 기다릴 뿐이다. 그렇다면 어떻게 리더가 폭군으로 변하지 않고 좋은 리더십을 끝까지 유지할 수 있도록 도울 수 있을까? 즉, 여러분은 어떤 방식으로 족장의 '주술사'가 될 수 있을까?

우리는 한 중간관리자와의 인터뷰에서 그녀가 자신감 있게 리더 역할을 수행한다고 느끼는지 물어보았다. 그녀 역시 다른 많은 리더와 마찬가지로 자주 흔들렸고 자신이 충분히 잘하고 있는지, 모두를 만족시킬 수 있는지 확신하지 못해 불안해한다고 했다.

"저는 늘 가면 증후군에 시달려왔습니다. 내게 정말 이 자리에 걸맞은 자격이 있을까? 내가 이만한 보상을 받을 만한 사람일까? 왜 하필 나일까? 왜 나는 여기에 앉아 있고, 다른 사람은 아닐까? 사실은 나도 평범하고 불안정한 사람이라는 걸 언제쯤 들킬까? 언제 사람들이 진짜 나를 꿰뚫어보게 될까?"

그녀의 말이 의아하게 느껴질 수도 있다. 상사라면 매사에 자신감 있고 굳건해야 하지 않나?

그렇지 않다. 어느 정도의 불안은 오히려 그가 성찰적이고 자신에게 부여된 책임을 분명히 인식하고 있다는 증거다. 그래서 많은 리더가 가면 증후군을 겪는다고 해도 그것이 반드시 부정적인 것은 아니다.

가면 증후군이란 앞의 사례처럼 자신이 자격이 없다고 느끼고, 실제로는 이 일을 감당할 능력이 없다는 것이 곧 들통날까 봐 불안해하는 상태를 말한다. 물론 이 감정이 커지면 육체적·정신적 기능이 마비될 수 있다. 하지만 리더가 자신의 능력에 대해 아무런 의심 없이 확신만 품고 있다면 그는 우리가 6장에서 비판한 바로 그런 유형의 상사로 전락할 가능성이 크다. 오히려 이러한 내면을 파고드는 불안은 많은 족장형 리더가 지닌 힘이라고도 할 수 있다.

여러분이 직원이라면, 좋은 리더는 결코 혼자 힘으로 만들어지지 않는다는 사실을 기억해야 한다. 리더들은 여러분이 생각하는 것만큼 굳건한 모습을 보이지 않을 때도 많다. 그렇기에 훌륭한 리더에게도 지지와 조력이 필요하다. 때때로 그에게 피드백과 칭찬을 건네고, 그의 개인적인 경계선과 필요도 존중해주자. 오늘날 리더가 감당해야 할 압박은 과거 어느 때보다 크다. 생산성과 성과를 입증해야 하고, 조직의 이미지를 고객, 소유주, 투자자 등 다양한 이해관계자에게 설득력 있게 전달해야 한다. 그러면서 직원 만족도와 유대, 공동체 의식, 다양성, 협력적인 팀워크, 서로에 대한 신뢰가 있는 조직문화까지 만들어내야 한다.

요구하라
싫다고 하면 떠나면 된다

어떤 리더를 두고 그가 족장형 리더냐 아니냐를 이분법적으로 나눌 수는 없다. 지금은 족장처럼 행동하지 않는 리더라도 앞으로 얼마든지 족장형 리더가 될 수 있기 때문이다. 지난 수십 년 동안 많은 상사가 직원들과의 관계에서 단호하고 강경하며 통제적인 태도를 보여야 한다고 교육받아왔다는 점을 기억하자. 그들은 경청, 공감, 개방성, 권한 위임과 같은 말을 익혔지만 행동은 정반대로 하는 경우가 많다. 말은 얼마든지 포장될 수 있다. 반대로 어떤 리더에게는 족장처럼 리더십을 발휘하는 것이야말로 진정으로 자신의 전문성을 표현하는 방식일 수 있다. '친절한 리더'가 곧 '비전문적인 리더'라는 뜻은 아니므로, 그에게는 자신의 모습이 약함이나 자기 역할의 포기를 의미하지 않는다는 점을 믿을 수 있도록 도와줄 사람이 필요하다.

- 상사가 여러분과 동료들을 공정하게 대하도록, 차별하지 않도록 요구하라.
- 여러분과 동료들이 중요한 결정에 참여하고 의견을 낼 수 있도록 요구하라.
- 상사가 공동체의 일원으로서 자리를 지키고, 벽 뒤에 숨지 않아야 한다는 점을 상사에게 상기시켜주어라.
- 어떤 일이든 잘하는 것이 있다면 언제든 직장을 옮길 수 있다는 사실을 잊지 마라. 조직이나 상사가 여러분의 노력을 수용할 자격이 없거나 그것을 인정하지 않는데도 남아 있을 필요는 없다.
- 진짜 족장형 리더가 어떤 사람인지 기억하고, 상사가 그 개념과 동떨어져 있거나 점점 더 냉정하고 지배적인 리더로 변해 간다면 주저하지 말고 문제를 제기하라.

• 당신이 좋다고 생각하는 상사를 선택하라!

만약 여러분이 족장형 리더십을 가지지 않은 리더에게 정중하게 조언하거나 분명하게 요구했음에도 불구하고 그가 외면했다면, 최종 선택을 할 준비도 되어 있어야 한다. 그를 떠나는 것 말이다. 나쁜 상사를 견디기에 인생은 너무나 짧고, 그에 비해 직장 생활은 너무나 길다.

족장형 리더가 되고 싶다면

여러분이 지금 리더이고 이 책을 읽고 있다면 아마 자기 자신에게 던질 만한 몇 가지 질문이 떠올랐을 것이다. 그리고 지금까지 족장형 리더십을 배운 적도 없고 그런 리더 밑에서 일해본 경험도 없다면, 이 방식으로 리더십 스타일을 바꾸는 것이 꽤 벅차게 느껴질 수 있다. 족장형 리더십은 모든 사람에게 어울리는 방식이 아니다. 사이코패스나 병적인 자기애를 지닌 사람은 결코 족장형 리더가 될 수 없다. 물론 그들은 애초에 리더가 되어서는 안 되는 사람들이긴 하다. 하지만 앞에서 이야기했듯, 안타깝게도 우리 사회는 오히려 그런 사람들이 리더 자리에 오르기 쉬운 구조로 설계되어 있다.

리더로서 여러분이 스스로에게 던져야 할 본질적인 질문은 이것이다. 나는 왜 리더가 되고 싶은가? 지금까지 이렇게 대답해야 한다고 배워온 그럴듯한 말들은 다 제쳐두고, 진심을 들여다보아야 한다. 나는 왜 리더가 되려 했고, 왜 리더 자리에 머무르고 있는가?

'리더가 되지 못하면 실패한 사람처럼 느껴질까 봐' 혹은 '나보다 더 성공한 사람들과 비교했을 때 덜 가치 있는 사람처럼 보일까 봐'가 솔직한 대답이라면 여러분의 동기는 처음부터 잘못되었다.

더 질문해보자. 결정권을 쥐는 일 자체가 즐거운가, 아니면 함께 무언가를 이루어내는 일이 더 의미 있게 느껴지는가? 여러분이 리더가 된 것은 다른 사람들이 원했기 때문인가, 여러분이 그 자리를 원했기 때문인가? 여러분의 리더십 아래에서 사람들이 성장하고 발전하고 있는가? 사람들에게 거의 아무런 영향도 주지 못하고 있는 것은 아닌가? 만약 그렇다면 차라리 리더 자리를 다른 누군가에게 맡기는 것이 더 나을지도 모른다. 그리고 마지막으로, 여러분은 리더가 된 것이 진심으로 기쁜가, 아니면 피할 수 없는 의무처럼 느껴지는가?

다음에 제시한 열두 가지 특성을 기준으로 여러분이 족장형 리더가 될 자질을 갖추었는지, 어떤 부분을 더 훈련해야 하는지 점검해볼 수 있다. 이 중 6~8개의 자질을 갖추고 있다면 이미 좋은 리더의 길을 걷고 있으며 족장형 리더로 성장할 가능성도 충분하다. 9~12개의 자질을 갖추었다면 족장형 리더에 매우 가까운 사람이다. 반면 6개 미만이라면 나머지 특성들을 연습하면서 자신에게 어떤 결핍이 있는지 인식하고 오래된 습관들을 내려놓는 과정이 필요하다. 만약 0~2개에 불과하다면, 리더가 되는 일 자체를 다시 생각해보는 것이 좋다. 적어도 족장형 리더는 여러분이 갈 길은 아니다.

족장형 리더의 특성

- 겸손하고 개인의 경력보다 공동체를 우선시한다.
- 관대하고 타인을 도우려는 의지가 분명하다.
- 인내심이 있어 내면의 평정을 잘 유지한다.
- 세심하고 열린 태도로 타인을 맞이하고, 그의 말을 경청한다.
- 갈등 중재·예방·해결 능력이 뛰어나다.
- 자기 절제와 자기 풍자, 자기 인식능력을 갖추고 있다.
- 다양성에 대한 감각과 뛰어난 공감 능력을 지니고 있다.
- 구성원들에게 비전을 제시하고, 신뢰를 형성하고, 분명한 방향성을 제시한다.
- 실수를 인정하는 등 자신의 취약점을 드러내고, 타인에게도 그렇게 할 수 있게 돕는다.
- 타인을 고무시켜 그들이 잠재력을 펼치고 빛날 수 있도록 돕는다.
- 구성원들에게 안정감과 일하는 기쁨, 에너지를 불어넣는다.
- 구성원 간의 서로 다른 특성을 조화롭게 연결하고 시너지를 이끌어낸다.

이러한 특성들은 모두 여러분의 안에 잠재해 있다. 이는 인간이라는 존재 자체가 지닌 가능성이기도 하다. 그러니 족장형 리더가 되고자 한다면 여러분에게 내재되어 있는 자질을 다시 끌어올리고, 자기 자신의 행동을 한 걸음씩 변화시키면서 나아가야 한다.

사실 좋은 리더가 되는 일은 가장 쉬워야 할 일

좋은 리더가 되는 일은 매우 어렵지만, 동시에 놀라울 만큼 단순하고 명료한 일이기도 하다. 그것이 어려운 이유는 많은 사람이 구성원들이 기대하는 리더의 자질을 갖추지 못했기 때문이다. 이런 자질은 경우에 따라 단순히 배운다고 해서 바로 체화되는 것이 아니다. 하지만 만약 여러분이 그런 자질을 지니고 있다면, 리더십을 발휘하는 것은 여러분의 생각보다 훨씬 더 쉬울 수 있다. 그리고 누구든 더 나은 리더가 될 수 있다. 일상 속에서 얼마든지 훈련해나갈 수도 있다.

인간은 낡은 행동 방식을 버리고 새로운 방식을 배워나갈 수 있는 존재다. 위에서 이야기했듯, 족장형 리더의 특성은 결국 인간이라면 누구나 지니고 있는 본래의 자질이다. 또 인간은 본질적으로 사회적 존재이므로 그 자질들은 먼 조상들이 살던 시대부터 이미 우리 안에 각인되어 있다.

지금까지 어떻게 하면 더 나은 리더가 될 수 있는지, 어떻게 하면 더 많은 사람에게 신뢰받는 존재가 될 수 있는지 살펴보았다. 직원들에게는 리더에게 무엇을 기대할 수 있으며 어떤 리더를 마땅히 누려야 하는지도 보여주었다. 여러분이 리더이고 관대하고 타인을 위해 기꺼이 나설 수 있는 사람이라면, 공동의 선을 위해 옳은 일을 하고자 하는 마음을 지니고 있다면, 신뢰할 수 있는 사람이고 직원들이 자발적으로 즐겁게 일하고 공동체 의식을 느끼는 모습을 볼 때 진심으로 기쁨을 느낀다면, 모든 사람을 평등하고 신뢰와 존중 있는 태도로 대하는 것이 자연스럽다고 생각한다면, 여러분은 타고난 리더이거나 최소한 공동체를 이끌 자격을 충분히 갖춘 사람이다.

그리고 자신의 필요보다 직원들의 필요를 우선하고, 서로 다른 이들을 통합하고, 청소 노동자부터 이사회 구성원에 이르기까지 모두에게 공감할 수 있다면, 협력적인 문화를 만들고, 공동 서사를 형성하고, 직원 대다수가 대부분의 업무 시간 동안 만족감을 느끼도록 이끌 수 있는 사람이라면, 여러분은 이미 족장형 리더다.

족장형 리더가 되고 싶다면 먼저 이 책에 소개한 족장형 리더들이 실천했던 방식 몇 가지를 따라 해보자. 구성원들이 어떤 일을 하든 상관없이 지시를 줄이고, 책상을 단상 위에서 직원들 가운데로 옮기고, 진심으로 구성원들의 이야기를 들으며 모두의 이름을 외우자. 경력을 다지기 위한 계획은 잠시 접고 지금 눈앞에 있는 일에 집중하자. 마음은 늘 다른 곳에 있으면서 현재를 견디는 삶보다 여러분이 있는 곳에 온전히 머무르며 맡은 일에 충실할 때 더 큰 만족이 따른다. 여러분의 동문들이 지금 어디까지 올라갔는지 따지지 말고 지금 여러분이 있는 자리를 자랑스럽게 여기자. 조직의 서사를 스스로 만들어가고, 갈등이 있다면 피하지 말고 정면으로 마주하자. 관료주의나 규칙 뒤에 숨기보다는 그것들을 걷어내며 신뢰를 보여주자. 여러분 자신을 살짝 희화화하거나 취약함을 드러낼 줄 알되, 경계를 넘는 사적인 간섭은 피하자. 모든 특권을 내려놓고 가진 것을 기꺼이 나누자. 그리고 여러분이 그 자리에 설 자격이 있음을 증명하자. 미래에 공동체와 조직을 가로막을 장애물을 누구보다 먼저 직시하고 짚어냄으로써 증명은 시작된다. 그저 그래야만 한다는 생각과 기대감 때문에 무언가를 바꾸려 들지는 말자. 그보다 더 중요한 것은 모두가 참여할 수 있는 의미 있는 공동의 이야기를 만들어내는 일이다.

이 모든 것을 실천하면 여러분은 사람들에게 신뢰받고 존중받는 리더가 될 수 있을 것이다. 여러분에 대한 충성심과 존중이 자연스럽게 생겨나고, 새로운 인재를 끌어들이는 동시에 기존 구성원들에게도 깊은 동기를 부여할 수 있을 것이다. 여러분은 조직의 좋은 평판을 함께 만들어가게 될 것이며 고객과 사용자, 시민과 내담자 들 역시 그것을 분명히 느낄 것이다.

우리는 모두 족장형 리더 아래에서 일할 자격이 있다. 그리고 모두, 족장형 리더가 될 자격이 있다.

참고 문헌

1. Aagaard, M. 2023. *Medledelse – når teamet er chef*. Djøf Forlag: København.

2. Arvey, R.D., Rotundo, M., Johnson, W., Zhang, Z. & McGue, M. 2006. "The determinants of leadership role occupancy: Genetic and personality factors". *The Leadership Quarterly*, 17(1): 1-20.

3. Autry, J.A. 2004. *The Servant Leader: How to Build a Creative Team, Develop Great Morale, and Improve Bottom-Line Performance*. Currency: Surry Hills, Australien.

4. Bakunin, M. 1977. *Gud og staten*. Edition after Hand: København.

5. Barclay, H. 1990. *People without government: An Anthropology of Anarchy*. Kahn & Averill: Dagenham, UK.

6. Barsoux, J.-L. & Lawrence, P. 1997. *French Management – Elitism in Action*. Routlegde: London.

7. Bataille, G. 1991. *The Accursed Share*. Zone Books/Princeton University Press: Princeton.

8. Benson, A., Li, D. & Shue, K. 2018. "Promotions and the Peter Principle". *The Quarterly Journal of Economics*, 134(4): 2085-2134.

9. Birkmose, D. 2023. *Når gode mennesker handler ondt - mulige løsninger pået vildt problem*. Syddansk Universitetsforlag: Odense.

10. Bloch Ravn, T. 2004. "Kampen om standsfællesskabet og den zünftige kultur i de danske byer 1660-1857". Land og by i Danmark i det lange 18. århundrede – og mission i Japan i det 19. Tre tiltrædelsesforelæsninger. Institut for Historie og

Områdestudier. Aarhus Universitet: Aarhus.

11 Boehm, C., Barclay, H.B., Dentan, R.K., Dupre, M., Hill, J.D., Kent, S., Knauft, B.M., Otterbein, K.F. & Rayner, S. 1993. "Egalitarian Behaviour and the Reverse Dominance Hierarchy". *Current Anthropology*, 34(3): 227-254.

12 Boehm, C. 2001. *Hierarchy in the forest – The Evolution of Egalitarian Behavior*. Harvard University Press: Cambridge, Massachusetts.

13 Bregman, R. 2021. *Det gode menneske*. People's Press: København.

14 Briggs, J.L. 1970. *Never in Anger*. Harvard University Press: Cambridge, Massachusetts.

15 Brightmann, M. 2020. *The Imbalance of Power: Leadership, Masculinity and Wealth in the Amazon*. Oxford: Berghahn Books.

16 Broadwell, R. & Blanchard, K. (red.). 2018. *Servant Leadership in Action: How You Can Achieve Great Relationships and Results*, Berrett-Koehler Publishers. Oakland, Californien.

17 Bungay, S. 2011. *Handlingens kunst – strategisk handling gennem selvledelse*. Gyldendal Business: København.

18 Byock, J. 1986. *Governmental Order in Early Medieval Iceland*. Viator: Berkeley, Californien.

19 Carollo, L., Guerci, M. & Parisi, N. 2019. "There's a Price to Pay in Order Not to Have a Price: Whistleblowing and the Employment Relationship". *Work, Employment and Society*, 34(4): 1-23.

20 Castel et al. 2012. "Universalism and Exceptionalism: French Business Leadership". Chhokar et al. *Culture and Leadership around the world*. Routledge: London.

21 Clastres, H. 1995. *The Land-without-Evil: Tupí-Guaraní Prophetism*. University of Illinois Press: Chicago.

22 Clastres, P. 1994. *The Archeology of Violence*. Semiotext(e): Los Angeles.

23 Clastres, P. 1974 "Society against the State". Essays in *Political Anthropology*. Princeton University Press. Princeton.

24 Clastres, P. 1977. Society against the State: *The leader as servant and the humane*

uses of power among the Indians of the Americas. Urizen Books: New York.

25 Dahl, R. 1972. *Polyarchy*. Yale University Press: New Haven, Connecticut.

26 Damier, V. (2009). *Anarcho-syndicalism in the 20th Century*. Black Cat Press: Edmonton.

27 De Neve, J.E., Mikhaylov, S., Dawes, C.T., Christakis N.A. & Fowler, J.H. 2013. "Born to Lead? A Twin Design and Genetic Association Study of Leadership Role Occupancy". *Leadership Quarterly*, 24(1): 45-60.

28 Diamond, J. 2012. *The World Until Yesterday*. Penguin: New York.

29 Diamond, S. 2017. *In Search of the Primitive: A Critique of Civilization*. Taylor and Francis: New York.

30 Earle, T. 1997. *How Chiefs Come to Power: The Political Economy in Prehistory*. Stanford University Press: Redwood City, Californien.

31 Ehrich, L., Ehrich, J. & Knight, J. 2012. "Narcissistic and Service-Oriented Leadership: Contrasting Perspectives". *Leading and Managing*, 18(2): 34-45.

32 Foias, A. 2013. *Ancient Maya Political Dynamics*. University Press of Florida: Gainsville.

33 Foss, N.J. & Klein, P.G. 2022. *Why Managers Matter – The Perils of the Bossless Company*. PublicAffairs: New York.

34 Foucault, M. 1998. *Viljen til viden: Seksualitetens historie*. Det Lille Forlag: Frederiksberg.

35 Friedman, J. 2019. PC Worlds: *Political Correctness and Rising Elites at the End of Hegemony*. Berghahn Books: Oxford.

36 Fry, D.P., Keith, C. & Söderberg, P. 2020. "Social Complexity, Inequality, and War before Farming". Moreau, L. (red.). *Social Inequality before Farming? Multidisciplinary approaches to the investigation of egalitarian and non-egalitarian social relationships in prehistoric and extant hunter-gatherer societies*. University of Cambridge: Cambridge.

37 Gage, B. 2022. *G-Man – J. Edgar Hoover and the Making of the American Century*. Viking: New York.

38 Gentry, C. 2001. *J. Edgar Hoover – The Man and the Secrets*. W. W. Norton&-

Company: New York.

39 Giurge, L.M., van Dijke, M., Zheng, M.X. & De Cremer, D. 2021. "Does Power Corrupt the Mind? The Influence of Power on Moral Reasoning and Self-interested Behavior". *The Leadership Quarterly*, 32(4): 20-41.

40 Graeber, D. 2014. *Debt – the first 5000 years*. Melville House Publishing: New York.

41 Graeber, D. & Wengrow, D. 2021. *The Dawn of Everything – A New History of Humanity*. Penguin Books: New York.

42 Greenleaf, R.K. & Spears, L.C. *The Power of Servant Leadership*. Berrett-Koehler Publishers: Oakland.

43 Groes, C. 2023. *Da MeToo ramte manden*. Gads Forlag: København.

44 Groes-Green, C. 2003. "Courageous Caterpillars and Images of the Whiteman. Storytelling and exchange among the Sateré-Mawé". Kandidatspeciale. Københavns Universitet: København.

45 Haas, J. 2001. *From Leaders to Rulers*. Springer: New York.

46 Hamel, G. & Zanini, M. 2021. *Humanocracy – Creating Organizations as Amazing as the People Inside Them*. Harvard Business Review Press 141: Harvard.

47 Heckenberger, M. 2010. "Biocultural Diversity in the Southern Amazon". *Diversity*, 2: 1-16.

48 Hobbes, T. 2014 [1651]. *Leviathan*. Wordsworth: London.

49 Holten, E. 2024. *Værdien af omsorg*. Politikens Forlag: København.

50 Hoppe, M.H. & Bhagat, R.S. 2012. "Leadership in the United States of America: The Leader as Cultural Hero". Chhokar, J.S. (red.). *Culture and Leadership Across the World*. Routledge: London.

51 Hvid, H., Møller, J.L. & Ajslev, J. 2020. *Demokratisering af arbejdet*. Frydenlund: Frederiksberg.

52 Hutchins, G. & Storm, L. 2023. *Regenerativ ledelse*. Content Publishing: Virum.

53 Huxley, F. 1956. *Affable savages: an anthropologist among the Urubu Indians of*

Brazil. Viking: New York.

54   Jalving, M. 2008. "Niccolò Machiavelli – opfindelsen af politik". Jensen, H.G. (red.). *13 Frihedstænkere*. CEPOS: København.

55   Jørgensen, A.P. 2020. *Medejer – kunsten at overhale konkurrenter gennem demokratisk ejerskab*. Gyldendal: København.

56   Keltner, D. 2017. *The Power Paradox*. Penguin Books: London.

57   Klaas, B. 2021. *Corruptible: Who gets power and how it changes us*. Scribner: Charlottesville, Virginia.

58   Klofstad, C., Uscinski, J., Connolly, J. & West, J. 2022. "When is 'time's up'? The influence of severity and costs/benefits on perceptions of whistleblowing". *International Public Management Journal*, 25(3): 413-434.

59   Knudsen, S. & Bason, C. 2023. *Organisationen blev sat fri, og lederskabet skulle genfindes: Organisationsdesign med mennesket i centrum*. Content Publishing: Virum.

60   Kropotkin, P. 1976. *Mutual Aid: A Factor of Evolution*. Extending Horizons Books: Manchester, NH.

61   Laloux, F. 2014. *Reinventing Organizations: A Guide to Creating Organizations Inspired by the Next Stage of Human Consciousness*. Nelson Parker: Bruxelles.

62   Latour, B. 2006. *Vi har aldrig været moderne*. Gyldendal: København.

63   Laurent, A. 1983. "The Cultural Diversity of Western Conceptions of Management". *International Studies of Management and Organization*, XIII(1/2): 75-96.

64   Lee, R.B. 1979. *The !Kung San, Men, Women, and Work in Foraging Society*. Cambridge University Press: Cambridge.

65   Lévi-Strauss, C. 1969. *Den vilde tanke*. Gyldendal: København.

66   Lévi-Strauss, C. 2016. *We are All Cannibals*. Columbia University Press: New York.

67   Locke, R.R. 1996. *The Collapse of the American Management Mystique*. Oxford University: Oxford.

68	Locke, J. 1980. *Second Treatise of Government*. Hacket Classics: New York.

69	Machiavelli, N. 2006 [1532]. *Fyrsten*. Helikon: Hasselager.

70	Madsen, D. 1985. "A Biochemical Property Relating to Power Seeking in Humans". *The American Political Science Review*, 79(2): 448-457.

71	Mauss, M. 2001. *Gaven: gaveudvekslingens form og logik i arkaiske samfund*. Spektrum: Oslo.

72	Moore, T. & Gonzáles-Álvarez, D. 2021. "Societies Against the Chief: Re-examining the Values of 'Heterarchy' as a Concept for Studying European Iron Age Societies". *Power from below in premodern societies*. Cambridge University Press: Cambridge.

73	Moskowitz, D., Pinard, G. & Zuroff, D. 2001. "The Effect of Tryptophan on Social Interaction in Everyday Life: A Placebo-Controlled Study". *Neuropsychopharmacol*, 25: 277-289.

74	Nader, M.A., Morgan, D., Gage, H.D., Nader, S.H., Calhoun, T.L., Burchheimer, N., Ehrenkaufer, R. & Mach, R.H. 2006. "PET imaging of dopamine D2 receptors during chronic cocaine self-administration in monkeys". *Nature Neuroscience*, 9(8): 1050-1056.

75	Naím, M. 2013. *The End of Power – From Boardrooms to Battlefields and Churches To States: Why Being in Charge isn't What it Used to Be*. Basic Books: New York.

76	Neuschel, R. 2006. *The Servant Leader: Unleashing the Power of Your People*. Kogan Page: London.

77	Nozick, R. 2013. *Anarchy, State, and Utopia*. Basic Books: New York.

78	Nørmark, D. 2023. *Ufrihedens pris – Hvordan vi lærte at tro at vi ingenting kan*. Gyldendal: København.

79	Okke, T. 2023. *Den bedste idé – Historien om Bent Jensen og Linak*. Politikens Forlag: København.

80	Ottsen, C.L. & Muhr, S.L. 2021. *Biasbevidst ledelse*. Djøf Forlag: København.

81	Paulhus, D.L. & Williams, K.M. 2002. "The Dark Triad of personality: Narcissism, Machiavellianism, and psychopathy". *Journal of Research in Personality*, 36(6): 556-563.

82   Pinker, S. 2011. *The Better Angels of our Nature – A History of Violence and Humanity*. Allan Lane: London.

83   Reed, D. 2019. "Herb Kelleher: Comedian, Clown, Well-Connected Lawyer and A Uniquely Successful Business Leader". *Forbes*, 4. januar.

84   Rego, A., e Cunha, M.P. & Clegg, S.R. 2012. *Virtues of Leadership: Contemporary Challenges for Global Managers*. University of Oxford Press: Oxford.

85   Riviere, P. 1984. *Individual and society in Guiana*. Cambridge University Press: Cambridge.

86   Rousseau, J.-J. 2007 [1762]. *Samfundskontrakten*. Det Lille Forlag: Frederiksberg.

87   Sahlins, M. 2017. *Stone Age Economics*. Routledge: London.

88   Sandemose, A. 1994 (1933). *En flygtning krydser sit spor*. Gyldendal: København.

89   Schramm-Nielsen, J., Lawrence, P. & Sivesind, K.H. 2004. *Management in Scandinavia: Culture, Context, Change*. Edvard Elgar Publishing: Cheltenham.

90   Scott, J.C. 2009. *The Art of Not Being Governed*. Yale University Press: New Haven, Connecticut.

91   Scott, J.C. 2017. *Against the Grain – a Deep History of the Earliest States*. Yale University Press: New Haven, Connecticut.

92   Semler, R. 1989. "Managing without managers". *Harvard Business Review*, sept/okt.

93   Sendjaya, S. & Sarros, J.C. 2002. "Servant Leadership: Its Origin, Development, and Application in Organizations". *Journal of Leadership and Organization Studies*, 9: 57-64.

94   Service, E. 1975. *The Origins of the State and Civilization*. Norton and Company: New York.

95   Stewart, M. 2009. *The Management Myth – Debunking Modern Business Philosophy*. Norton and Company: New York.

96   Taylor, F.W. 1997. [1911]. *The Principles of Scientific Management*. Dover Publications: New York.

97 *The Saga of Gisli the Outlaw*, 1999. University of Toronto Press: Toronto.

98 Thøgersen, A.F. 2012. *Simon Spies – Solkongens liv og tid*. Politikens Forlag: København.

99 Uggé, H. 1991. *Mitologia satere-maue*. Abya-Yala: Quito.

100 Voyageur, C. 2011. "Female First Nations Chiefs and the Colonial Legacy in Canada". *American Indian Culture and Research Journal*, 35(3): 43-68.

101 Weber, Max. 1978. "The Nature of Charismatic Domination". I: W.G. Runciman. *Weber – selections in translation*. Cambridge University Press: Cambridge.

102 Zerzan, J. 1994. *Future Primitive*. Autonomedia: New York.

103 Zirakzabeh, C. 1990. "Theorizing about Workplace Democracy: Robert Dahl and the Cooperatives of Mondragón". *Journal of Theoretical Politics*, 1(2): 21-44.

나는 내 상사가 대장이면 좋겠다

ⓒ 데니스 뇌르마르크·크리스티안 그뢰스, 2025

초판 1쇄 인쇄일 2025년 8월 20일
초판 1쇄 발행일 2025년 9월 10일

지은이	데니스 뇌르마르크·크리스티안 그뢰스
옮긴이	손화수
펴낸이	정은영
편집	전유진 박진혜 권지연
디자인	홍선우
마케팅	최금순 이언영 연병선 송의정 김정윤
저작권	신은혜
제작	홍동근

펴낸곳	(주)자음과모음
출판등록	2001년 11월 28일 제2001-000259호
주소	10881 경기도 파주시 회동길 325-20
전화	편집부 (02)324-2347 경영지원부 (02)325-6047
팩스	편집부 (02)324-2348 경영지원부 (02)2648-1311
이메일	munhak@jamobook.com

ISBN 978-89-544-7298-2 (03300)

잘못된 책은 구입한 곳에서 교환해드립니다.
이 책의 판권은 지은이와 자음과모음에 있습니다.
책 내용의 전부 또는 일부를 사용하려면 반드시 양측의 동의를 받아야 합니다.